# 这才是战争

虚实卷

王正兴◎著

Wuhan University Press
武汉大学出版社

# 序

　　《这才是战争》（虚实卷）这本书我前后读了三遍，这是一本透过全新视角解读战史、战例，诠释战术理论的著作，虽然没有惊天动地的新观点，却用诙谐流行的语言打开了了解战史、理解战术、学习战争的新窗口。虽然长期从事军事工作，对其中的战例和理论耳熟能详，但是它带给我的触动依然很大，而真正引起轰动效应的是我身边工作的年轻人，初稿从他们手中交还我时已被翻得不成样子，这让我对这本书的出版有了更多的期待，也引发我对作战理论学习、创新与普及的新思考。

　　首先是如何更好地学习和理解作战理论。著者的观点很明确，那就是以史为鉴，这一点我也非常赞同。因为不研究历史，不研究过程，也就不能揭示规律。约米尼曾经说过，"一切战争艺术的理论，其唯一合理的基础就是战史的研究"。（《战争艺术》第4页，[瑞士]约米尼，战术出版社1981年翻译出版）T.N.杜普伊也认为："军人的真正实验室永远是军事历史。"（《把握战争》第2页，T.N.杜普伊著，军事科学出版社翻译出版）我们在学习作战理论时，往往不是着重于从"战术"而是着重于从"战斗"的角度去展开的。两者的区别在于，"战术"主要是研究指导战斗的原则和方法，它可以忽略过程和实例；"战斗"则不同，它必须从战斗实践活动出发，充分尽可能详尽地研究其发展过程和战斗实例。这样学习的结果，能够使我们更直观更感性地了解和熟悉战争、战役、战斗的历史演进过程，并且对各个时期所实行的指导原则和方法"知其所以然"。全书共精选了古今中外大大小小22个经典战例，用通俗易懂的语言，从不同的角度对战术基本原理进行了阐述和剖析，并引起读者思考。

其次是如何在理解的基础上创新作战理论。创新并不是凭空捏造，而是要找到符合当时客观实际的现实规律。倘若以公元前5世纪中国古代著名的军事理论家孙子为探索战斗规律的开山鼻祖，人们在这方面的努力至少已经持续了2500年之久。尽管在这些艰苦的理论探索中人们实际提出的具体问题各不相同，但所有的这些具体问题最终都可以归纳为这样几个基本问题：战斗的过程和结局到底是由哪些因素影响或者决定的，这些因素又是如何影响或者决定战斗过程和结局的。的确，如果不能回答上述问题，任何以战斗为研究对象的理论探索都将毫无意义。为了回答这些基本问题，古今中外无数军事理论家付出了艰辛的劳动，也取得了丰硕的成果。孙子、修昔底德[1]、色诺芬[2]、恺撒[3]、马基亚维利[4]、卡尔大公[5]和约米尼等是这些理论探索者中的杰出代表。其中，孙子以其东方式的自然思辨传统建立了"奇"与"正"，"虚"与"实"，"分"与"合"，"迂"与"直"等一系列关于作战方法的概念，并且用这些概念建立了一整套的作战理论。德国著名的军事理论家卡尔·冯·克劳塞维茨以其独特的哲学思辨方法正确认识到了数量优势是取得战斗胜利的基本条件之一，而集中兵力和突然袭击是取得战斗胜利的最基本战术。英国著名的军事理论家J.F.C.富勒从对战争史尤其是战斗史的研究中第一个归纳出了直到今天仍被大多数西方国家军队奉为信条的8条作战原则。这本书看似没有提出"开宗立派"的理论，却在字里行间无不体现着对规律的探索。不仅大胆总结提炼出战术"破、分、围、歼"的四个行动主体和"阵型、机动、防御和进攻"四个关键要素，更从历史的角度阐述了从步弓协同到步骑协同、步炮协同，再到步坦协同，直

[1] 修昔底德，公元前5世纪雅典将军和历史学家，《伯罗奔尼撒战争史》的作者。

[2] 色诺芬，公元前4世纪古希腊军事家和历史学家，《远征记》的作者。

[3] 朱利叶·恺撒，公元1世纪古罗马政治家和军事家，《高卢战记》的作者。

[4] 马基亚维利，16世纪意大利政治家、军事家、史学家和军事理论家，著有《军事艺术》一书。

[5] 卡尔大公，18世纪末19世纪初的奥地利国王，著有《从德国1796年的战局论战略原理》一书。

到多军兵种联合作战的发展机理，也可以说是对战斗规律的全新探索。

最后是如何让作战理论更有效地普及推广。现在讲到"战术"，并不只是在军事上适用，《孙子兵法》除了在全世界军队中风靡和普及，更影响了商业、外交、政治等多个领域，这不仅是因为这部传世经典深刻地揭示了作战的规律，更是由于"三十六计"等辅助解析才得以人尽皆知。前些年，一本《超限战》在发表之初就广受推崇，除了其鲜明的理论观点，平实而引人入胜的语言也是成功的关键。近几年，军内外关于战争和战术、战史和战例、名将和名战的著作也有不少，却往往因为或重理论而生涩难懂、或重故事而缺乏内涵，难以引起共鸣，普通百姓和基层官兵不是来之高阁就是一读了之。这本书兼具思想性和可读性于一体，语言生动活泼、故事精彩纷呈、分析理性深刻，间或亦有点睛之笔，在看似休闲的轻松阅读中让人深思和回味。

探索战争的真正奥秘是一个不断发展的系统工程。所著的《这才是战争》（虚实卷）这本书，在专家学者看来也许还不是那么专业，个别观点可能还值得仔细推敲，但我更赞赏的是他利用点滴时间学习战争、分析战史、钻研战术的精神。梁启超在《少年中国说》中激昂写下"少年强则中国强"，希望我们的青年官兵都能把研究打仗作为自己的兴趣、自己的义务和责任，为军事理论的跨越式发展作出自己的贡献。

梁沂（南京陆军指挥学院　战役战术教研室主任）
二〇一三年一月

# CONTENTS 目 录

# 前言　原来战术很简单

在我们的印象里，一提到战争，总是在脑海里浮现出这样的画面：一边是飞机、坦克、大炮，另一边也是飞机、坦克、大炮，然后我轰你来你轰我。或者这边是战车密布、铁甲如云，那边是刀枪剑戟、戈矛盾牌齐上阵，然后一声呼喊，两边一拥而上，开始群殴。呃，这个其实不能说就是战争，这只是战争最后阶段的一个场面而已。打仗，可不是个体力活，而是个脑力活，玩的可是脑子。名将，那可都是脑力劳动者。

目前写战争和名将的书籍、相关论文可以说是数不胜数，本人看了一些后感觉它们都没把作战的整个形势给讲清楚，你无法知道为什么赢了，是怎么赢的。史书中有关战争的记叙也同样数不胜数，可由于各种各样的原因，对于作战中战术手段的运用总是描写较略，让人摸不着头脑。所以本书尝试通过对各战例中战术运用的解读来讲清楚这些问题，以揭开战争神秘的面纱。

所谓战术，就是保存自己、消灭敌人的方法手段，或者说是作战行动的方法和手段。必须说明的是，现在一般区分为战术学、战役学和战略学，实质上这只是人类军事思想在不同层次上的一个划分，实际思想上是一回事。

战术这个东西，其实是很枯燥的。但是一些基本的东西不说清楚，后面的内容你就只能当故事来看了。所以先苦后甜，苦尽甘来，之后大家会发现原来战术是个艺术活，有时也是个搞笑活。

其实战术很简单，我保证，我只用很少的几段话就能把其基本原理说明白。

先说最简单的描述，请大家跟我一起做：拿个西瓜，拿把刀，一二三切下去，这叫突破；切成数块，这叫分割；拿起一块，这叫包围；吃掉，这叫歼灭。简单不？很简单。这就是所谓战术：一曰破、二曰分、三曰围、四曰歼。

孙子曰：不动如山。如山者，就是指敌人的防御体系。移山，很难；整个拔除敌人的防御体系一样很难。可是要找出山间的通路却是可行的，正如哪怕敌不动如山，我亦能在防御体系中找出攻击点。

所谓破，就是突破，即在敌防御体系中找出一个点，加以攻击而形成突破。其中之重点就在两个字，虚实。虚实可分两种。一是识虚实，就是能分辨何谓敌之薄弱环节。这是作为军队指挥官的一项基本素质，算不上高明。二是造虚实。高明的将领善于制造敌人虚实，也就是说善于调动敌人。敌人被调动，原来不动如山的防御体系才会露出破绽和弱点，这样才能找到薄弱环节加以攻击。

所谓分，就是分割，即形成突破后将敌防御体系分割为两个或两个以上的小块。这可分为实分和虚分两种。实分就是真实地分割敌军，虚分就是假装要分割敌军迫使敌人撤退。无论是真是假，其要点都在于制造态势，也就是在形成突破后制造出一个插入防御体系内部的箭头。

所谓围，就是包围，即在分割敌军后选择其中一块形成包围。其要点在于孤立分割后的一部敌军或全部敌军。

所谓歼，就是歼灭，即歼灭所包围的敌军。

我们可以很明确地看到，突破是在为分割创造条件，分割是在为包围创造条件，包围是在为歼灭创造条件。接下来几章就一个个来讲述。

# 01

## CHAPTER

# 第一章 突破

　　突破可分为破点、破线和破面。下文仅通过破面来具体阐述突破的运用，而关于突破的具体实施则放在第七章"战斗"里讲述。

　　面防御中，被广泛采用的是三角防御。在现代军事作战行动中，无论是进攻还是防御，三角阵型是最常见的。众所周知，三角形是最牢固的。三角防御阵型以其防御的坚固性，各点间互相呼应的配合性等优点而被广泛使用。

# 三角防御及进攻的基本方法

三角防御是防御作战中使用最普通的防御方式。其优点就在于攻其一点，其余两点都能给予有效支援。而使用最普遍的是倒三角防御，即两点在前，一点在后，在后的通常为指挥所或支撑点。下面我就小规模作战中进攻倒三角防御体系来讲一讲几种主要的进攻手段。

首先明确，甲方150人，A、B、C三点，A、B两点在前，C点在后为指挥所。乙方亦150人。注意：所有人数的叙述只是为了表达战术方案的方便，不代表实战运用中兵力的使用。

1. 两点平推法。乙方将其150人分为三部分，A点攻击队65人，B点攻击队65人，预备队20人。分别攻击A、B两点，在A、B两点同时形成兵力优势，在击破两点后合击C点，预备队视情使用。

**缺点：甲方能以C点兵力集中支援一点，反过来形成兵力优势。**

2. 一点突破法（前点）。乙方，A点攻击队130人，预备队20人。集中全部兵力攻击A点，形成绝对优势，击破A点后逐个扫荡B点和C点。

**缺点：如果不能迅速解决A点，则将遭到甲方B、C两点同时反击而陷**

**入危险境地。**

3.重点攻击法。乙方，A点攻击队100人，B点攻击队30人，预备队20人。主攻方向A点攻击队以优势兵力拿下A点，次攻方向B点攻击队以佯攻吸引甲方，预备队跟随A点攻击队，在A点投入战斗后攻击C点。

**缺点：佯攻无论失败或被识破都将影响战局。**

4.中央突破法。乙方，A点攻击队20人，B点攻击队20人，C点攻击队90人，预备队20人。A、B点攻击队分别对甲方A、B点实施佯攻，C点攻击队直取甲方C点，端掉指挥所，一战定胜负。

**缺点：极易遭甲方A、B、C三点合击而全军覆灭。**

5.一点突破法（穿插战法）。乙方，A点攻击队70人，穿插分队30人，B点攻击队30人，预备队20人。A点攻击队以优势兵力攻击甲A点，穿插分队在A、B两点之间插入，向后运动切断A、C两点之间的联系。B点攻击队佯攻B点，切断A、B两点之间的联系。待A点得手后，预备队在A点投入战斗，协同A点攻击队向C点攻击，拿下C点。穿插分队向A、C两点之间运动，切断A、C两点之间的联系。

**缺点：各队之间协同要求高，不易达成有效配合，尤其是对穿插分队要求更高。**

分别见图1、2、3、4、5。

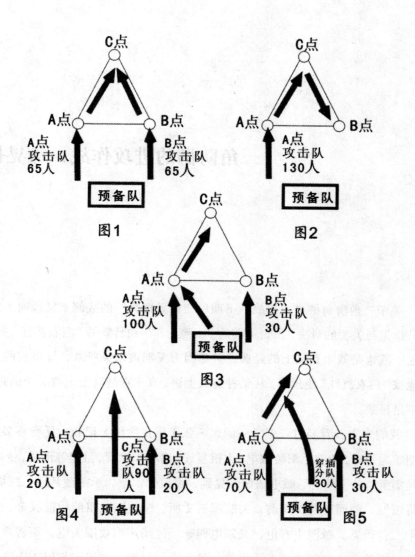

# 三角防御的进攻作战：徐晃援樊

　　关于三角防御的进攻作战，下面以"徐晃援樊"的战例来做说明。这个战例是徐晃与关羽的对决，虽说关羽的"水淹七军"和吕蒙的"白衣渡江"更有名，但这一战也是战术意义上的经典，只是因为关羽被东吴所杀，导致它的光辉更多地被"白衣渡江"淹没了。从某种意义上讲，真正在战阵上击败关羽的是徐晃，而不是吕蒙。

　　我们来先看看经过。据《三国志·张于乐张徐传》记载：晃所将多新卒，以羽难与争锋，遂前至阳陵陂屯。太祖复还，遣将军徐商、吕建等诣晃，令曰："须兵马集至，乃俱前。"贼屯偃城。晃到，诡道作都堑，示欲截其后，贼烧屯走。晃得偃城，两面连营，稍前，去贼围三丈所。未攻，太祖前后遣殷署、朱盖等凡十二营诣晃。贼围头有屯，又别屯四冢。晃扬声当攻围头屯，而密攻四冢。羽见四冢欲坏，自将步骑五千出战，晃击之，退走，遂追陷与俱入围，破之，或自投沔水死。太祖令曰："贼围堑鹿角十重，将军致战全胜，遂陷贼围，多斩首虏。吾用兵三十余年，及所闻古之善用兵者，未有长驱径入敌围者也。且樊、襄阳之在围，过于莒、即墨，将军之功，逾孙武、穰苴。"

　　首先，我们要确定这一战的性质，这是场进攻战，而且是攻坚战，是典型的破三角防御的进攻作战。

关羽外号"万人敌"，此时他刚刚拿下了汉正牌左将军于禁，威震华夏。我个人的观点，所谓"万人敌"不是说他单挑有多厉害，而是说他战术素养极高，是第一流的大将。注意，大将，我个人觉得是很高的荣誉称号了，日本人很爱的赵云就只是个突将而已，隋朝的贺若弼就喜欢嘲笑别人只是突将。

徐晃徐公明是"五子良将"中的老五。老大张辽在东边合肥那看门，老二于禁被关羽活捉了，老三乐进前两年就"翘辫子"了，老四张郃刚从陕西的山沟沟被捞出来，去捞人的就有老五徐晃。这仗其实是事关魏国国运的，关羽并不知道背后被吕蒙捅刀子了，对他来说败了无非退回去下次再来，没什么心理负担。徐晃若败最好的结局就是丢失襄阳，坏一点许昌和洛阳都有危险，那诸葛亮的战略构想就实现了，历史必将改写。

关羽当时的用兵计划就是拿下襄阳，没其他想法。有其他想法也没用啊，实力也不够，所以拿下于禁后他的做法是围点阻援，并不非常积极。用现在的话说是坐三保二争一，拿下襄阳是最低目标，要是万一灭了徐晃，那不好意思，就要争一争这第一了。这就决定了关羽只是阻援，没想和徐晃搞个襄阳大会战第三幕。

徐晃和曹操向来都喜欢以多打少，兵不够决不打，等兵强马壮了再跟你开练。徐晃等后面援助的兵马一到，立马动手，虚晃一招就拿下偃城，守偃城的肯定是小喽啰，见徐晃要断他后路就跑了；但肯定也不是草包，要是草包早就被徐晃擒拿了，战争第一忌后路被断，第二忌侧翼暴露。

偃城一失，关羽这种老兵油子用鼻子想也能想明白是怎么回事，是曹操不甘心失败又杀回来了。可老关也不是孬种，吃到嘴里的食绝没吐出来的道理。

关羽名将之誉并不是虚的，眼看着襄阳指日可下，和徐晃硬拼绝不是上策，俗话说人有旦夕祸福，万一一个失手，就白围樊城了，只要堵住徐晃，拿下了樊城，到时你曹操带了五子良将一起来也奈何不了我老关。所以关羽是稳稳地守，前面的围头、四冢是三角阵的两个点，自己主阵在后坐镇。前面就说了这是三角防御。破三角防御嘛，这个懂点军事的人都知道，全世界的战术教材都会教，但这个战例被提及估计不会多，因为徐晃用的是中央突破，破三角防御用这招的，还真不多。粗看陈寿写的会以为是声东击西，一个主攻一个佯动，实际陈寿是知兵法的，他知道这是中央突破。

那徐晃是怎么破的？第一手关羽就落了下风，他没判断出来徐晃的主攻方向。陈寿说得很清楚了，佯攻围头，实取四冢。关羽到了四冢情况危急才判断徐晃是声东击西，打了一辈子仗，被徐晃耍了。不过没关系，虽然判断失误，情况整晚了点，失了先手，四冢还没丢，一切还来得及。可是这第二手关羽又错了，徐晃打围头是虚，打四冢还是虚，打你老关才是真的，要的就是把你老关调出来。

把老关调出来打，其实风险是比较大的。关羽打仗本事有多大，不好说，但练兵本事绝对一流，关军战斗力不是盖的，打赢了什么都好说，打输了的话在城楼围观的曹仁只有跳河了。可是结果我们都知道，关羽惨败。风险最大变成了风险最小收获最大，这是怎么回事？

对徐晃来说，他面临的问题是"破"，按照一般的打法，拿下四冢等于胜利了一半，接下来就该去破另外两个点。可为什么徐晃不按部就班来？要知道徐晃是来救人的，不是来和关羽争谁是伦敦奥运冠军的。以前兵少，不速救那是因为不能把自己也填进去。现在兵强马壮，救人就得一步到位，要知道曹大司马随时会送命。按常规若拿下四冢确实是打开了胜利之门，但关羽也决不会罢休，势必会反击四冢，那就会围绕四冢展开反复争夺，这仗天知道会打到猴年马月，那曹大司马不急出心脏病来才怪。只有一战定乾坤，那就只有攻取一个点——关羽本阵。打掉关羽的指挥所，那其余，呵呵，那就没有其余了。

打三角防御主攻方向是中央阵地，那采用的战法不用说，肯定是中央突破战术。可关羽本阵前是鹿角十重，这个防御工事修得很严实，硬打绝不是办法。于是徐晃玩了两手花招，先把老关骗出来。说起来很简单，就这么骗出来了，可里面都是有道道的。三角防御的优点在于互为犄角，三个点互救起来很方便，徐晃就是利用这点，就是要你关羽来救，把你引出来，把敌人的优势变成了自己的优势，此所谓善用兵者。

要说徐晃这人阴啊，耍花招骗老关也就算了，骗他出来不就是围点打援吗，堂堂正正打就是了，老关已经进了你的套，徐晃少说也布置了两三万人等着关羽的五千步骑，兵力悬殊，以逸待劳，几乎是包赢。可是不，徐晃还觉得不够，他还要耍诈。《三国志·裴注》称：关徐阵前见面，老朋友多年不见不聊两句实在说不过去。正说得过瘾，徐晃回头扯直了嗓子就喊："得关云长头，赏金千斤。"

一下就把老关弄傻了："老徐你啥意思？"

"没啥意思，叙旧结束了。"

不禁感慨，关二哥咋这么憨厚呢？被徐晃调动来调动去，骗出来后开始还聊着当年的往事，一转眼就变脸要他的头。（蜀记曰：羽与晃宿相爱，遥共语，但说平生，不及军事。须臾，晃下马宣令："得关云长头，赏金千斤。"羽惊怖，谓晃曰："大兄，是何言邪！"晃曰："此国之事耳。"）此所谓：兵者，诡道也。

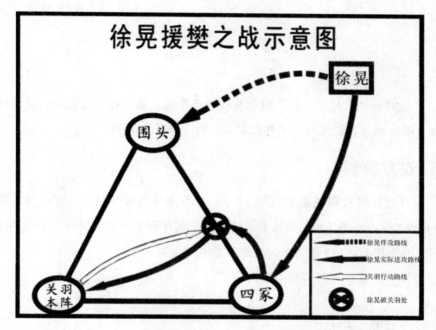

徐晃援樊之战示意图

可怜的关军，第一要务不是打仗了，而是救下关羽逃命。要说徐晃打赢了也就行了呗，可徐晃不干，谁说我是围点打援，我明明是围点打援追敌破C点，野战打败关羽只是开始，乘胜追击才是结局，穷追猛打，宜将剩勇追穷寇啊，什么围头什么四冢，都是浮云，中央阵地才是真的，根本不给关羽重新布置的机会，就此一战定乾坤。难怪曹操称赞："吾用兵三十余年，及所闻古之善用兵者，未有长驱径入敌围者也。"就这样，中央突破反而成了"奇"，这也是兵法里正奇变化的经典战例，兵法说：以正合以奇胜，可见奇能变为正，正亦能变为奇。徐晃，绝对是精正奇、造虚实的高手。

# 三角防御的防御作战：战斧行动

"战斧行动"是"二战"时北非战场英军为了解救托布鲁克之围而进行的一次解围行动。我们先看英军和德军双方的一些基本情况。

## 一、双方编制

担任这次进攻任务的是英第 13 军，辖有第 4 印度师和第 7 装甲师，拥有 300 辆坦克，246 架飞机。而隆美尔的非洲军辖有第 5 轻装甲师和第 15 装甲师，拥有 150 辆坦克，139 架飞机，火炮数量也少于英军。

英军第 7 装甲师的编制如下：

第 7 装甲师下辖：

1. 第 4 装甲旅含：第 7 轻骑兵营、第 2 皇家坦克团、第 6 皇家坦克团、一个炮兵连、第 2 野战工兵连、第 141 野战后勤部队、两个野战救护单位。

2. 第 7 装甲旅含：第 3 轻骑兵营、第 8 轻骑兵营、第 1 皇家坦克团、一个炮兵连、第 1 供应分队、新西兰第 4 预备大队、4 个直属连。

3. 师支援群含：第 1 皇家来复枪团、第 2 步枪旅、第 4 炮兵营。

师直属部队：第 3 炮兵营、第 106 炮兵营、第 11 轻骑兵营、信号分队、第 270 野战安全分队，另有后勤、弹药、维修等分队若干。

德军装甲师编制：

师部：

1× 师部指挥连

1× 摩托化制图分队

1× 警卫分队（2 挺轻机枪）

1× 装甲团：

团部：

1× 摩托化通信排

1× 装甲侦察排

1× 装甲维修连

3× 装甲营：

1× 装甲指挥连

1× 中型装甲连

2× 轻型装甲连

1× 装甲掷弹旅：

2× 装甲掷弹团：

团部：

1× 团部警卫连

1× 通信排

1× 工兵排（3 挺轻机枪）

1× 摩步排（6 挺轻机枪）

1× 反坦克排（3 门 50 毫米 PAK 38 反坦克炮，3 挺轻机枪）

2× 摩步营：

3× 摩步连（18 挺轻机枪，4 挺重机枪，3 支反坦克枪，2 门 80 毫米迫击炮）

1× 重型摩步连（12 挺重机枪，6 门 81 毫米迫击炮，3 门 50 毫米 PAK 38 反坦克炮，6 挺轻机枪）

1× 炮兵连（4 门 150 毫米轻型步兵炮，4 门 75 毫米轻型步兵炮）

1× 炮兵团：

团部（摩托化）：

1× 观测连（摩托化）

1× 通信排（摩托化）

2× 摩托化炮兵营：

营部（2 挺轻机枪）：

1× 通信分队

1× 校射分队

3× 炮兵连（3 门 105 毫米轻型榴弹炮，2 挺轻机枪）

1× 轻型军需供应分队

1× 摩托化重炮营：

营部（2 挺轻机枪）：

1× 通信分队

1× 校射分队

2× 炮兵连（3 门 150 毫米重型榴弹炮，2 挺轻机枪）

1× 炮兵连（3 门 100 毫米 K18 重炮，2 挺轻机枪）

师直属部队：

1× 摩托化侦察营：

1× 指挥连

1× 摩托化通信排（2 挺轻机枪）

1× 重型装甲侦察车连（18 门 37 毫米反坦克炮，24 挺轻机枪）

3× 摩步连（2 门 81 毫米迫击炮，4 挺重机枪，18 挺轻机枪，3 支反坦克枪）

1× 重型摩步连：

1× 工兵排（4 挺轻机枪）

1× 摩托化反坦克排（3 挺轻机枪，3 门 50 毫米 PAK 38 反坦克炮）

1× 摩托化反坦克排（3 挺轻机枪，3 支 28 毫米 PAK 41 反坦克枪）

1× 机械化步兵营：

营部（摩托化）（2 挺轻机枪）

1× 通信分队（摩托化）

1× 重型反坦克连（6 辆 Marder III Ausf M）

1×摩步连（6门50毫米PAK 38反坦克炮，4门37毫米PAK 36反坦克炮，6挺轻机枪）

1×重型高炮连（12门20毫米高射炮，4挺轻机枪）

1×装甲工兵营：

营部

1×装甲工兵连（23挺轻机枪，3支反坦克枪）

2×摩托化工兵连（18挺轻机枪，3支反坦克枪）

1×摩托化舟桥纵队（2挺轻机枪）

1×摩托化轻型工兵纵队（2挺轻机枪）

1×装甲通信营：

营部（摩托化）

1×装甲野战电话连（6挺轻机枪）

1×装甲无线电通信连（6挺轻机枪）

1×摩托化轻型通信连（2挺轻机枪）

1×卫生营：

3×摩托化卫生连（2挺轻机枪）

3×救护车纵队（1挺轻机枪）

师军需处：

12×轻型补给纵队（2挺轻机枪）

1×重型补给纵队（2挺轻机枪）

3×重型燃料运输纵队（2挺轻机枪）

3×摩托化维修连

1×摩托化军需连

师供应处：

1×摩托化面包制作连

1×摩托化屠宰连

1×摩托化物资供应纵队

1×摩托化宪兵排（2挺轻机枪）

1×摩托化邮局

人员总计：

军官：407

文职：101

军士：2112

士兵：9197

总计：11817

第5轻装甲师，装甲部队实力与装甲师相当，但只有1个步兵团，火炮数量也严重不足，但有2个额外的反坦克营以及1个重高炮营。

## 二、英军的作战计划

从我看到的资料上英军的作战计划是这样的：右路是一个坦克营和一个步兵旅强攻哈尔法亚山口；中路是一个装甲旅和一个步兵旅攻击卡普佐要塞；左路是一个加强装甲旅突破哈菲德山向西横扫，阻击西迪·奥马尔的德军，再向北直扑西迪西泽亚。

可知英军的战役企图是，右路拿下哈尔法亚山口向北攻击索鲁姆，中路拿下卡普佐要塞再向东北直插索鲁姆，和右路军形成对索鲁姆的合围，拿下索鲁姆后再拿下巴迪亚，打通前往托布鲁克的通路。左路军的任务一直就是保护侧翼。可知，中路为主要攻击方向。

## 三、战役进程

1941年6月15日，英军展开攻击。

先说英右路，一个坦克营和一个步兵加强旅（说明师炮兵群基本配属给了该旅）对哈尔法亚实施了强攻。德守军仅为一个炮兵营加配属的一个意大利炮兵连。经过不说了，被德军4门88毫米高炮打掉全部19辆坦克中的15辆后，英国军队不打了，被阻止在这一线，第一个战役目的没有达成。

这是这个战役里要讲的第一个战术问题。德军炮兵在打英军坦克，英军炮兵在干什么？既然88毫米高炮对坦克的威胁这么大，把它们打掉后，凭英军兵力的绝对优势也能拿下哈尔法亚。

从结局来看，有这么几点可能，一、英军的炮兵没准头，一炮都没打中。二、德军炮手太狡猾，不停在换炮阵地。这就是奇迹了，不停移来移去都打那么准。三、英军炮兵指挥官怕死，根本没有指挥官跟着坦克步兵上去，没有开设炮兵前观，没有炮兵侦察兵，根本不知道德军炮位在哪。四、步炮协同一塌糊涂。总之一句话，右路英军根本没有战斗的决心和意志，不是来打仗的，而是来打酱油的。

英右路军是窝囊废，但还有中路军。中路军比右路军兵力稍强点，一个装甲旅（欠一个坦克营）和一个步兵旅，却比右路军出色得多。先是击溃了据守卡普佐要塞的意军，然后改变方向向东北的索鲁姆前进，达成了他们的第一个战役目标，形成了战役突破。只要拿下索鲁姆，右路军不干活也没事，断了后路的德哈尔法亚山口守军只有投降。隆美尔自然知道英军中路拳头的威胁，急调第 15 装甲师实施反击，对德军来说抹平卡普佐这一突出部是当务之急，可惜的是 6 月 16 日德第 15 装甲师的反击从早晨战至中午就宣告失利。

再看英左路。英左路军第 7 装甲旅为一个加强装甲旅，说明第 7 装甲师的直属分队大都配属给了该旅，实力不弱。右路军在 6 月 16 日与德第 5 轻装甲师在西迪·奥马尔附近遭遇，展开激战。隆美尔双拳出击，左拳击向卡普佐，右拳击向西迪·奥马尔。这是因为 6 月 15 日的战场态势对德军非常不利，堵不住卡普佐的缺口德军将被迫撤退，然而隆美尔并没有把全部力量放在堵缺口上，而是挥出一拳击向英军侧翼。说明隆美尔心里想的不仅仅是被动死守而是展开攻势防御，他还想着打赢。第 5 轻装甲师非常争气，经过激战突破了英第 7 装甲旅。第 7 装甲旅溃不成军，英军左路军被迫向后撤退。

6 月 16 日下午，这时的战场态势为：哈尔法亚右路军在消极怠工；卡普佐中路军形成突破并打退德军反击，形势大好；西迪·奥马尔左路军溃败。对隆美尔来说机会就在眼前，他做出此战中最大胆的决定，弃卡普佐不顾，只留少量反坦克步兵部队牵制英军，将第 15 装甲师主力调向南方与第 5 轻装甲师合兵向东猛插，到达西迪·苏雷曼后再向哈尔法亚前进。如果成功，英中路、右路军将被"包饺子"。

6 月 17 日上午，德军抵达西迪·苏雷曼。

6 月 17 日上午 11 时，英军第 4 印度师指挥官梅瑟利少将在没有得到指挥部同意的情况下命令英军撤退。不撤不行啊，右路军消极怠工倒也罢了，左路军一溃千里把整个英军的侧翼都卖了，德军已经在左翼包抄，左路军这种只顾自己逃命不顾友军的行为让整个卡普佐地区的英军成了孤军，再不撤就没命了。最后，英军全线撤退。此役，英军损失了 90 多辆坦克、1000 多名士兵，"战斧行动"宣告败北。

如果还有如果……

英第 7 装甲师号称王牌，可看了其主力第 7 装甲旅的表现，不禁让人摇头叹息。如果他们不是那么怕死向后狂奔，而是收拢部队向卡普佐中路军靠拢，英军还有一战的可能，其坦克火炮飞机火力及兵力依然强于德军，还有机会挽回局面。可是他们选择了要自己的命不要兄弟姐妹。

## 四、战役总结及随想

先看德军防御体系，德军的防御体系是一个大三角防御再加双小三角。哈尔法亚、索鲁姆、卡普佐成一个三角；西迪·奥马尔、哈菲德岭、卡普佐成一个三角；哈菲德岭、哈尔法亚山口、托布鲁克外围成一个大三角。整个防御体系有两个点是非常有问题的：一个就是托布鲁克在英军手上，还有一个就是意军守卡普佐要塞，这个点是连接两个小三角的要点，却用意军把守，英军主攻方向选在这点，恰恰打中最薄弱环节，可以说这是隆美尔的失误。这是要讲的第一个。

第二个，英军主将瓦维尔的作战计划没有问题，切中要害。从战役进程可以看出瓦维尔指挥能力很有问题，自始至终无论是进攻受阻，德军反击，德军突破形成包抄，瓦维尔都没有拿出有效的应对措施，除了撤退，就是按计划按部就班，英国人本身就死板，这倒也罢了，可他没备案，此备案非彼备案，是没有针对各种情况的应急预案。拿不出应对方法是能力问题，可事先连备案都没有就是工作态度的问题了。

反观隆美尔，反应迅速，对战场判断的准确，下决心的果敢，用兵的神速都高出瓦维尔数个等级。

第三个，两军将士。英军众将士战斗意志薄弱，战斗作风稀拉，战术素养低下。右路左路的表现文中已经说过了。单说德军防御体系中的安全隐患，托布鲁克的英军，甘当缩头乌龟，在德军第 15 装甲师和第 5 轻装甲师实施反击后，托布鲁克外围空虚时也不配合友军行动，躲在家里喝茶当乌龟，要知道友军可是来救他们的。

德军就不说了，在各个分战场上都以少抗多，毫无惧色。

第四个，隆美尔在防御反击中的指挥。对德军来说，把取得反击作战的胜利归功于隆美尔的指挥是毫不过分的。隆美尔针对英军中央突破的战法，中路反击和右路反击同时展开，中路反击是为了稳住战局，不让战局向德军更不利的方向恶化，而右路反击则是为了取胜。这反映出了隆美尔的胆略和勇气。

在右路第 5 轻装甲师取得突破后，隆美尔果断做出调整，让第 15 装甲师迅速折向右路，又充分体现了隆美尔对战机的把握能力。

隆美尔命令德军包抄至哈尔法亚，这是隆美尔的大胃口，他要全歼英军。结果是英军狼狈撤退了。那么是不是因为隆美尔的胃口太大导致他的功亏一篑呢？我们看，如果隆美尔命令德军包抄的是卡普佐，而不是哈尔法亚，能不能歼灭卡普佐的英中路军？

我个人认为，隆美尔并不真想歼灭英军，以他手头的实力要做到这点很难，就算做到亦要付出很大代价。我们首先得看到，向哈尔法亚包抄这步棋叫做分割，分割英军与后方的联系以求形成包围。但隆美尔这手不是实的，而是虚的，只是摆出这个战场态势，在英军的作战地图上显示的战场态势就是即将被隆美尔分割包围。那怎么办？要么增援要么逃。没有增援，所以英军逃了。这是隆美尔的惯用伎俩，凭此赢得了多次胜利。关于隆美尔的作战技巧后文还会讲，这里就不多说了。

第五，英军有没有可能打赢。

前提假设在英第 7 装甲旅战败后向卡普佐地区靠拢，那么我们就要分析英军调整部署有几种可操作方案。

第一种，左路和中路合兵就在卡普佐待着等隆美尔来决战。这肯定不现实，不考虑。

第二种，左路向哈尔法亚运动，和右路军会合，与隆美尔决战。这也是下策，只是谋求自保。隆美尔会命令他的装甲部队折向西收复卡普佐（可能性一），这样最好的结果也还是撤退。可能性二，英军会遭到卡普佐德装步团、哈尔法亚守军、西迪·苏雷曼德装甲兵团三面合击，决战并战胜的可能不大，反而会大败。再看英军还有没有其他可选择的方案。

第三种，继续向西进攻西迪·奥马尔，去断隆美尔的后路，显然行不通，因为断不了其后路，隆美尔的装甲兵团还有哈尔法亚山口这条路，反而容易让英军自己陷入更危险的境地。

第四种，命令右路军和卡普佐的中路军向西迪·苏雷曼合击，在隆美尔装甲兵团包抄到位前截击他们。不过这个也有问题，右路军缺少装甲力量，很可能在卡普佐的兵力在合击前就被隆美尔击溃了，就变成让隆美尔各个击破。也还是下策。

这个时候英军如果还想打下去就必须去找出问题的关键。前面讲到打西迪·奥马尔断不了隆美尔的后路，隆美尔可以吃掉英右路军从而安全地从哈尔法亚返回。那么想取胜的关键问题就在于：一、要守住卡普佐，二、要拿下哈尔法亚。

那么看第五种。首先命令右路军向卡普佐靠拢。

A案：左路以第7装甲旅配属部分步兵绕过索鲁姆攻击隆美尔司令部所在地巴迪亚，逼迫隆美尔回援。右路以第四装甲旅配属部分步兵攻击哈尔法亚，拿下哈尔法亚将隆美尔的装甲兵团挡在哈尔法亚山口以东。中路以一步兵旅配属师炮兵群固守卡普佐。如果拿下哈尔法亚守住卡普佐的话，隆美尔要么强攻，要么只有从西迪·奥马尔绕个大圈子回援巴迪亚。另，英军还可以以一个坦克营奔袭西迪·苏雷曼，以此为支撑点确保后路，并命令托布鲁克守军对意军展开进攻，打开通路与拿下巴迪亚的英军相呼应。该方案如果成功隆美尔必败无疑。问题在于，攻击哈尔法亚的右路是在和隆美尔抢时间，一旦隆美尔抢先到达，被分散的两个装甲旅将被各个击破，英军将全军覆没。

B案：以第4装甲旅配属步兵一个旅佯攻索鲁姆，以少量兵力佯攻哈尔法亚，引诱隆美尔回援。迅速将第7装甲旅及配属步兵回调至哈尔法亚及索鲁姆之间，伏击隆美尔装甲兵团。另，以一步兵旅配属师炮兵群并加强反装甲力量固守卡普佐，以一坦克营奔袭西迪·苏雷曼确保后路，并命令托布鲁克守军配合进攻外围意军。该方案问题在于，如果隆美尔选择强攻卡普佐并得手，英军将被包围。

以上是我以英军作战处长身份设想的五种作战方案。不过，如果让我选我还是选撤退。实在是对英军战斗力不抱任何信心。

这个战例告诉我们，三角防御时不要过于考虑死守，应尽可能采取攻势防御，要充分利用各防御要点间的互相支援，形成局部优势兵力，用犀利的反击打破敌人的一路进攻，进而打破敌人的整个攻势。

# 突破、突破、再突破：曹操潼关之战

潼关之战源于曹操的一个战略决策失误，主要是急于解决汉中的张鲁，进而解决益州的刘璋，从而形成对荆州的战略包围之势；却没预想到西凉诸军阀对中央政府极其敏感的心理以及马超居然会不爱父亲、不爱兄弟、不爱家庭，置邺城的马腾父子不顾，跳起来和韩遂联合作乱；从而导致曹操被迫提前解决西凉问题，给了刘备坐大的机会。但潼关之战在战术上却是相当漂亮的。

## 一、高明之至的声东击西

建安十六年七月，曹操被迫亲征。八月，曹操抵达潼关前线。对曹操来说，敌势浩大，又据潼关天险，而且手下诸将对西凉军团普遍存有畏惧心理，这仗可不好打。这时徐晃向曹操建议："公盛兵于此，而贼不复别守蒲阪，知其无谋也。今假臣精兵，渡蒲坂津，为军先置，以截其里，贼可擒也。"于是曹操在潼关摆出要大战一番的架势，却让徐晃偷偷带了4000人北渡黄河，再从蒲坂津西渡。击败了前来截击的梁兴5000人马，在西河站稳了脚。

有说法说马超曾向韩遂建议要守黄河渡口，而韩遂却不同意。我看未必，很可能是传言有误。若马超真这么想，那徐晃渡河后前来截击的就不光是梁兴了，马超的万骑也该来才对。

战后曾有将领问曹操："当时西河空虚，为什么不从河东击冯翊，而是到潼关与关西军对峙？"之前讲过，突破的要义在于虚实。当时西河看似空虚，但并不是真的虚。曹操大军若从河东出击，关西骑兵在一日内就可在黄河沿岸完成布防。这时，原来空虚的假象就会破碎。而曹操选择了大军在潼关做出进攻的假象，却让徐晃别军在蒲坂津西渡黄河。一般声东击西都是别军声东，主力击西；曹操却反其道而行之，主力声东，别军击西。把西河原来虚假的空虚变成了真实的空虚，使得徐晃这根钉子顺利形成突破而不费吹灰之力。

## 二、浪漫诗人曹操差点送了小命

话说曹操得徐晃报告，"西河野味甚多，请主公速来。"正在潼关天天啃大饼子的曹操大喜，十几天没吃肉都馋了，赶紧的，兵发徐晃老营，吃好吃的去也。

要说这曹操呢，军事天赋不是第一流，而是第一流中的第一流，不过这天才呢，多多少少都是有点毛病的，什么大大咧咧，不拘小节等，《三国志·武帝纪》就直言不讳，说他小时候"任侠放荡"。偏巧曹操还是个第一流的诗人，喜欢玩个浪漫什么的。这军事家再加诗人的曹操虽说经常会来个神来之笔，但动不动就出点小毛病。很多年前打张绣那会非要半夜听琴，顺便和美人秉烛夜谈，结果送了儿子侄子还有贴身保镖的命。这次到了黄河边曹操又要浪漫一把，非要玩漂流。大名人玩漂流是多么轰动的事啊，于是侦察的也不去了、放哨警戒的也不去了、后卫的也不去了，都看漂流去了。

曹操正坐胡床上小扇摇啊摇，小曲哼啊哼，黄河漂流公园管理处的马超就带人来了："抓住那帮逃票的！"

马超这一声暴喝吓得张郃一干人拖起还在摇头晃脑诗兴大发的曹操就往船上跑。那马超可不干啊，追！于是一直追了好几里地，一路上石头、飞镖、弓箭可没少往船上招呼。幸亏船上还有个胖子保镖许褚，胖子力气大啊，一手撑船一手还能拿个马鞍子挡飞镖。

曹操这帮人跑得飞快，却苦了管行李的丁裴，东西太多，跑不动啊，稀里哗啦掉了一路，什么牛啊羊啊的还真不少。马超军眼看船渐行渐远，追不上了，就回头抢行李去，赶上牛羊，收队回家。

## 三、突破！甬道向南

话说曹操已过了黄河。那西凉联军想，过就过了吧，你曹操不就是过来打我们的吗？那咱们就堂堂正正打一架，看看谁厉害。

西凉联军想打，曹操不干啊。曹军这边拿了个大喇叭开始喊话了："西北军弟兄们，我们只是包工头，是到西河来做工程的。

"你们问我做啥工程啊？甬道啊。啥是甬道？你们不知道啊？粮道？不是不是，不是粮道，就是条道。那为啥竖栅栏？防贼啊，防西北贼。不是你们哦，你们是西北军兄弟。"

时间一天天的过去，关西联军感觉不对劲了，这些做工程的修甬道的看着进度挺慢的，可这么蜗牛般一点一点地爬，眼看着我们在渭北就没地盘待了。有问题，可有问题也晚了。风紧，扯呼，先回渭南再说。

话分两头，各表一支。回过头来，那边守潼关的西凉军还天天坐在城楼上，眺望着远方空无一人的旷野："我正在城楼，观山景……"后面的调防通知就来了：回来吧，潼关不用守了，都到渭口来吧，咱们上了曹操奸贼的当，他都在渭北了，就隔着条渭水了。

列位看官，孙子曰："其疾如风。"就是告诉我们军队行动要像秋风扫落叶般迅猛。不过曹操又给我们上了一课，兵法不是死记硬背的，而是活学活用的。这不，突破像蜗牛一样爬也能行，而且效果不错。渭北是曹操的了，潼关也不用硬攻了。

## 四、玩你，不用和你商量

曹操一个迂回（声东击西），再一个慢突破（步步为营），关西军就失了黄河、潼关天险，还尽失渭北之地。

韩遂拍拍胸口，开始自我安慰：还好还好，还有渭南在我们掌握中，凭借渭水，我们坚决抵抗曹操。可这黄河天险都过了，小小渭水对曹操来说何足道哉。分你们关西军的兵，这，我要渡渭；那，我也要渡渭。还有这还有那，曹操都要过河。趁关西军疲于奔命，曹操趁夜悄悄地用船搭浮桥，过了。这就是兵法

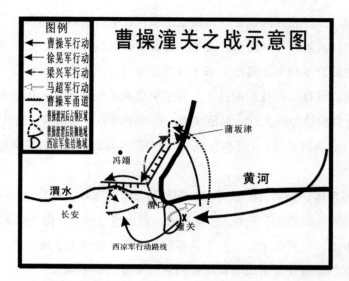

上说的："吾所与战之地不可知，不可知，则敌所备者多；敌所备者多，则吾之所与战者寡矣。"

过了渭水后曹操又竖起了布告栏："施工现场，非请勿入。"关西军又傻眼了，啥，又施工啊。马超立马带了队伍来打砸抢，来了多次后施工进度大受影响，多亏娄圭有筑城之才，一夜之间起沙灌水为城。这山寨建好了，曹操军就窝着了，冬天快来了，窝着暖和。马超天天来喊话："出来，我们打一架！"

"不来不来，没空。"

也有个别实心眼的如夏侯渊之类跑曹操那捣鼓："主公，我们出去，和马超干一架。"

曹操打个哈欠："过几天再说。"

实心眼就是实心眼："过几天啊？好，主公，那我去和马超约个时间，告诉他，过几天干他。"

曹操眼一瞪："约什么约！玩他，还用和他商量吗？"

## 五、把玩你进行到底

接下来的战事和本文主旨关系不是太大了，但潼关之战总得说完吧。

西凉联军被曹操玩了一把又一把，自己还没整明白是怎么回事。既然情况没整明白，那就开会讨论下吧。主持会议的韩遂认为：最先曹操在潼关给我们一通罗汉拳，徐晃在西河也是一副山大王模样，看着挺凶猛的样子；可在黄河边被马超狠揍后就改行一路修甬道了，窝在里面死活不出来。过了渭河又开始修营垒，又窝着不动了，骂他祖宗十八代都没反应，又玩上太极了。这前倨后恭的，早就听说曹军怕我们的长矛，看来啊曹操虽然很狡猾，但和我们野战他是无论如何都没这胆的。行，和他谈判，让他把黄河以西都割让给我们。

曹操一看谈判条件，自己都气乐了，我是来灭你们的，还叫我割地。谈啥谈，不谈不谈。

曹操不肯谈，那就只能强拆喽。于是马超带队强攻，可是曹操又是弓又是弩的，还有霹雳车。攻不下来，于是再谈。割地还是要割，但给你曹操送人质。曹操又气乐了，贾诩急了："你不是要玩他们吗，现在别人多配合啊，主动送上来了，你不假装答应怎么继续玩他们啊。"曹操也不糊涂："好，把玩他进行到底。"

关西军得到曹操同意的回答，大乐，这韩遂也不知道怎么想的，也许是得意忘形，以为大局已定，又想来和曹操套交情了，朝中有人好办事啊，别看我们西凉诸将现在抱成团和曹操斗，但平时相互之间的冤仇可不少。玩政治的没有永远的朋友，只有永远的利益。我韩遂和曹操是有交情的，现在再重新拉拉，将来和马超翻脸也有个外援。

韩遂自己送上门来让曹操玩，曹操能不笑纳吗。再说马超这人心思特重，疑心病比我曹操还强，是用离间计的时候了。

离间计使完，曹操突然翻脸了，当然得翻脸，不翻脸这离间计浪费了，马超诸将都怀疑上韩遂了。曹操突然翻脸，主动要约日子开打，本来畏西凉联军如虎的曹操突然腰杆子硬了，其他人首先想到的是曹操韩遂暗中联手了。不过既然人家主动邀战咱们西北人也不能示弱是不，打就打，难道还怕你曹操不成，等这天等得好辛苦。

## 六、突击，虎豹骑

呵呵，这段小标题看着好威风，实际内容就一句话。虎豹骑再立新功，大破西凉军团。具体经过别问我，我也不知道，我要知道我肯定上天坛卖艺说评书去了。

# 02

CHAPTER

第二章　分割

# 分割敌军的目的并不一定是包围

　　分割总是和包围连在一起的，通常都表述为"分割包围"，似乎对敌防御体系分割的下一个动作就是包围。实际上并不是这样，再次来看隆美尔的战例就知道了。

　　话说在北非的几十万意大利人被几万英军打了个屁滚尿流后，万般无奈之下领袖只能向元首求援，于是隆美尔出现在了北非战场，成就了他"沙漠之狐"的美誉。刚到北非时隆美尔手头上只有几千人马，一个加强装甲团而已。只是神奇的隆美尔仅仅用这么点兵力来了个剧情大逆转，前不久还追赶几十万意大利人的数万英军反过来被几千德军追着屁股跑。这就是隆美尔的"昔兰加尼大捷"。

　　战役经过就不详细说了，简单结合隆美尔昔兰尼加作战示意图叙述一下。1942 年 3 月 31 日，德军占领卜·雷加港。4 月 2 日，卜·雷加以东 80 千米的阿杰达比亚被占领，在这个地方隆美尔开始分兵，左翼以意大利军布里西亚师配合德军第 5 轻装甲师第 8 机步营沿海岸线直扑班加西，然后直取德尔纳，此为左翼包抄路线；中路以德军第 5 轻装甲师第 2 侦察营及第 5 轻装甲师一部、意大利军阿里特师配合分两路对梅基利实施并列攻击，此为主要攻击方向；右翼以德军第 5 轻装甲师一部沿本盖尼亚、塔基代尔直取梅基利侧后，此为右翼包抄路线。4 月 4 日，德军占领班加西。4 月 6 日，德军占领德尔纳，并俘虏英军两位指挥官尼姆和奥康纳中将。4 月 8 日，梅基利在抵抗了一天后被攻破，英军指挥官帕里将军被俘。4 月 10 日，德军进抵托布鲁克，昔兰尼加战役结束。

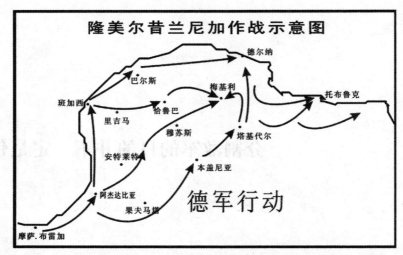

可以看到隆美尔使用的还是德军最拿手的中央突破、两翼齐飞的战术。要是隆美尔兵力充足这样进攻倒也正常，可他根本就没多少兵，架子却摆这么大，结果还节节胜利。这里重点说下这阶段隆美尔为什么获胜。前面说过，分割可分为虚分和实分，这样子描述只是为了方便大家理解，并不代表真正的军事用语，算是"虚实"这个孙子反复强调的词在分割这个概念中的具体表述吧。在图中我们可以看到，隆美尔将德军分成4路对英军实行破袭，虽然貌似违反了德军集中使用装甲力量的原则，数千德军却一路长驱直入，数万英军仓皇逃窜。这是怎么回事？

隆美尔在进攻中用了两手，第一是在他的进攻正面用了几百辆木头的假坦克，这些假坦克是装在大众汽车的底盘上的，以此摆出一副强大攻势的假象；第二是灵活使用分割包围这一战术手段，总是做出战役迂回，要对英军实施包抄的架势。这两手必须是结合在一起用的，因为毕竟正面的强大攻势是装出来的，时间稍稍一长，英军就可从火力密度中很容易计算出当面德军到底有多少火力，这些假坦克就得露馅；当对英军侧翼实施包抄，做出分割包围英军架势时，在英军看来德军力量强大，就算正面能顶住，侧翼也没有部队去做防守。

隆美尔这两手是专门针对同行设计的。打仗作为人类最古老的职业之一，各国都有高材生，就算没有，指挥军队的人也都是深通军事原则的，在第一章就讲过，军事斗争嘛，第一忌后路被断，第二忌侧翼暴露。隆美尔分兵进攻，总是一副威胁英军侧翼，试图切断英军后路的架势。西方军队打仗几乎都有这个通病，一旦侧翼暴露就撤退。隆美尔需要的就是英军指挥官是这样只懂原则的"专家"，这种"专家"古板而死记书本。要不是"砖家"，是个门外汉指战员，命令部队拼死抵抗，隆美尔还真不好办。他只有一个装甲团，再加两个师的意大利人——战斗力可以忽略不计，碰上死拼的，就算已经包围了，也未必有打赢的本钱，甚至连作战的弹药和汽油都未必够。但碰上同行"专家"就好办了，他们会在感觉不安全后撤退，而不去深入分析：德军到底有多少兵力火力，德军进攻的战役目的到底是什么，和他们打一仗能不能打赢？于是隆美尔就可在英军撤退中一小块一小块地吃掉分散的掉队的，就算没吃到也可顺便缴获大量他急需的物资。隆美尔就是用这手，一次又一次欺骗英军，不停制造出德军大规模进攻的态势，使英军后撤数百千米之多，所以隆美尔的外号叫"沙漠之狐"，狐，要诈的高手也。

隆美尔的这种作战手段就是分割战术的一种具体运用。是的，部队实际是在进行对敌分割包围的战术动作，可是其目的并不一定是要包围敌军，而是迫使敌军后退。这就是兵法上说的："怯生于勇，弱生于强。"反过来说就是："勇生于怯，强生于弱。"

用李世民讲的话可以更清楚地让大家明白。李世民说："守之法，要在示敌以不足；攻之法，要在示敌以有余。示敌以不足，则敌必来攻，此是敌不知其所攻者也；示敌以有余，则敌必自守，此是敌不知其所守者也。"把这段话稍稍拓展一下，既然进攻是为了使敌人防守，那么分割就是为了使敌人撤退。其实这是在讲要正确灵活运用各种战术手段，使得敌军按照我方的意愿去做，以形成对我有利的战场态势。可见，隆美尔已经深得用兵之妙。在北非与他对阵的英国将军中只有一人看出了隆美尔的招数，那就是奥金莱克。在1941年11月开始的"十字军行动"中，当隆美尔取得第一阶段胜利，并于11月24日再次像在昔兰加尼那样直插英军后方试图打破英军整个战役攻势时，英军一片恐慌，只是奥金莱克一人镇定地指出："（隆美尔）从四面八方发起进攻，企图分散我们的注意力，让我们忘记自己的目标是摧毁他。""我们是在进攻，而他是在防守。"奥金莱克敏锐地抓住了隆美尔的要害——他的进攻是为了改变攻守态势，他的穿插分割是为了欺骗英军使其撤退，这一正确的判断帮助英军取得了"十字军行动"随后的胜利，也让隆美尔第一次在北非失败。

# 巨鹿之战（上）：破釜沉舟

　　为达成分割敌方防御体系这一战场态势，在实际运用上亦可以有很多种方式，而无论表现方式如何都离不开前述的虚实二字，所谓虚则实之，实则虚之，虚实相杂，不可胜穷。在上一节，隆美尔用虚假的攻势行动进行穿插分割来诱骗英军以达成对其有利的战场态势，向我们展示了在对敌方实施分割时虚的一手；在本节起的之后数节里，项羽将在他的经典战役——巨鹿之战中告诉我们：在什么情况下虚，在什么情况下实，怎样虚实结合来击败秦军名将章邯的。

　　下面看看巨鹿之战，该战是项羽生平七十余战的分界线。我们不妨假设你我就是项羽，这战是你我所指挥的，时间从杀了卿子冠军宋义起，地点是无盐（现山东省东平县）。

## 一、战局分析

### 1. 局势

　　赵国原都城信都已被秦将王离攻破，赵王歇和张耳逃至巨鹿，现在王离将赵王歇和张耳包围在巨鹿城中；另一方面，秦军章邯部从定陶北上，攻破赵邯郸城，沿漳水修筑了甬道给王离军提供军粮。

　　巨鹿城北有齐、燕的援军和赵将陈余的赵军十余万。

### 2. 秦情

　　A. 秦军分为两个军事集团，章邯集团和王离集团。章邯集团约三十万人，由骊山囚犯、戍卒及后调拨给章邯指挥的司马欣、董翳军团组成。王离集团约十万人，由长城戍卒组成。后世通常以为王离集团是秦正规军，战斗力应高于章邯集团，其实不然。因为秦实行的是普遍兵役制，几乎每个壮年男子都当过兵，受过训练，戍过边，所以两支部队的单兵战斗力基本上是差不多的。实际上章邯所部已征战近年，打了无数胜仗，有着丰富的和造反军作战的经验，实际战力应强于王离集团。

B. 王离集团和章邯集团相互之间并无统属。王离所持虎符只能指挥自己的部队，章邯所持虎符亦是同理。这从两军所执行战略也能看出，章邯负责扑灭各地造反军，其主要与陈、魏、齐、楚作战；在章邯对河南地造反军进行镇压时，秦朝廷又调动王离南下，主要攻击河北赵、燕之地的造反军。这次巨鹿战役是章邯战胜楚军项梁部后移师北上的一次协同作战。因为赵王歇已被围在巨鹿，赵地战役即将结束，所以章邯并没有直接参与围攻巨鹿，而是主要为缺粮的王离集团修筑甬道提供后勤保障，并负责保护侧后翼。眼看着王离集团拿下灭赵首功，章邯内心肯定是很不甘心的。（《史记·项羽本纪》称："章邯令王离"，《汉书·陈胜项籍传》拿掉了这个"章邯令"三字。本人认为《史记》为非，《汉书》为是。）

C. 秦军弱点，正因为秦军两军事集团互不统属，甬道就成了两个军事集团之间的薄弱环节，这正是两军结合部。

### 3. 楚情

楚军原从彭城出发约五万人，项羽杀了宋义后英布和蒲将军所部 2 万人也归项羽指挥，所以楚军大约为七万人。

楚军 5 万主力基本是项梁旧部，是标标准准的项家军。

另有各诸侯援军及赵军余部共十万余人在巨鹿周围。

## 二、渡河点及试探攻击

关于项羽渡河的点，可能存在五个：一为白马津，在今河南省滑县北，因为章邯是从此北上的，不过赵、魏地已经被秦基本平定了，所以这个点不可能。（《史记（集注本）》里有注称"按：从滑州白马津赍三日粮不至邢州，明此渡河，相州漳河也。"这个就是错误的，从白马过河，一路都在秦军控制之下，要一路打过去，怎么可能？任何有军事常识的人都不会这样走。第二个明显错误就是"河"，在《史记》这本书里都解释为：黄河，这个是史学界已经有定论的东西。而且其时为12月份了，正是河流的枯水期，过一个区区的漳水用不着搞破釜沉舟这样的大动作。）

二是仓亭津，仓亭津的具体位置有两种说法：一是在山东莘县莘城镇东北，二是在今山东阳谷县北古黄河上。两种说法所指的位置其实相距不远，我们不考古，不去管它到底在哪。从直线距离看，此渡口到巨鹿最近。可是一来所经赵地已都被秦控制，也得一路打过去，这不现实。二来，秦楚之际此地有无渡口还需考证，我看到的史料上最早还是东汉有此渡口。

三是确碻津，在今山东省茌平县西，不过此处最早的建城记录是公元423年，有了城才会有渡口，估计秦楚之际是没这个渡口的，推翻。

四是西淝津，在今茌平县东北，此津春秋时就有之，为孔子西行见赵简子临河而叹之处，项羽有无可能从此地过，存疑。

五是平原津（即《水经注》所言之张公渡，《水经注》言此地疑为古平原津），在今平原县西南30里处，秦始皇出巡时即在此地病入膏肓，可知此津为秦时主要渡口，并有驰道连接巨鹿郡和济北郡。从平原津到巨鹿之间是秦军尚未涉足的地盘，到达巨鹿附近后就是诸侯援军及陈余军的营垒，不用打仗，还可以简单休整并补充给养，直接袭击秦军，所以我认为项羽是在平原津过的黄河。

毕竟秦军人多势众，楚军不可能一下全过河，所以得先派人去摸摸秦军的底，于是这个光荣而又艰巨的任务就落到了项家军旁支系统的英布和蒲将军头上。结果很快回来了，小赢，很鼓舞军心，项羽决定全军过河。必须指出能让项羽下决心过河的，不是前方打赢了，而是章邯啥反应，只有章邯没反应项羽才会下决心。要是章邯有所动作，项羽就出的不是这张牌了。过河这个举动，意味着项羽相信自己对章邯不满意给王离当运输大队长的判断是正确的。他有了信心。

## 三、破釜沉舟

关于破釜沉舟，我认为现在所有对此的解读都是错误的，可以说是因为韩信的背水阵影响了对它的解读，仅仅理解为激发士卒死地求生的勇气是远远不够的。破釜沉舟要分成两部分来解读。

一、破釜。啥意思啊？不要辎重、轻装。有什么用？主要是用于急袭、奇袭。王离的军事素养虽比章邯差点，但好歹人家也是将军，已经和英布接上仗了，难道还会不知道你项羽来了吗。情报肯定会告诉他英布后头是项羽的主力，在平原津，这是很容易分析判断的。人家早算好了，你项羽过河到我这要多久。现在项羽把辎重一扔，开始奔袭，原来王离算好的三天变成了一天，这下王离就得傻眼了。

二、沉舟。先和韩信的背水阵比较一下。韩信阴啊，把部队带上岸就布阵，谁也不知道他葫芦里卖什么药，等敌人打过来大家才反应过来：这不让我们送死吗。可这时再找韩信算账已经来不及了。同志们只好怀着对韩信刻骨的仇恨加上求生的渴望投入战斗，每个敌人在他们眼里都是韩信，"打，打死韩信你个小人。"背水阵成功的前提是不能让部队知道你把他们带进死地，要让他们在开打前才知道不打赢就没命。

破釜沉舟可不是这样，项羽和韩信不是一类人。过了河，下令沉舟，下面当兵的肯定不理解："将军这是啥意思啊？"这正是项羽发表战前动员的最好时机。想想都知道项羽会说啥："要船干什么？回去。回你老家那穷山沟里去？我跟你们讲，我们是要去咸阳，那可是美女如云，遍地黄金，你想要多少就有多少。只要打败前面的秦军，咸阳就在眼前。秦军厉不厉害？对，这小伙说对了，不厉害。英布的杂牌军都打赢了。你们是什么？你们是主力，是精锐。你们能不能打赢啊？对，易如反掌。那还要船干什么？我们不回去，我们要去的是咸阳。"接下来扔辎重，大兵们就很好理解了，把破烂都扔了，留着口袋装票票啊。

可见，和背水阵绝不一样。

# 巨鹿之战（中）：九战王离

司马迁写得很简单，就那么几句话"于是至则围王离，与秦军遇，九战，绝其甬道，大破之，杀苏角，虏王离。涉闲不降楚，自烧杀。"但我们不得不承认，古人的几句话就能给我们传达太多的信息。那九战王离战场在哪？巨鹿城下？肯定不全是。虚虚实实前面已经讲了不少了，避实击虚嘛，虚在哪？司马迁就说了，甬道。这才是主战场。

九战王离是最难写的，难写不在于怎么和王离打，而是此时章邯在干什么？现在我们已经知道了项羽选的点是甬道。我们还是要从"破分围歼"四字真诀来看，这一手就是本章主旨——分割，切断章邯、王离两个军事集团之间的联系，这是从战役层面来说。针对甬道做文章又是典型的破线，就是我前面说过的突破中的"破点破线破面"中的破线，这是甬道作战时项羽的战术手段。

虽然王离兵多，但现在项羽进攻的是他的补给线，他要保住自己的生命线，他是守。而破线战斗只要一点突破就会全线崩溃。对项羽来说随便打穿哪点都行，他可以集中力量。对王离来说却有无数的点要保，就不得不分兵。战争的主动权在项羽手上，王离原来的兵力优势就化为乌有了。这就是兵法上说的："我专而敌分，我专为一，敌分为十，是以十攻其一也。"不过，写到这也许不光我有疑问，可能大家也会有疑问，而王离百分之一百有疑问："章邯在干什么？"

要回答这个疑问，我们得把镜头拉回来，拉回到破釜沉舟后。轻装后的楚军机动力和战斗力都得到了不同程度的提升，禁军在王离预计的时间前到达了巨鹿前线，到达的地点是巨鹿城东北。甬道在哪？其位置从巨鹿城南向东南延伸。此时项羽的行动路线为：平原津向西到巨鹿城东北陈余营垒，绕过巨鹿城向南运动到甬道。这时因为破釜沉舟的功效，王离、章邯都不知道项羽已到。虽说项羽判断章邯对给王离当运输大队长不满，但真打起来了不能把假设当饭吃。项羽必须派一支部队监视，更应该是佯攻牵制章邯，自己率主力破甬道。这在兵法叫攻敌必救。反过来看王离、章邯在遭楚军突袭的情况下是怎么做出战场判断的？王离做出的战场判断很简单：楚军要断我粮道，想要我命，而秦军要保住自己的生命线，肯定会毫不犹豫出战。而章邯呢？

在分析章邯对战场判断之前，我们先看看现在的战场态势。秦军方面：王离在北，章邯在南，中间是甬道，噢，现在还蹲了个项羽军团，对秦军来说局势很不好，两军被分割了。项羽这边：别军在打章邯，主力在战王离，两线作战，局势也不怎么样，但沾了破釜沉舟的光，打了个突然袭击，现在占了优势，特别是北分战场——打王离的战场：如前所说项羽专而一，王离分而十，已经形成了局部优势；南分战场——打章邯的战场：因为是突袭，秦军暂时混乱，所以项羽也不吃亏。顺便说一句，我估计被派去打章邯的又是英布，正是因为他老在项羽这干这种当炮灰、打阻击、啃骨头的活，虽然是项梁的老部下，但后来还是叛了。没办法啊，整天干苦活累活不记恨才怪呢。那么这场仗就是章邯在项羽吃掉王离前突破英布，秦军胜；项羽在英布被突破前吃掉王离，楚军胜。

前面介绍了战场态势，楚军占优，能否转败为胜全看章邯做出什么判断了。如果章邯是判断失误延误了战机，那九战王离这部分就可以结束了。项羽已经形成了对王离的局部优势，王离集团又饿着肚子，不得不跟着项羽的思路转，局部优势很容易转化为全局优势而导致王离最后被歼。可是史书上只写了"破章邯"三个字，我们就不能简单地说章邯判断失误导致王离军团被歼，更不能简单地说章邯没能打赢项羽而导致王离军团被歼，这不是严肃的态度。作为一代名将，章邯从最初的混乱中恢复过来，从英布后方传来的喊杀和尘嚣以及逃回的运输部队很容易判断出王离在挨打，那就得救王离，判断失误是不成立的。

那现在问题就成了，章邯尽全力救了没，是不是真打输了？我的结论是章邯一开始没尽全力，等到后来发现情况不对，王离挺不住时又来不及了。对章邯来说：楚军，手下败将而已，没什么可怕的。王离，我在给他当运输大队长，好生不爽。最好王离和楚军打个两败俱伤，我章邯来收拾残局，那时王离已经打残了，秦军的主力就只剩下我章邯一支，灭了楚军这三个月前的手下败将还不是小菜一碟吗，再拿下巨鹿，然后是燕是齐，那我章邯就是恢复秦朝的唯一大功臣。只是章邯没想到，现在的楚军已不再是在定陶的楚军了，统帅不叫项梁，而是叫项羽。章邯集团愣是没突破楚军与王离军会合，只能坐看王离被歼。这是第一个原因：轻敌。第二个，章邯把邯郸城给拆了。至于他老人家为什么拆了邯郸城谁也说不上来原因，只有问章邯自己才知道。不过带来的后果是显而易见的，那就是章邯失去了一个坚固的支撑点，不然在巨鹿和棘原之间有这么个支撑点在，项羽得头疼很久。第三呢就是这个甬道长了点，给了项羽太多的机会。第四是因为第三点带来的问题，秦军的部署有问题，章邯和王离两军相距远了点，相互之间支援起来不方便，容易被人各个击破。后来有个叫吴汉的人在打公孙述时也犯了这样的错误，两军相距太远导致一部被人家用一军牵制，另一部被人主力攻击而陷入困境。再后来又有个情况和章邯相似，辽沈战役攻锦州阶段，林彪在塔山阻击国民党军的"西进兵团"就好像现在英布阻击章邯救援王离一样。

不管怎么说，因为种种原因王离军团被歼灭了。既然王离被灭，楚军士气正旺，章邯再继续待在巨鹿城下已对他不利，他得重新布置。为什么这么认为呢？请看之后"章邯军棘原"时的态势：西倚太行，左翼有了保护，在漳北立营垒，在漳北有个突出部是为了便于进攻，这是进攻的桥头堡，是进攻出发的阵地。这是个攻守兼备的态势，章邯还想着要攻呢。如果上次在巨鹿城下战败了，那秦军布置就不是这样了。说明上次章邯并没有吃什么亏，对于打败项羽进军巨鹿他还有信心。（司马迁这个项羽的铁杆粉丝估计也知道章邯并没有被项羽打败，所以《项羽本纪》里不提，在《秦楚之际月表》里偷偷塞了句："攻破章邯，章邯军却。"）

# 巨鹿之战（下）：项章斗法

## 第一回合

现在的情况，《史记》上说是："章邯军棘原，项羽军漳南。"这短短的十个字就是当时的战场态势图。十个字提供了惊人的信息量，不得不佩服古人的概括本事；短短一句话的信息含量这么大，也不得不佩服他们的理解能力，一句话就能看出那么多东西。但问题就来了，项羽本来在漳水北面，怎么跑漳水南面去了？

在说项羽行动前先看看章邯布下的阵势，见巨鹿之战示意图。

章邯左翼背靠太行山，前沿以滏口陉为依托，这下左边是不会有问题了；右翼是以漳水和洹水为依托构成，也很牢固；而河内和上党则是章邯的两个后方基地。章邯摆出这个阵势主要目的是先守住项羽西进的两道门户，一是河内，二是上党。而他自己如果碰上不利情况，南下是河内，西边是通向上党的太行第四陉滏口陉，随他怎么走，安全是有保障的。而且在守住的情况下又可进一步图谋赵地。由此可知，"章邯军棘原"中的棘原在哪了。古人没有给我们答案，只告诉我们在漳南，但我们自己可以判断出来，棘原就是连接邯郸、上党、

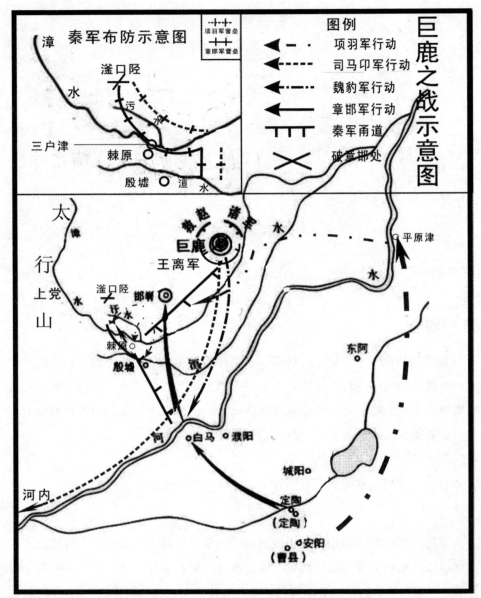

河内的交通要道所在地,《孙子兵法》里把这样的地形称成衢地。章邯选择把自己的老营设在这确实表现出了名将的水平。由此更可知,在《史记·项羽本纪》称在九战王离时,章邯是"军漳南",之后是"军棘原";而《史记·张耳陈余列传》里在九战王离时就说章邯"军棘原",可见《项羽本纪》为是,《张耳陈余列传》为非。

那么面对章邯的阵势，项羽要做的就是破解，秦军左翼是动不了了，但右翼是有很多文章可做的。名将嘛，没人傻到会直接正面去硬突，从侧面切进去挖掉它才是正经的。从哪挖？秦军右翼，要想击破章邯只有从他的右翼动脑筋，从这去渡漳水，去挖动章邯。

挖成功了没？我说，没有。大家可能说：不对啊，司马迁说了"项羽军漳南"啊，不是切进去了吗，你怎么说没挖成功呢？确实是没成功。因为后文讲了司马欣去咸阳，回来时回的是棘原，说明章邯在棘原没挪窝。在前文我就讲了，用兵两忌：一忌后路被断，二忌侧翼暴露。项羽"军漳南"是一个勾拳，当然肯定不是主力，主力在和章邯正面对峙呢。想要的效果就是击秦军侧翼以求断其后路，从效果上看，没达到效果；章邯依然牢牢占据棘原，说明勾拳部队被击退了，更说明秦军右翼貌似空旷，其实防守很严密。很正常呀，一般用兵打仗都会想到从这攻，这儿明显就是秦军重点防御地域，是主要防御方向，看起来有文章可做，实际上是碰上了硬骨头。而且秦军右翼的防线是双层的，漳水是第一层，后面的洹水（今安阳河）是第二层，楚军想要从两者之间仅十几千米的间隙中插进去并没有想象的那么简单。

所以真正的战场情况应该是"章邯军棘原，项羽军漳南，不利。"司马迁把"不利"两字给省了。这是古人写史常干的事，特别是纪传体。第一回合，章邯防御成功，小胜，两军在漳南秦军右翼这一侧也形成对峙。

## 第二回合

这时《史记》说："相持未战，秦军数却，二世使人让章邯。"

"相持未战"，没有问题，双方正对峙于棘原一带，项羽一次试探性的渡河攻击已经流产了。大家都在动脑子，怎么打破僵局。"秦军数却，二世使人让章邯。"问题就来了，既然相持未战，何来秦军数却？

那么"秦军数却"到底是什么时候的事情？现在项章在对峙中，没看见秦军退了。那么传到二世那去的就是之前的事了。之前，秦军在哪？在巨鹿南，前文已说过，王离战败后章邯不可能独木支撑，势必要收缩防御。更何况王离集团被歼灭，王离被斩杀这么大的事不可能瞒过秦廷，章邯当然有责任，不被骂死才怪呢，其性质之恶劣、责任之大足以砍掉章邯的脑袋，这就是为什么章邯会那么害怕，后来会投降项羽的一个重要原因。这才是"相持未战，秦军数却，二世使人让章邯"。

从巨鹿南退守棘原的章邯虽然挫败了项羽第一次渡漳水的图谋，却因为巨鹿之败受到了秦廷的调查和责备，双方对峙之外都没有什么太好的办法。军事没办法，那就搞政治劝降，这叫两手都要抓，两手都要硬，古今同理。一心想立功的陈余就写了封信给章邯，大意是你章邯跟着秦国混不会有好下场，还是快点弃暗投明，识时务者为俊杰云云。正好章邯派去咸阳的司马欣回来了。

司马欣回来告诉了章邯非常不好的消息：朝廷已经不信任我们了，赵高弄权，我连赵高的面都没见成。面没见成也就算了，他还要抓我砍我脑袋，幸亏兄弟我是个苦出身，从小打熬身体跑得快，不然就没命了。也正在这时，项羽又从秦军侧翼做起了文章，上次"军漳南"是个战术迂回，距离短了点，不行，那这次来个战役迂回，玩个大的，对整个秦军侧翼来个包抄。项羽一边让魏豹利用他和章邯在对峙的机会攻略原魏东郡之地，一边让赵将司马卬行进长途迂回，目标直指河内，并成功得手。需要指出的是，魏豹攻略魏地的行动可不仅仅是略地，还负有给司马卬掩护侧翼的任务。这样一来，项羽在秦军右翼形成了一翼包围。一个后方基地——河内被夺取再加上司马欣的报告，章老头这下也着急了，这不正好项羽在搞政治攻势，咱配合一下，派人去摸摸底，给自己留条后路，将来咱们也能算个战场起义什么的。不过呢，章邯手握重兵，这段时间又没吃啥亏，虽然河内失守，但左翼后方的上党项羽无论如何也是动不了的，谈判的资本还是有的，所以章邯的调子肯定硬了点，来了个漫天要价。

你章邯来谈投降还那么牛，项羽才不干呢，和我谈条件，门都没有。敌人不投降就叫他灭亡，打疼了你，你章邯就老实了。上次攻了下右翼发现不好办，进攻秦军左翼那是想都别想，那可怎么办？项羽想的居然还是做秦军左翼的文章，切断章邯另一个后方基地——上党和章邯的联系。

要想切断章邯和上党的联系可不能强攻滏口陉，那是天险，强攻难度太大，从这一侧进行迂回也不现实。这时就显出项羽的水平来了，他要中央突破，直插章邯心脏，他找的目标是三户津，从这渡漳水直接把章邯一切为二。前面就说了项羽第一次"军漳南，不利"。我们读史时可得联系上下文，现在是"蒲将军日夜渡三户津，军漳南"。这不前面已经"军漳南"了，怎么又渡漳水，"军漳南"呢？这正说明前次战术迂回并没成功对秦军侧翼形成威胁，军"不利"，所以才有司马卬的行动，才有第二次从三户津渡漳水再次"军漳南"。

此时的章邯虽然决战的信心已动摇，但名将的素质还是摆在那的。他深知如果楚军在漳南站稳脚，那他就有被项羽分割为二的危险，上次在巨鹿他和王离被项羽分割的教训犹在眼前。那不行，得把渡河的楚军干掉。可惜事与愿违，章邯没打赢。虽然司马迁只说"与秦战，再破之"六个字，但我们可以想象得出这两战打得肯定是无比惨烈。强渡成功的楚军一边拼命抵抗秦军潮水般的进攻，一边抓紧一切时间建立营垒，对岸的楚军源源不断地向正在建造的营垒拥过来，继而马上投入到战斗中。章邯没能阻止楚军渡漳水，这就意味着秦军中路被楚军插了颗钉子，随时会被楚军分割为两段。

第二回合，楚军胜，赢得关键性先手。因为缺乏资料，所以对楚军两次"军漳南"行动一胜一败的原因只能推测。不外乎两点：

一是第一次"军漳南"时，战场态势章邯并不吃亏，章邯有战的决心；第二次发生在章邯派使谈判，章邯已生狐疑之心，秦军作战决心动摇正是楚军进攻的有利时机。

二是从"日夜渡三户津"这几个字我们可以看出项羽的作战决心非常坚定，在使用兵力上一次性投入大量部队，这保证了强渡成功后其突破点上能迅速投入后续兵力，以强有力的后插保证了突破点的牢固；并且在与秦军作战时后续部队能源源不断跟上，进一步扩大了突破口，为继后的纵深发展提供了有力保证。

## 第三回合

我们再来看下现在的战场态势。楚军主力依然在滏口陉、漳水一线和章邯对峙，而楚军一部已成功渡过漳水建立了桥头堡，直接威胁章邯大本营棘原，随时能纵向发展将秦军拦腰截为两段，而别军司马卬已占据河内。秦军虽然实力并未大损，但因为在三户津战败已有被楚军分割的危险，尤其是右翼的漳南这一块，只要楚军继续利用三户津形成的突破，必将被包围。用小说里经常说的"口袋阵"来描述，司马卬和魏豹就是构筑成袋底的这一块，而袋口呢，就由蒲将军来封。这个口袋装的是章邯集团在漳南的这部分军力，也就是章邯的主力。现在袋底没什么问题，那袋口呢？袋口能否封住，关键就在于能否成功分割秦军左右两翼，那就得看蒲将军的了。另一方面，对于章邯来说，他的主力部队已经面临被包围的危险，章邯必须做出对策，走出营垒，开始他的解救行动。他有三个对策：一、固守待援。现在可不会有什么援兵了，只要这个将军不是白痴，没人会这么选。二、组织反击，夺回三户津。这一步是必需的，章邯已经做过了。司马迁明确说了"再战，破之。"在三户津这已经打了两仗，一是秦军阻击楚军强渡，二是章邯指挥的反击作战。很明显，反击失利。三、撤退。跳出项羽设置的包围圈，和项羽重新来过。只要章邯避过现在楚军正在切进来的锋刃，章邯就还有机会继续把棋走下去，所以章邯决定向西北方向滏口陉移动，依托太行山继续和项羽玩。

实际上，蒲将军这次渡河强攻有个问题，项羽在这么一个要害位置投入的不是他的主力，而只是蒲将军一部。问题就在这，这样的进攻部署是违反基本军事原则的，就是"在主要方向集中优势兵力兵器"。章邯没有去考虑这个问题，也许当前的战况已经不容许他仔细去想为什么项羽没有投入他的全部力量，也许两战皆败北已经让他心胆俱寒。

换回项羽的角度考虑这个问题。现在在三户津强渡成功，占领了一突出部。一般用兵都会继续投入兵力，让战役预备队在此一线投入战斗对秦军纵深实施突贯以求彻底割裂秦军防御体系。这样打仗叫按部就班，受过专业培训的人员都会。继续攻击，面临的问题很简单，挨个夺取秦军在此一线的坚固堡垒，这样的攻坚战斗势必是血战，代价不会小。像项羽这样的天才是不会这样蛮干的，大家千万别被自古以来项羽脸谱化的形象给迷惑了，以为霸王一定是以武勇和蛮力取胜，要这样项羽是做不到一生七十余战从无败绩的。另一方面，继续发展进攻也是需要时间的，章邯可以安排一支阻击部队，利用坚固堡垒抗击楚军攻势，自己率主力趁楚军尚未能封住袋口之际跳出包围圈。要是被章邯跳出去了，那巨鹿之战就还得打下去，有几十万秦军在上党这一带，项羽是万万不敢挥师西进咸阳的。

那项羽到底会怎么做？之前讲了虚分和实分，隆美尔在北非是虚的，项羽在巨鹿是实的，可现在在三户津项羽又来了个虚的，看起来是实，实际上是虚，大家都是高手，项羽可没指望就凭蒲将军在漳南立稳了脚就能分割包围章邯，要的就是章邯移动，从坚固堡垒里走出来，走出来了才好打你。这就叫虚实，这就叫怎么去调动敌军，这就叫奇正变化。中央突破按理是正兵，是常规战法，可目的不是去分割敌军，而是去制造对敌军不利的战场态势来调动敌军，所以就成了虚招，成了奇兵。高手用兵，可不能用常理去推测。

那么项羽调动了章邯想干什么？前面我们已经知道章邯肯定往滏口陉方向撤退，那是他的活命之道。项羽呢？

项羽当然是在半路上设伏，要击章邯啦。这就是为什么项羽没在三户津投入主力部队的原因，主力在设伏呢，设伏要击章邯可比一个一个去攻打坚固堡垒容易多了。这就是"项羽悉引兵击秦军汗水上，大破之。"

现在可以清楚地看到项羽用兵三步走的计划：第一步使用魏豹部和司马卬部实施战役迂回，夺取河北诸城及河内，把袋底给修好了。第二步，使用蒲将军部对三户津实施中央突破，制造分割包围章邯的战场态势。这是装出一副要封口袋的架势，能封得了吗？当然不能，别说只是蒲将军部，主力全上也得花上点功夫。其实就是喊个话：喂，章邯，你快跑吧，再不跑来不及了，我要包围你了。第三步，章邯很听话，跑了，那不行，虽然刚才的封口袋动作是装样子，可还是要封起来的，那咋办？在上面准备个大锤子，章邯一露头就劈头盖脸地砸下去，一锤子把章邯砸回口袋里。可见，项羽并没有被楚怀王的"先入关中者，王之"给冲昏头脑，始终坚持消灭敌军有生力量这一军事思想，是年他才 26 岁啊，26 岁的人就能有这等境界，可谓战神矣。

这就是兵法上说的："我欲战，敌虽高垒深沟，不得不与我战者，攻其所必救也。"这句话在说，想要引诱敌军进入对我有利的态势作战，关键在于调动敌军，而调动敌军的关键在于攻敌之必救。如果只是认为像"围魏救赵"这样的才叫攻敌必救，那不必再去读什么兵法了。项羽这一战就是这句话的天然注释。我用下面这句话来注解：昔项羽、章邯战于巨鹿。三户为邯之要冲，羽攻三户，则邯必救，救之不胜，则邯必走。走而要击之，故大破邯于汗水。

孙子那句"能因敌而变化而取胜者，谓之神"，也许就是指项羽的吧。项羽一直能牢牢把握章邯的动向，通过自己的军事行动逼迫和诱骗章邯跟着他动，章邯也算是当时数三数四的人物了，却始终跳不出项羽的掌心，这就是项羽的水平。

惨败后的章邯被迫按照项羽的设想向洹水以南殷墟方向撤退，身陷楚军包围之中，他再也没有翘尾巴的资本了，只能再次派出使者去谈判，不同的是上次谈判谈的是合作事宜，这次只能谈投降事宜了。接下来就没啥好说的了，章邯投降，坑杀秦兵，项羽进关摆鸿门宴教育刘邦。

纵观整个巨鹿之战，项羽把如何割裂秦军防御体系，把整个秦军战术体系分割成较小的集团并加以包围歼灭的全过程展示得淋漓尽致。在第一阶段针对秦军两大集团结合部缺乏保护的弱点，果断把攻击点定在秦军甬道之上，有效地分割了秦军两大集团的联系，得以顺利歼灭失去支援的王离部；在第二阶段，面对坚固的秦军防御体系，大胆地使用中央突破战法，制造出将要分割秦军左右翼的战场态势，诱骗章邯走出坚固防御阵地，并对章邯实施要击，实现了分割秦军防御体系、包围章邯的最终目的。用以后章节将要讲到的内容来说就是，第一阶段，项羽识别出了秦军的虚实，找出了秦军的薄弱环节，以正兵强击得手；第二阶段，项羽以奇正变化之道，实施分割秦军的假动作，最终制造出了秦军的薄弱环节，奇兵要击得手。

# 03

## CHAPTER

## 第三章　包围

　　关于包围，如果不阐述枯燥的理论，大家只要记住这样
两句话就可以了：包围可以说是作战的艺术表现；但包围敌
人不代表胜利，我们至少要考虑两个方面：防敌突围和阻敌
增援。

　　首先以长津湖战役为例，来看第一个方面：突围。

第一节

# 长津湖战役

虽然韩信、曹操、李世民、拿破仑……更可能是英雄，但过了孩提时代后这些人再也无法成为我的偶像。唯有志愿军，一直是我心中真正的英雄，我崇拜的偶像。作为整支军队来说他们为国家的尊严而战，作为个人来说他们向整个世界展示了什么才是真正的士兵。正如彭大将军所言："西方侵略者几百年来只要在东方一个海岸上架起几尊大炮就可霸占一个中国的时代是一去不复返了。"以前从来没有过这样的军队！写这节时是我断断续续最多的一次，因为老是心潮澎湃、老是热血沸腾、老是感慨万千、老是伤心落泪，思绪老是被自己的情绪打断，无法动笔去写下一段文字。生活在六十年后的我们在物质上肯定比他们更富有，但现在的我们也许永远也无法像他们一样为民族、为理想、为活着的尊严而英勇战斗。

谨以本节纪念那些战死异乡的男人们。

长津湖只是朝鲜北部盖马高原上一个不起眼的小湖泊，在我这个生长在太湖边的人眼里，只能算是个小小的水塘。不过那个叫做盖马高原的鬼地方据说冬天晚上最冷可至零下四五十度，我这辈子也没经历过这样的严寒，所以我无法想象中国人民志愿军第九兵团中大部分和我一样的南方人是怎么在那生存的。我经历过的最冷的时刻还要追溯到大学时期，那年不知道是哪根筋搭错了，我和我的上铺没有回家过年，而是留守在宿舍中，我们谁也没想到晚上最低气温居然是零下 17 度，所以当我们躺在宿舍里时可以清晰地听到对方牙床的敲击声，这样的经历让我明白了：听着别人的牙齿在那颤抖至少会产生两个效果，一是自己的牙更抖了，人也更冷了，二是会突然感觉自己饿了。

20 世纪 50 年代后，长津湖这个千年来寂寂无名的小湖泊，成了世人皆知的地名，全是因为在长津湖周围发生了一场可能是人类战争史上气候条件最残酷的战事。

# 一、双方战力对比

现在我们直接以志愿军第九兵团和美军交战前夕为起点，不计之前 42 军与陆战 1 师的交手，来看看这场生死较量。

当前的态势是：

**1. 美军**

新兴里：美国陆军第 7 步兵师 31 团 3 营（团长艾伦·麦克莱恩陆军上校，后阵亡）、32 团第 1 营（营长卡洛斯·费斯陆军中校）、第 57 野战炮兵营（欠 C 连）、第 15 防空炮营 D 连；

柳潭里：美国海军陆战队陆战 5 团（团长雷蒙德·默里中校）、陆战 7 团（团长霍默·利兹伯格上校，欠 2 营营部、F 连及机炮连）、陆战炮兵第 11 团第 1 营、第 3 营 G 连和 I 连、第 4 营；

德洞山口：陆战 7 团 2 营 F 连（连长威廉·巴伯上尉）和陆战 7 团 1 营 C 连（欠一个排）；

下碣隅里：陆战 1 团第 3 营（营长托马斯·里奇中校）、陆战 7 团 2 营营部及机炮连（营长罗克伍德中校）、炮兵第 11 团第 2 营 D 连和 3 营 H 连、陆战 1 师前指及师直属部队；

古土里：陆战 1 团团部及 2 营（团长切斯特·普勒上校）、炮兵第 11 团第 2 营 E 连、陆军第 7 步兵师 31 团第 31 团 2 营（欠 E 连）、1 营 B 连（暂归 2 营指挥）、英军第 41 特遣队（队长道格拉斯·德赖斯代尔海军中校）；

真兴里：陆战 1 团 1 营（营长施麦克中校）、炮兵第 11 团第 2 营 F 连。

总兵力约为 18000 人。

这些基本就是美军参加长津湖战役的部队。按照陆战 1 师的编制：

陆战 1 师是以三个陆战团为骨干，加上若干师直属部队组成的战役集团，全师编制人数约 2.5 万，其中该师在仁川登陆时实际兵力为 24124 人。

师直属部队包括：

第 11 炮兵团：下辖 4 个炮兵营（第 1、2、3 营各装备 18 门 105 毫米榴弹炮，第 4 营装备 18 门 155 毫米榴弹炮）和 1 个 114 毫米多联装火箭炮连（该连未参加长津湖之战）。

第 1 坦克营编制：军官 39 人、士兵 638 人；装备 M26 坦克 63 辆，M45 坦克 6 辆，M24 坦克 2 辆。合计 71 辆。

第 1 工兵营

第 1 海岸营（留在兴南港，未参加长津湖之战）

第 1 水陆两栖车运输营（留在兴南港，未参加长津湖之战）

每个陆战团下辖 3 个步兵营、重迫击炮连（装备 12 门 107 毫米迫击炮）、反坦克连（12 门 75 毫米无后坐力炮和 5 辆坦克）。

每个步兵营下辖 3 个步兵连、机炮连（也称为火器连，装备 4 门 81 毫米迫击炮、4 门 75 毫米无后坐力炮、12 挺 12.7 毫米重机枪）。

每个步兵连下辖 3 个步兵排和 1 个机炮排（装备 89 毫米火箭筒、2 门 81 毫米迫击炮、6 挺 12.7 毫米重机枪）。

每个步兵排下辖 3 个步兵班和 1 个机枪班（装备 89 毫米火箭筒、3 挺轻机枪和 1 挺重机枪）。

每个步兵班配备 10 支 M1 加兰德自动步枪和 2 支 BAR 勃郎宁自动步枪，班、排长配备 M1 卡宾枪，连长以上军官配备柯尔特自动手枪。

此外，陆战 1 师还能得到配属给它的第 1 航空联队的密切支援，该联队通常编制为 3 个中队（72 架飞机），最多时达到 7 个中队（约 150 架飞机）。并由第 1 航空联队派出老资格的飞行军官作为前进航空火力控制人员随同地面部队行动，召唤及引导空中支援。

我们先看下，以美军连级轻武器火力一个齐射为基准 1 来计算，美军 81 毫米迫击炮齐射火力为 13.5，107 毫米迫击炮齐射火力为 7.2，75 毫米无后坐力炮齐射火力为 5.4，12.7 毫米重机枪齐射火力为 8.1，105 毫米榴弹炮齐射火力为 36，155 毫米榴弹炮齐射火力为 18，坦克齐射火力为 35.6，其他如 M—19 四十毫米双联高炮以及 M—16 四联 50 机枪车等数目不详，暂时以齐射火力为 9 计算。我们可算出，美军总火力强度约为 194.3，再加空军火力 0.1 的加成，总火力约为 213.73，再加单兵训练 80% 的加成，为 170.98。（以上数据均为经验值估算，不代表实际火力。毕竟平射武器和抛射武器完全是两回事，杀伤力不能等同计算，而且这个东西得武器专家通过计算机才能稍微精确点计算。）

### 2. 志愿军

28 日天亮时志愿军第九兵团形成的态势为:

20 军 89 师 267 团在柳潭里西北;27 军 79 师在柳潭里北;20 军 59 师在死鹰岭和新兴里(有两个新兴里,这个不是歼灭美军的那个)一带,这两个师一个团是集结在一起的,美陆战 1 师在柳潭里和下碣隅里之间的联系已被割断;20 军 60 师占领了富盛里、小民泰里一线,切断了位于下碣隅里的美陆战 1 师南逃的退路;20 军 58 师已进至上坪里地区,三面包围了下碣隅里,27 军 81 师占领了赴战湘西侧,美第 7 步兵师在后浦、新兴里、内洞峙的部队与陆战 1 师已经分别被分割;第 27 军的 80 师包围着美第 7 步兵师将近一个团于新兴里一带,81 师和 80 师现在集结在一起;89 师 265 团和 266 团在社仓里与美第 3 师一部对峙。27 军 94 师是预备队,我没得到该师的资料,估计位置应在 79 师和 80 师的后面一点;26 军还在路上,没赶到。

志愿军第九兵团大约的编制和装备:

该兵团是每个军下辖 4 个师,不过每个师还是 3 个团,其中 20 军 50569 人,27 军 50501 人,26 军 48894 人,全兵团总兵力约 15 万人。除去机关和后勤人员,就算算上后来加入战斗实际没发挥什么作用的 26 军,参战人员约十二三万人,以 12 万 5 千计算好了。拥有平射炮:20 军 50 门,26 军 42 门,27 军 68 门,合计 160 门,基本都是老式三七、五七炮。迫击炮:20 军 392 门,26 军 435 门,27 军 494 门,合计 1321 门,迫击炮比平射炮好点,但也大都是老式的。高射机枪全兵团合计 3 挺,忽略不计。重机枪:20 军 159 挺,26 军 209 挺,27 军 212 挺,合计 580 挺,水冷式冬天威力不大。轻机枪:20 军 914 挺,26 军 932 挺,27 军 1210 挺,合计 3056 挺,这个发挥了很大作用。冲锋枪:20 军 3516 支,26 军 4353 支,27 军 4413 支,合计 12282 支,基本是斯登式冲锋枪,这个其实志愿军不怎么会正确玩。步枪:20 军 5150 支,26 军 13504 支,27 军 13448 支,合计 32102 支,这个很杂,什么破枪都有反正也没多大用。至于野炮、山炮、榴炮都没带来,还在后方;坦克没有;飞机没有。

以我军现行战术计算中火力对比的计算为基础，按照志愿军一个连的轻武器齐射火力约等于美军基数 0.5 计算：第九兵团全兵团轻武器约等于 384，乘以火力持续量 20%（第九兵团发给战士每人 80 发子弹，后来基本没补充，不好补充啊，枪太杂了）约等于 76.8，加上兵力优势 0.1 的加成为 84.48；平射炮火力约为 24，乘以火力持续量 20%（每门炮约 30 发炮弹）为 4.8；迫击炮火力约为 198.15，乘以火力持续量 20%（每门炮约 40 发炮弹）为 39.63，加上精准度 0.1 的加成为 43.59（1951 年 8 月美军的一份总结报告指出：美军最赞叹的就是志愿军使用迫击炮和机枪火力的能力，而最轻视的是使用冲锋枪的能力，

而被我军看成有效法宝的手榴弹，美军也很轻视，因为投掷姿势不正确，扔不远扔不准）；重机枪火力为 58，乘以使用困难和火力持续量 50% 为 29。共计第九兵团总火力为 161.87。

可以看出，志愿军第九兵团和美军的兵力之比约 7 比 1，火力之比约为 0.947 比 1，这个只是个总的和大概的估计值。下面分战场分日期来看看这场战役的简要进程和双方得失。

## 二、战役进程和双方得失

在各个战场分开叙述前先讲开打前的一些情况。

在战役开始前第九兵团已经出现大面积的冻伤、甚至还有冻死，一方面是因为第九兵团因为行军仓促没有带被装，东北也没来得及准备充足的被装；另一方面是因为很多部队为了轻装速行，对朝鲜的天气又认识不足，没有领取被装，有的领取后还留在后方没带，甚至还有涉水渡鸭绿江的，王树增先生在他的《远东朝鲜战争》里就有描述："第一天行军，就有 700 多名士兵被严重冻伤。"其实这 700 多人只是某团涉水渡江时冻伤的，其他的可想而知。这样一来，未战先有损伤，不能不说对整个战役造成了一定的不良影响。

另一个呢，则是个杰作。从战场态势我们可以看到，开打时，第九兵团已经基本完成了对美军的分割包围。10 多万人神不知鬼不觉就干了这么漂亮的活，我们只能说："这是个奇迹，不管你信不信，反正我是信了。"这充分说明了志愿军隐蔽伪装的能力是超一流的，充分说明志愿军战士执行命令是坚决不打折扣的，这是志愿军在朝鲜让美军感到最可怕的地方。

下面分战场分日期来说说吧。

（一）11 月 27 日

11 月 27 日，战斗首先在柳潭里打响，在开始战斗前，第九兵团又出了问题，把自己暴露了，这下使得本来准备向武坪里进军的美军走了 2 千米不到就停了下来，并迅速构筑了环形防御圈。这样一来原来计划的诱敌深入就变成了攻坚。

我估计本来志愿军是计划用且战且退的方式诱敌深入，但这个主意不怎么高明，加上美陆战1师师长史密斯本来就不想进攻，他的想法传染了整个部队，美军相当谨慎，这也表现出了美军陆战1师对危险敏锐的感知能力和指挥官优秀的素质。

到了晚上，美军的环形防御圈已经布置好了：在西北山岭上，他们占据了最南端的一些高地，包括1403高地和离通向西面的那条路最近的高地；在西南山岭上，他们控制着1426高地和该高地与柳潭里之间的地带；在南面山岭

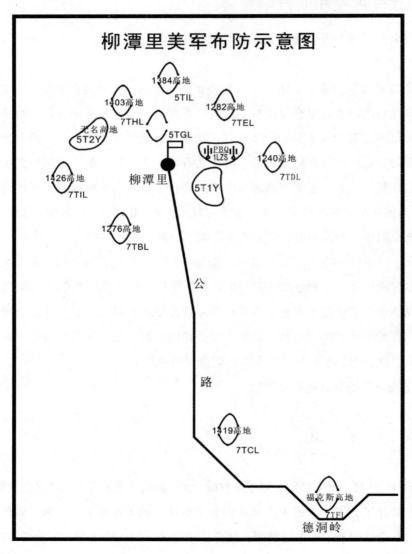

柳潭里美军布防示意图

上，他们掌握着离回到下碣隅里去的那条路最近的 1276 高地；在北面山岭上，他们占领了紧挨柳潭里东北和东面的两座山峰，即 1282 和 1240 高地。

陆战队另有两个连驻守在防御圈之外，保卫着通回下碣隅里的那条主补给线。其中一个连是第 7 陆战团的 C 连，大概 209 人，部署在柳潭里以南靠近主补给线的 1419 高地下面的山坡上。另一个连是第 7 陆战团的 F 连，该连共有 240 名官兵，配备有重机枪和 81 毫米迫击炮，部署在 C 连前面约 5 公里处的一座孤立高地上——后因 F 连而得名为"福克斯高地"，位于主补给线以北的德洞岭。

1.11 月 27 日夜，柳潭里西北部的战斗。

晚上 10 点，20 军 89 师 267 团向柳潭里西北部山岭发起进攻，其中 267 团一个营向 1403 高地发动进攻，防守该高地的是陆战 7 团 3 营 H 连；向不知名高地进攻的是 267 团另一个营（具体番号不详），防守不知名高地的是美陆战 5 团 2 营。

战斗经过就简略说说好了，先说进攻不知名高地的 267 团某营，这个实在没什么好讲，打了一晚上，美军阵地纹丝不动，美军共计战死 7 人，伤 25 人，还有 60 个自己冻伤的。进攻 1403 高地的 267 团另一个营情况要好得多，战斗开始几分钟内就击垮了美军右翼阵地，至深夜就控制了 1403 高地的一部分，虽然美军组织了反击，但反击很快失利，连长被打死了。美军在新的指挥官指挥下继续组织抵抗，但凌晨 4 点美军自己撤退了。为什么 1403 高地被拿下，而不知名高地却打得那么差呢？原因有很多，我们一个个说。

（1）不知名高地上美军是整整一个营——第 5 陆战团 2 营，而 1403 高地上只是一个连——第 7 陆战团 3 营 H 连。267 团某营一头撞上的敌人实力比他们自己还强，战而胜之的可能太低太低了。

（2）从战斗过程看，第 5 陆战团 2 营中的老兵很多，经验非常丰富，当志愿军第一次试探进攻时，美军没有用枪打，而是大量地投掷手榴弹。在整理重发前的帖子里我曾经讲过，试探进攻是一种侦查手段，为的是搞清敌人的火力点，便于在真正进攻前炮火能给予摧毁。这就造成了该团进攻时美军火力点一个都没能被摧毁。

（3）进攻不知名高地的志愿军主攻营的营长、连长们不能灵活运用战法，他们拿不出应对的办法，只是死板地按照计划，在试探进攻20分钟后开始进攻。既然敌军很有经验，敌军火力点根本就没探明，这么贸然进攻牺牲可想而知。他们完全可以再迅速组织一次试探进攻，把散兵线拉大，制造投入更多人员加大规模的假象，制造主攻开始的假象，一旦美军射击就迅速回撤。如果美军不射击就将计就计，迅速占领手榴弹射程外的有利地形，以此为依托进行冲击，这样冲击距离可缩短100米以上。不过这也是没办法的事，虽然当时的指挥员富有战斗经验，但缺乏教育和知识让大部分志愿军基层指挥官的头脑都比较简单而死板。

（4）美军第7陆战团3营营长威廉·F.哈里斯中校是个软蛋。在H连新的指挥官到达稳住阵脚后没多久，这位哈里斯中校就开始担心起他的指挥所的安全问题来，指挥所离前沿只有1.5千米，要是被端了命就没了，留得青山在，不怕没柴烧，他还想着当将军呢，于是哈里斯先生下令撤退，让H连可耻地躲到了陆战5团D连背后去，有部分零散人员甚至跑去了右面的陆战5团3营医护所里。这个行为丢大脸了，要知道，各部队间除了战友关系还有竞争关系，往别的部队阵后躲这简直就是军人的耻辱。这个哈里斯先生的老爷子是美国海军航空兵司令哈里斯将军，8年时间里小哈里斯从中尉晋升为中校，你要是告诉我他家老爷子没有运用他在军中的影响力，我是绝对不信的。

（5）陆战7团3营H连连长库克上尉在布置阵地时犯了错误，他把他阵地的倒三角后面这个排布置得太远了，1403高地比较高而陡，最后这个排布置在山脚使得战斗开始后不能有效地支援前面两个点。

（6）不知名高地上的美军射击时打着了一间草屋，熊熊火光使得志愿军战士成了活靶子。

（7）打下1403高地的志愿军267团某营没有能够利用1403高地的突破扩大战果，进行纵深攻击，没能对其他地方的美军形成有效威胁施加压力，比如对不知名高地。原因可能有两点，一是无力再战，二是担任预备队的267团第三个营跑到不知名高地方向去了，因为那边拿不下来需要增援，所以没在

1403 高地投入战斗。当然如果预备队没向不知名高地进攻的话，那 267 团团长指挥也出了问题。

（8）89 师战斗力本身就较弱，该部队于 1946 年 10 月才成立，以新四军 3 师（黄克诚师）10 旅留在苏北的部分人员为基础组建的。华野成立后该部为 12 纵 35 旅，12 纵的司令是陈庆先（中将），政委是曹荻秋（这倒是个名人）。其实 12 纵就是个地方部队，没什么战功。三野成立时该旅改编为 30 军 89 师，1950 年 4 月师部被调往空军组建伞兵部队，在开封组建空军陆战第 1 旅。1950 年 7 月因为朝鲜战争，在该师原有各团基础上重建了 89 师，归 20 军建制，师长余光茂（1955 年授衔为少将）。

最后，20 军 89 师 267 团某营面对陆战 1 师一个营又一个连发动进攻并拿下了 1403 高地；美军虽然失掉 1403 高地但伤亡并不是很大（顶多 150 人左右的伤亡），而 89 师 267 团某营损失还是比较惨重，但由于哈里斯先生的原因，缴获不小（伤亡无数据，从战局看在 700 人以上，该团一段时间内基本无冻伤，大量的缴获是很大的一个原因）。第一仗，中美两军打成平手。

89 师毕竟只是三野中的小弟弟，不能代表第三野战军的真实水平，那么下

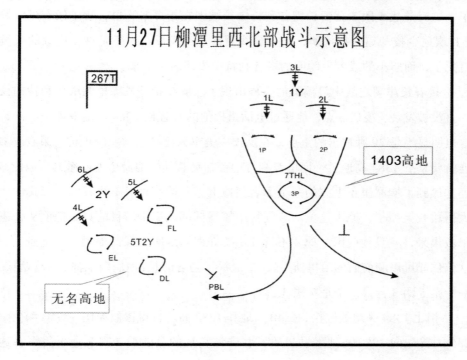

11月27日柳潭里西北部战斗示意图

面来看看三野的主力师们表现如何。

2.11 月 27 日夜和 11 月 28 日昼，柳潭里北部的战斗。

对柳潭里北部山岭的进攻应该是志愿军第九兵团此时的主攻方向，担任攻击任务的是 27 军 79 师，这个师的前身是山东军区第 5 师的一部，在主力赴东北后于 1945 年 10 月重建，1947 年编入华东野战军主力纵队九纵为第 25 师，1949 年 1 月改编为第三野战军 27 军 79 师，其 235 团就是著名的"济南第一团"，是三野的头等主力师之一，号称华野第二主力师，时任师长为肖镜海（1961 年授衔为少将），此人以善于攻坚而闻名，从这战的表现看果然名不虚传。

79 师按惯例摆开三角进攻阵型，236 团在左攻击 1240 高地，235 团在右攻击 1282 高地，237 团在后担任师预备队。

先看在 1384 高地的情况，防守该高地的是美军陆战 5 团 3 营 I 连，后面有个韩国重机枪排，这个高地应该是陆战 5 团 3 营的前哨阵地。28 日凌晨 2 点半攻击开始，I 连阵地一下子就被突破了，韩国重机枪排象征性地放了几枪后就跑了，这个营很显然战备工作做得很差，营部连丢下了他们的长官们跑掉了，这时陆战 5 团 3 营营长塔普利特中校被困在指挥帐篷里，营主任参谋约翰·J·坎尼少校却离开指挥所，前去寻找营部连组织反击，于是这个勇敢的人被打死了，而胆小的或者说聪明的塔普利特中校却活了下来。

接着长津湖之战中最搞笑的一幕出现了。躲在指挥帐篷里的塔普利特中校一直没被发现，凌晨 3 点，他通过电话指挥他的 G 连向 1384 高地发动了反击，这里明显不是 79 师攻击的重点，在反击中美军只遭到了微弱的抵抗，眼看着 G 连就要拿下 1384 高地了，而塔普利特中校却莫名其妙地命令他们撤退，他把 G 连都撤到了柳潭里正上方的一个无名高地上。开始我百思不得其解，当我恍然大悟后我笑喷了，原来这位塔普利特中校指挥部队反击的目的只是把他从帐篷里救出来，一旦他脱困，他才不管要不要夺回阵地呢，保命要紧，于是撤了。这位仁兄可以和前面的哈里斯中校有一拼了，巧合的是，他们两个都是 3 营营长，一个是 5 团 3 营，一个是 7 团 3 营。

相比 1384 高地的轻松，1240 高地和 1282 高地打得惨烈无比。27 日深夜，235 团首先向 1282 高地发动进攻，驻守该高地的是陆战 7 团 E 连。美军在这个高地上也有个战斗英雄杨西中尉，战后他的事迹被广为传播，不过美国人的英雄我们就不说了。1282 高地的战斗很激烈，双方都蒙受了巨大损失，28 日 1 点陆战 5 团 A 连两个排就奉命向 1282 高地增援，这时战斗打响不过一个小时，可见战斗的激烈程度。3 点钟，235 团组织了第二次进攻，战至 5 点美军 7 团 E 连被赶到了西边的山坡上，而 5 团 A 连 2 个排还在南面的一个山嘴顶上据守。此时，79 师 235 团损失约 250 人，而美军损失也高达 150 人。4 点半，美军第二次增援出动，他们是 A 连剩下的那个排和 C 连的两个排。得到增援的美军再次反击，并重新夺回了 1282 高地。志愿军 235 团 1 营只剩余最后一个排的兵力，我们不得不提到，为了坚决执行命令，这最后一个排对美军进行了最后的攻击。当然，攻击失利，这也使得 1282 高地上的志愿军伤员一个都没能撤下来，全部死亡。最后美军以伤亡约 240 人的代价守住了 1282 高地，志愿军 400 人战死，比伤员多得多。

在 1240 方面，驻守的是陆战 7 团 D 连，进攻的 236 团就顺利多了。28 日凌晨 1 点开始总攻，2 点半美军的左翼阵地就被攻破，3 点钟占领了美军连指挥所。200 多人的 D 连只剩下 16 人能战斗，而前来增援的 5 团 C 连一个排磨蹭到天亮才赶到——估计幸存的 D 连 16 人把他们的祖宗 18 代都 FUCK 过了。虽然他们反击得手，但在 28 日上午 11 点又被 236 团赶了下去。下午 5 点第二支赶来增援的部队——5 团 B 连也终于到了，但天马上黑了，天黑了是中国军队的天下，美国人没敢对 1240 高地发动进攻。在这个高地上美军又损失了 200 多人。

至 28 日，柳潭里北部的 1240 和 1384 高地都被 79 师攻克，美军勉强守住了 1282 高地。在这一带 79 师面对的是美军步兵 2 个营又两个连和炮兵的绝大部分约 2 个营，美军伤亡将近 500（不算冻伤），79 师自己的损失估计在 1000—3000 人（大半是冻伤），打的是相当不错，但没有利用 1384 高地对美军实施迂回包抄实在是可惜了。第二仗，在柳潭里北部山岭 79 师应该说和美军打成平手，甚至稍占上风，和 89 师比起来那是打得好太多了。79 师能打成这样主要原因在于：每个团都是攻击美军一个连，而美军预备队又逐次添加兵力增援，使得 79 师始终能保持优势兵力；美陆战 5 团 3 营又表现极差，营长贪生怕死，把部队撤往了后方的第二道防线，大大缓解了 79 师正面和侧面的压力。

79 师干得不错,那三野头号主力 20 军的主力师之一 59 师呢?

3.11 月 27 日夜和 28 日昼在德洞山和死鹰岭一带的战斗。

在这一带的是志愿军第九兵团 20 军的 59 师。20 军的前身是新四军 1 师,师长就是大名鼎鼎的大将粟裕。不过 59 师却是新四军 6 师 18 旅转过来的,也就是号称"沙家浜部队"的是也。这新四军 6 师向来是新四军各师中最弱的,不过 59 师也有老六团的底子在,战斗力比 6 师的其他几个旅强多了。后来 59 师和 58 师、60 师一起编为华野一纵,改称一纵 2 师。1949 年改称第三野战军 20 军 59 师,时任师长戴克林(1964 年授衔为少将)。

这个时候呢,20 军军长张翼翔肯定在军指挥所里骂娘,为啥? 看看他的几个师就知道了。

20 军 4 个师被分拆得很远,60 师去了古土里,58 师去了上坪里,59 师在死鹰岭一带,89 师一个团配属给了 79 师打柳潭里,两个团去了社仓里,一句话说,一个拳头分散没了合力。

第九兵团对 20 军的部署是长津湖失利的一个重要原因。

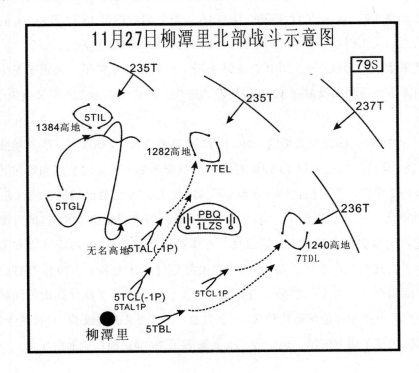

11月27日柳潭里北部战斗示意图

长津湖失利的第二个重要原因就是 59 师了，看战役经过。

27 日晚，59 师向新兴里、西兴里和死鹰岭一带发起进攻，加上配属给他们的 89 师 267 团向柳潭里美军进行牵制进攻（即 27 日晚柳潭里西北部山岭发生的战斗）。美军在这一带保卫补给线的是 1419 高地的陆战 7 团 C 连和福克斯高地的陆战 7 团 F 连。应该说美军在这一带布置的兵力少了点，这是美军指挥官陆战 7 团团长利兹伯格上校的失误。

59 师以 175 团攻击 1419 高地，以 177 团攻击福克斯高地，结果两处激战一夜均未得手，特别是福克斯高地，177 团 3 营被打成了半残废，数日内都没能继续参加战斗，而美军 F 连仅 20 人阵亡，54 人负伤，而且阵地全部没失守。王树增在《远东朝鲜战争》里说，"当时美陆战 1 师没有人知道，这仅仅是 F 连悲惨命运的开始。"其实应该说是 59 师悲惨命运的开始。

28 日白天，美陆战 7 团 1 营营长戴维斯中校亲自带领 A 连和 B 连反攻 1419、1520 高地得手，把他的 C 连救了回去，这个营长一直在最前线指挥，表现非常出色，围困 C 连的 175 团一下子就被逼退了，这次营救行动的成功大大鼓舞了柳潭里被围美军的士气。陆战 7 团 1 营撤了后，59 师 175 团才控制了 1419 高地，可 F 连还牢牢占据着福克斯高地。

我实在是非常郁闷，让我说 59 师什么好呢，从态势上看，59 师占领了新兴里、死鹰岭、西兴里一线，好像是切断了柳潭里和下里美军之间的联系，可还有个定时炸弹在 59 师阵地之中，随时会爆炸，这其实 59 师就是没有完成的任务。按分给 59 师的任务："该师主力应按时进入庆城以东抢占新兴里、西兴里二侧阵地，切断下碣隅里与柳潭里之联系，并以有力一部由东南向西北配合 27 军攻歼柳潭里之敌，另以一部逼近下碣隅里，协助五八师围歼下碣隅里之敌。"

其中的"并以有力一部由东南向西北配合 27 军攻歼柳潭里之敌"，59 师没有去干，要知道柳潭里那边美军在 79 师和 89 师 267 团的攻击下连预备队都拉上去顶了。要是 59 师能从东南方向再给美军一刀，说不定当天柳潭里的美军就顶不住了。

"另以一部逼近下碣隅里，协助五八师围歼下碣隅里之敌"，这个 59 师也没去干，使得后一天 58 师在下碣隅里孤军奋战。

这两部分任务没能去做的原因就在于该师主力未"按时进入庆城以东抢占新兴里、西兴里二侧阵地，切断下碣隅里与柳潭里之联系"，59师第一部分的任务都没能完全完成，两个美军连一个都没能吃掉，不但没吃掉还给自己留了安全隐患。美军的情况C连糟了点，可第二天就被救了出去；F连还很是撑得住，直到最后福克斯高地的美军还牢牢驻守在阵地上。59师的这种行为简直太丢脸了，不但丢了59师自己的脸，把20军的脸也都丢尽了。这样一来，59师的全部精力都得用在攻击自己阵地范围内的美军上，连自己下一步的防御阵地都没能彻底整干净弄利索，还谈什么支援79师和支援58师啊。

59师这战是我认为的长津湖之战的关键点，只要59师能拿下美军C连和F连，不求59师还能对柳潭里继续进攻，那么只要28日白天第九兵团司令部能清醒过来，让81师迅速向下碣隅里靠拢，配合58师及59师一部歼灭下碣隅里的美军。这样打，下碣隅里的美军很可能被歼灭，第九兵团就有极大的机会吃掉美陆战1师。就算不这么调整，那C连和F连的被歼也能大大巩固59

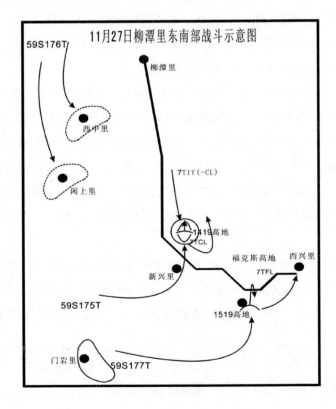

11月27日柳潭里东南部战斗示意图

师的阵地，柳潭里的美军就被彻底包围了，这样一方面还能缓解 79 师的压力，而 89 师 267 团也可以不用南下归建，战局对第九兵团会非常有利，因为东边的新兴里美第 7 师一部也被彻底包围了。可是 59 师太让人失望了，他们什么也没做到，其实这导致了第九兵团失去了全歼美陆战 1 师的最好机会。

第三战，59 师完败。我只能这么说：59 师完败，后果很严重。

4.11 月 28 日夜后柳潭里一带的战斗。

59 师打了一晚上的窝囊仗，从师长到战士都很不爽，特别是师长戴克林，肯定被 20 军军长张翼翔在电话里骂了个狗头喷血。可是目前还不是他们继续倒霉的时候，28 日夜 59 师 177 团继续进攻福克斯高地，可还不及 27 日晚，美军陆战 7 团 F 连仅亡 5 人，伤 26 人。29 日夜再打，美军仅一人受伤就打退了 177 团的进攻。唉，这种仗打的，我也没什么好说的了。据说战后 177 团被批惨了，做了深刻检讨。不过该团也挺有意思，他们认为团里是有责任，但师里也有责任。呵呵，很明显 59 师的指挥很有问题，连打了败仗的团都有底气说师里有责任。

11 月 28 日美军成功救出陆战 7 团 C 连后，29 日师长史密斯再次命令对 F 连实施第二次营救，这种营救是必需的，因为如果不打通补给线的话柳潭里的美军随时会完蛋。这次出场的是陆战 7 团 3 营为主的混编部队，由 3 营主任参谋沃伦·莫里斯少校指挥。我们都知道 3 营营长哈里斯先生是个软蛋，据说此时的他已有精神崩溃的先兆，俗话说："兵熊熊一个，将熊熊一窝。"营长不咋地，该营的美军也不咋地，只前进了 4 千米就在重重阻击下走不下去了，只好撤回。

30 日，美军柳潭里指挥官利兹伯格上校决定突围，其实让他们停止向西北进攻开始突围的命令直至 30 日晚 19：20 才到，但利兹伯格上校这个提前做好的突围计划为柳潭里的美军争取到了宝贵的时间。现在利兹伯格先生还要再给陆战 7 团 3 营一次机会，他命令 3 营一个整营去攻占 1542 高地和 1419 高地，拿下这两个高地美军就有了前进的立脚点。然后陆战 5 团 3 营出发为前卫，负责打通主补给线。为啥是这两个营先干活呢？因为两位营长大人的原因，这两个 3 营实力现在是最强的，以前你们没怎么出力，现在就得当苦工去。同时，5 团 2 营守柳潭里西南高地，5 团 1 营守柳潭里北部高地，这两个营是后卫。7 团 1 营走弓弦路去救 F 连，同时也是另一个拳头。美军计划两个拳头在德洞山口会师。

在这时 59 师已经有大面积的冻伤出现，甚至冻死的都很多，不过到了最艰难的时候 59 师却开始为自己正名了，看来这个部队是属于不到最后关头不爆发的那种。我们先来看看 12 月 1 日这一带的态势，见柳潭里美军突围战斗示意图。

79 师和 59 师对美军形成包夹之势，态势是蛮好。可是我们别忘了这已经是战斗打响后的第 5 天了，由于补给跟不上，部队冻伤严重弹药也很缺。

12 月 1 日上午 8 时，柳潭里的美军开始突围。截至下午 3 时，负责攻占 1542 高地和 1429 高地的陆战 7 团 3 营还在 1542 高地山脚下磨磨蹭蹭。我敢打赌，此时陆战 7 团团长利兹伯格上校全身正被熊熊的火焰包裹着，他肯定准备小宇宙爆发变身为超级赛亚人冲过去给他的 3 营营长哈里斯先生几个狠狠的大头巴掌。幸好此时陆战 5 团 3 营营长塔普利特中校又转变回了军人本色，他对哈里斯的磨洋工大为不满，他向副团长弗雷德里克·道塞特请示，要求不要管

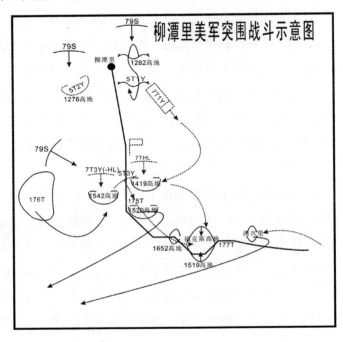

7 团 3 营能不能完成任务，他的营自己前进。

在美军开始突围时，79 师再次对 1282 高地发动猛攻，这时驻守的美军是陆战 5 团 3 营 G 连（此时还没归建充当前卫）。1282 高地的阵地易手达 7 次之多，可 79 师在这个时候掉了链子，始终没能拿下 1282 高地，如果拿下此高地对柳潭里准备撤退的美军主力来说将是个可怕的灾难。没办法，这时 79 师的冻伤已经很严重了，战斗力无法和 27 日夜晚相比。但必须承认这个 G 连打得非常好，他们一直坚持到 5 团 1 营来接替他们。随后美军主动放弃 1282 高地转入柳潭里村南的阵地阻击。必须得指出 79 师这时犯了个错误，在 5 团 1 营还没完全进入阻击阵地时，79 师已经尾随进入了柳潭里，但该师没有利用美军陆战 5 团 1 营尚未完成防御的有利时机进行进攻而是在村里清理战利品。不过我不想指责这个错误，因为都是人，再不找点吃的喝的穿的，79 师冻死饿死的人会更多。只是战机一瞬即逝，确实可惜了。

这时另一个方向的陆战 7 团 1 营在营长戴维斯中校的带领下于 12 月 1 日 9时已经出发了。因为指挥战斗的 27 军军长彭德清（1955 年授衔为少将）的失误（柳潭里和东面的新兴里战斗都是 27 军指挥的），一路上戴维斯营只遇到微弱的阻击。志愿军普遍认为美军离开公路就无法战斗，在这一侧的山岭上没有部署多少兵力而且没有防备，还有一个重要原因是美军路上遇到的志愿军很多都冻死在阵地上了（不知道说什么好，只能向他们致敬）。这样美军的这个越野勾拳获得了很好的效果，在 12 月 2 日上午 11 点就抵达了 F 连的阵地，行动非常顺利。美军很成功，这就意味着第九兵团很失败，我们看图就知道，北边是 79 师，西边是 59 师 176 团，南边沿着公路是 59 师 175 团和 177 团，而东边没有兵力驻守。东边的 27 军 80 师和 81 师没有参与到这次的作战部署中（因为这两个师接替 58 师去了下碣隅里正面，58 师绕到下碣隅里南边去准备阻击了）。就是因为彭德清轻敌大意，导致篱笆没有扎紧，让美军钻了空子。不过彭德清毕竟在东边打了大胜仗，过不能掩功。戴维斯营到达福克斯高地意味着美军在突围的路上有了一个强有力的立足点，这是突围成功的关键，是美军干得非常漂亮的一步棋。现在福克斯高地有 5 个连的陆战队了，实力很强大。3 日清晨戴维斯营主动出击，一举拿下德洞山口的 1652 高地，导致驻守此处的59 师一个营在撤退中被随后赶到的美空军杀伤大半。有个事还得提一下，1419

高地本来是 7 团 3 营 H 连负责攻占的，只能说幸好路过的戴维斯营帮了他们一把，快黄昏时拿下了 1419 高地，团长利兹伯格上校为了惩罚 3 营这帮熊包，命令戴维斯营带上 H 连一起走。呵呵，可悲的 7 团 3 营。

戴维斯营到达福克斯高地后，美军主力突围成功就只是时间问题了。虽然 59 师在这一线奋勇阻击了美军达三天之久，可是孤军奋战力不能支啊，特别是中间被插了一刀后问题更大了。59 师阻击了三天，在 1419 高地、1519 高地（死鹰岭）、西兴里和美军反复争夺，但右翼的漏洞使 59 师无力再战。

12 月 1 日夜，79 师发动猛烈的攻击。在西边，虽然一夜的战斗没有完全吃掉美军最差的陆战 7 团 3 营（欠 H 连），这个 3 营是美军撤退时负责保障右翼的。不得不再次提下该营，他们一直没能拿下 1542 高地、还在 79 师攻击下被赶到了公路边，靠着公路上的美军支援才勉强撑到了天亮（天一亮志愿军就没法攻了）；在北边，79 师没能拿下 1276 高地，不过美守军陆战 5 团 2 营可是在晚上呼叫了夜间战斗机助阵才守住的（美战机夜间出动在朝鲜战场是很少见的）；东边美陆战 5 团 1 营没受到什么压力。从图可以看到美军被围在 1542 高地东侧、1276 高地南侧、长津湖西南侧，以及 1419 高地、1520 高地北侧沿着公路的一个狭小区域内，而且其右翼 7 团 3 营随时会崩溃，后卫 5 团 2 营的情况也不好（如果第九兵团有飞机和重炮美军就全完蛋了）。虽然 79 师在第一个晚上没能突破美军防御，但这个时候 59 师的右翼如果有部队保护不让陆战 7 团 1 营插进来的话，那 59 师就还能再坚持守个三五天的（要知道 59 师可是战后整个 20 军伤亡最小的部队），这样美军右翼 7 团 3 营还能顶得住第二个、第三个晚上吗？可是，59 师右翼没保护导致被美军来了个中心开花，59 师再不撤出战斗就会被美军反过来全歼，这还阻击个啥子啊。可惜，太可惜了，一步之差，满盘皆输。59 师在这是拼了命的，有的连队甚至是全连冻死在高地上，可是，唉，这样拼命的阻击失去了意义。

12 月 3 日下午 14 时，西兴里的 59 师 177 团 2 营阵地被下碣隅里方向美军突破，黄昏时分 59 师撤出战斗。12 月 4 日，柳潭里的美陆战 5 团、7 团全部进至下碣隅里，突围成功。

总的来说，柳潭里美军突围成功除了他们自身的勇气外，最主要的是抓住了 27 军的失误，从东路山岭硬是违反他们作战常规越野攻击了志愿军包围圈最薄弱的环节，在 59 师整个阻击线中心插了一刀。

5.11 月 27 日后，后浦、内洞峙、新兴里一带的战斗

先看看这边的美军分布情况：

后浦：

第 7 师第 31 团（北极熊团）团部：美军 598 人，韩军 50 人，合计 648 人

团部连

坦克连

重迫击炮连

医疗连

支援连

第 13 工兵营 C 连第 1 排

内洞峙：

第 32 团第 1 营：美军 817 人，韩军 150 人，合计 967 人

营部连

A 连

B 连

C 连

D 连

第 32 团重迫炮连第 1 排

海军陆战队前进空中联络组

新兴里：

第 31 团第 3 营：美军 784 人，韩军 150 人，合计 934 人

营部连

I 连

K 连

L 连

M 连

美国空军前进空中联络组

第 57 野战炮兵营（缺 C 连）：美军 574 人，韩军 165 人，合计 739 人

营部连

A 炮兵连

B 炮兵连

第 15 防空炮营 D 连

合计美军 2773 人，韩军 515 人，总共 3288 人。

在这边执行作战任务的是第九兵团的 27 军 80 师和 81 师，其中 80 师主攻，81 师分割该地区美军与下碣隅里的联系。80 师前身是胶东军区警备第 4 旅，1947 年 2 月编为华东野战军 9 纵 26 师，1949 年编为第三野战军 27 军 80 师，时任师长詹大南（1955 年授衔为少将）；81 师前身是 1946 年 9 月组建的胶东军区警备第 3 旅，1947 年 2 月编入华东野战军 9 纵 27 师，1949 年编为第三野战军 27 军 81 师，时任师长孙端夫（1955 年授衔为少将）。这两个师都算不上三野的主力师，不过美第 7 步兵师也不算强硬，倒也是棋逢敌手。

也许来这一带的美军第 7 师是来旅游野营烧烤的，27 日晚老美们简单弄了点防御工事就匆匆睡觉了，天气这么冷还是钻被窝里比较舒服。看来美国人不看《三国演义》是他们一个很大的失误，月黑风高夜杀人放火时，这个连中国小孩都知道的话他们居然不知道。可惜 80 师只是来打劫的，打劫吗我们都得理解，人不宜太多，不然不好分赃。天亮后没被 80 师送去奈何桥的美军们仔细检查了自己的脑袋、胳膊身体和腿，还好都在——说明他们还活着。现在的老美心情很矛盾，一边是逃生后的欣喜，我们活过了昨天；一边是对未来的恐惧，明天杰克逊还能活着吗？他还欠我 25 美元。

士兵终究是士兵，他们的思想境界永远无法和将军相提并论。28 日早晨在后浦一觉醒来的美军指挥官第 7 步兵师副师长豪斯准将惬意地伸了个懒腰，就

听到了部下向他报告昨晚新兴里和后洞峙的美军和中国军队发生了激战。作为一名将军，他始终把士兵的安危放在首位，想士兵之所想、急士兵之所急。中午，在坦克连出击试图打通联络失败后，豪斯将军当机立断：我要亲自回下碣隅里，我要亲自去带援兵来救我的战士。于是美军第7师先遣队最高长官就此离开了战场，用美国人自己的话来说："他再也没有回来。"

我们不得不承认豪斯将军是个睿智的人，他深深地明白，一旦失去生命，地位没了、权力没了、一切都没了。"我必须得活着。"豪斯准将告诉自己：活着，是多么美好的一个字眼啊。生活很美好，明天更美好。再见了，中国人；再见了，麦克莱恩团长；再见了，勇敢的士兵们。

现在我们得再次承认，豪斯将军做了一个绝对明智的决定。因为就在当天晚上11点，80师对新兴里和后洞峙的美军再次发动猛攻。虽然不是主力师，但80师显然比79师更懂得迂回包抄的妙用，一个个连队利用小巧的战术迂回不断渗透进美军防御圈，很快在后洞峙的美军就顶不住了。凌晨1点，在后洞峙和第32团第1营在一起的31团团长麦克莱恩上校就决定向新兴里撤退。仅仅两个晚上，80师就拿下了第一块美军阵地后洞峙，并曾成功突入第二块阵地新兴里，美军第57野战炮兵营的大部分火炮都被干掉了。这对美军来说可是个要命的损失，这样一来他们在火力上也占不了多少优势了。

可能来朝鲜的部分美国人在百老汇待过。继陆战7团3营营长哈里斯中校和陆战5团3营营长塔普利特中校之后，美军中搞笑的第三幕出现了。31团团长麦克莱恩上校在通过江口时发现南边来了一支部队，他居然认为这是他的2营（其时还在咸兴），当32团1营向这支部队开火时，他愤怒地大喊："停止射击！这是我的手下！"并迅速向那支部队跑去，看来两天来和愚蠢的32团待在一起的经历让他受够了。不幸的是，他被子弹击中数次倒在冰面上，但顽强的麦克莱恩上校每次都站起来向对岸跑。美军32团真得好好反思了，兄弟部队的团长宁愿在弹雨中跑回自己的团也不愿意和他们呆在一起。可是……那不是美军31团2营，而是一支志愿军部队，随后32团看着志愿军中跑出几个士兵把麦克莱恩给拖走了，这一幕实在太震惊了，以至于32团1营的官兵们没有做出任何反应，4天后麦克莱恩因伤死于去战俘营的路上。我只能说这些友好的美国人不是来打仗的，而是来搞笑的，麦克莱恩显然不愿意哈里斯和塔普利特专美于前。

战斗打响两天后，美军第7师先遣队失去了他们第一任指挥官豪斯准将和第二任指挥官麦克莱恩上校。

按照战斗的预先命令，现在唐·费斯中校成了这支被围困的美军第三任指挥官。当官都是让人兴奋的事，但对费斯而言决不是现在。费斯在想：按照常规，被包围的部队临死前都会官升一级，那我的墓志铭上写的应该是"美国陆军上校唐·费斯长眠于此"。

我们还是必须得再次承认，先前离去的豪斯将军是个负责任的指挥官，29日下午豪斯准将派来了一架陆战队直升机，撤出了受伤的军官。在午夜之前一架陆战队 L—5 联络机——也是豪斯派出的——运送了一次吗啡补给。这两个行动就是这名师指挥官能够为费斯和他被包围的士兵所能提供的全部帮助了。

不过，据说被陆战1师师长史密斯将军指责最多的第十军军长阿尔蒙德做出了一个明智的决定，当然也很荒谬。他把第7师先遣队三个营的指挥权交给了史密斯，同时命令史密斯从柳潭里派一个团去解救这三个营，可能阿尔蒙德将军只是看着地图在指挥，连我们都知道从柳潭里派部队去是不可能的，他们正在自求多福。但把指挥权交给史密斯却是个关键，此时第31团的空中联络组已经被干掉了，失去引导的空军无法组织起有效的空地协同，而陆战队的加入使得31团能够得到海军的海盗式飞机的支援。29日和30日的夜晚月色明亮，海盗式飞机的支援使得这支先遣队没有在29日的夜晚就完蛋，当时美军已经被压缩在江的南岸一个狭小的地域内了，而且是一片开阔地。

这时，志愿军第九兵团决定首先调集绝对优势兵力歼灭新兴里的美军部队，然后转移兵力逐个歼灭柳潭里、下碣隅里的美军。29日，80师调整建制，整理战斗组织继续战斗，同时81师主力会同第80师围歼新兴里地区的美军。前面讲过如果开始先全力使用20军打下碣隅里效果会更好，但现在战场局势变化了，在柳潭里、下碣隅里的战斗都陷入僵局79师、58师伤亡巨大的情况下，第九兵团已无力去拿下下碣隅里，先打美军第7师显然是正确的。但我们得看到指挥上的问题，见新兴里战斗示意图，后浦是该地区美军撤退的必经之地，而80师在早先的战斗中一直没对后浦动真格的，要想全歼美军，不拿下后浦这一切都不可能。27军军长彭德清显然也发现了这个问题，准备亡羊补牢，81

师 241 团奉命直扑后浦。

不过出乎意料的是 81 师兵不血刃就拿下了美军阵地，原来后浦的美军撤了。30 日下午 16 点，该地指挥官巴瑞·K.安德森中校奉命撤退，18 时美军剩余的 324 人全部撤出。差不多在美军撤出的同时，81 师接管了美军阵地，应该说这是一次友好的交接。后浦美军的撤出标志着美军认为新兴里的部队已经没有救援希望了，他们被抛弃了，这可是朝鲜战场上极为罕见的一幕。到底是不是美军真的无力救援呢？我看未必，30 日下碣隅里的美军还在进攻西兴里的志愿军 59 师，试图打通与柳潭里的联系。我们只能说史密斯将军不打算牺牲陆战队士兵的生命去救陆军。这对 27 军可以说是喜从天降，新兴里的费斯中校后路被断，27 军完成了对新兴里美军的包围。

12 月 1 日，新兴里美军指挥官费斯中校下令突围。12 月 2 日凌晨，670 人到达了下碣隅里。同日，另有 319 人被搜索营救部队救出，再加上一些陆续返回的零散人员，新兴里的美军共计逃出约 1050 人，其中只有 385 名幸存者肢体健全，其余 2238 人被击毙和俘虏，总损失 2901 人。志愿军也损失惨重，

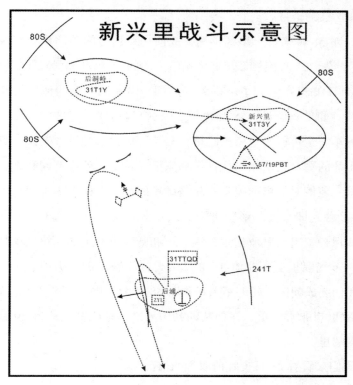

新兴里战斗示意图

两个师伤亡（包括冻伤）达 2/3。必须得说的是，81 师又有一个连全连冻死在阻击阵地上，是 241 团 8 连，向他们致敬。

80 师、81 师能歼灭美军第 7 师先遣队的原因：

1. 成功分割美军三角阵的互相联络，先破内洞峙，再锁后浦，最后吞下新兴里。这个也是破三角的典型战例了。

2. 灵活运用了战术迂回。

3. 一开始就重创了美军炮兵和摧毁了美军空中联络组。

4. 美军自己放弃救援，使得 81 师成功占领后浦，完成了包围。

6.11 月 28 日后下碣隅里的战斗

28 日，58 师已进逼下碣隅里，准备再现当年的辉煌。自从渡江战役后 20 军再也没有吃到过肉，58 师这个昔日的王牌师嘴里都淡出鸟来了。这次 58 师虽然是穿插，但也是独当一面围攻下碣隅里，这可是个重振雄风的机会，全师上下都想靠这仗翻个身。

然而，对 58 师来说，出师不利，战前一系列的问题都预示着这一战也许并不吉利。首先，27 日晚柳潭里和内洞峙方向的 79 师和 80 师都和美军干上了。虽然 58 师神不知鬼不觉到了下碣隅里周围，但晚到一天的他们已经失去了进攻的突然性。如果有假设，58 师也是 27 日晚到达并发起进攻，那下碣隅里没有防备的美军完全可能当晚就被吃掉，只是历史没有假设。其次，我们必须承认美陆战 1 师的军官素质相当优良，柳潭里一打上，他们就判断志愿军必将攻击下碣隅里。他们对战场的嗅觉是相当敏锐的，这在柳潭里也表现了出来（稍一和 79 师接触立即布置环形防御圈），并没有认为自己处于后方，前面东西方都有部队保护着自己就放松了警惕。这和新兴里的美陆军第 7 师先遣队形成鲜明对比。下碣隅里美军非但在 28 日白天就部署防御，还积极展开侦察，从空中侦察和伪装成朝鲜人的韩军嘴里判明 58 师的主攻方向将是西南方。最后，58 师的轻敌思想非常严重，在伪装的韩国人面前他们甚至放言 29 日天明前就能拿下下碣隅里。

现在我们来看看 28 日夜晚前双方的情况：

在下碣隅里的美军共 3913 人，分别来自陆军、海军、海军陆战队、南朝鲜军等 58 个单位，很多是 10 人以下分属不同系统的先遣队或者联络队，这些士兵中很多人并不是战斗兵，而是工程技术员和通讯人员，其中主力是陆战 1 团 3 营的 I 连和 H 连、陆战 7 团 2 营重武器连（营长罗克伍德中校）、炮兵 11 团 2 营 D 连和 3 营 H 连，指挥官为陆战 1 团 3 营营长托马斯·里奇中校。里奇根据下碣隅里的地形将他的防御阵地设为两块，因为想要隐蔽地接近下碣隅里只有这两处：西南边靠着正在修建的机场的浅沟附近，里奇派上了他的主力 I 连和 H 连，在北边的东山上派去了第十工兵营的 D 连一部和一些混编人员；其余部队守卫环形防御圈的其他地方，M—26 坦克和 M—19 四十毫米双联高炮以及 M—16 四联 50 机枪车是环形防御圈的主体。

58 师方面，师长黄朝天（1955 年授衔为少将）命令 172 团在西，173 团在东，174 团为预备队向下碣隅里西南美军阵地发起进攻；另有一个营左右的部队对东山发动进攻，估计为 172 团 1 营。

战斗经过和 79 师一样，不准备详细写，没什么好讲的。打了一晚上 173 团没啃动陆战 1 团 I 连的阵地，所以不必说他们了；172 团好得多，突破了陆战 1 团 H 连的中央阵地，一度威胁到后方的指挥连和机场，但到天亮美国人又恢复了阵地。这里，第一个问题是为什么 79 师和 58 师都采取这种正面强攻的方式？我不是当事人，所以只能猜。可能这两个师主力当惯了，觉得自己有能力和美军面对面地干一下。

这个不重要，重要的是第二个：172 团突破了美军阵地为什么没能进一步扩大战果？

当晚 172 团突破 H 连阵地后，没有巩固、扩大突破口，第一梯队的连长驱直入向美军纵深杀了进去。因为第一梯队连没有向两翼卷击，虽然形成突破口，却没有动摇美军防御阵地，这就造成了两个后果：一、后续部队没有得到一个强有力的支撑，美军两翼的抵抗依然强烈；二、团里无法获得前面的情况，无法根据战场情况作出调整。最后的结果就是后续部队上不去，形成的突破得不到利用；第一梯队连自己也成了孤军，天亮后被美军歼灭。

为什么会这样？

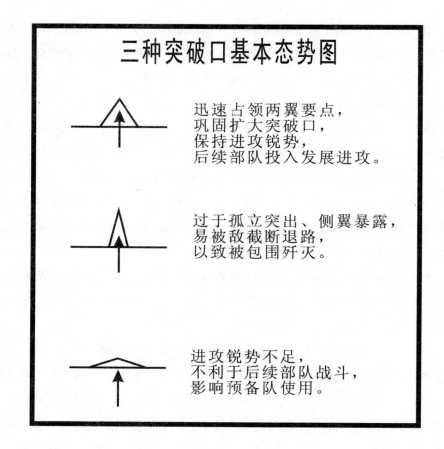

三种突破口基本态势图

迅速占领两翼要点，
巩固扩大突破口，
保持进攻锐势，
后续部队投入发展进攻。

过于孤立突出、侧翼暴露，
易被敌截断退路，
以致被包围歼灭。

进攻锐势不足，
不利于后续部队战斗，
影响预备队使用。

又有两点：一、第九兵团很多的干部、战士还在用解放战争时期的老经验在打仗。特别是解放战争后期，渡江战役后，与国民党军队作战时往往突破敌前沿，敌军就全线溃败。这是第一梯队连会长驱直入的一个原因。

二、志愿军的大部分干部、战士文化水平低，绝大部分的干部、战士并没有系统地进行过专业的学习，对于作战的理解只是停留在以前的经验上。虽然说战场是学习战争最好的学校，但仅仅凭借经验作战是绝对不行的。

美军对志愿军这点看得很清楚，人家就直言不讳："（志愿军）很懂得如何去突破，可怎么利用他们所形成的突破茫然不知所措。"

58师师长黄朝天正准备再次组织进攻，也许28日对美军陆战1团H连中央阵地的突破给了他战胜美军的信心，昨天就差一点点，今天加把劲把敌人拿下。战争史上很多失败就是这样来的，也许是我站着说话不腰疼，可志愿军当时很多指挥员都缺乏正确分析战局的能力，不能很好地分析自然就无法灵活作战，李奇微上任后，这点在整个志愿军身上就表现得很明显了。黄朝天就是这样，我相信他肯定认为 H 连是美军阵地的薄弱环节，于是在 29 日夜，黄朝天还是老一套，对美军陆战 1 团 I 连、H 连阵地再次发起进攻，这次主攻的是 H 连阵地，他认为这薄弱嘛。结果都不用猜，昨天晚上好歹还突破了，今天表皮都没啃动，黄师长肯定没想过美军还是昨天的美军，可 58 师已经不是昨天的 58 师，你的力量已经变弱了。现在 58 师没有力气打第三次了，就算黄朝天突然开窍也来不及了。

　　和 79 师一样，58 师的小部队反而比主力打得更好。28 日夜 1 时 30 分，攻击东山的 172 团 1 营不费吹灰之力就拿下了美军阵地。只是由于他们的炮兵在和美军的较量中完败（这种纯战术的对抗志愿军没法和美军比，他们的火炮是被美军的精准射击一个齐射就打爆的），1 营被美军 11 炮兵团 H 连的火炮压制得无法动弹，这样使得该营无法利用他们的突破扩大战果，这对美军来说是天大的好事——如果在他们组织起反击前不能压制住 172 团 1 营而被该营冲下来，整个下碣隅里将陷入混乱。但该营还是数次击退了美军的反击，一直占领着阵地。要知道，美军战后称 I 连和 H 连的伤亡仅百余人，而美军医护所里的伤员高达 500 人，要么是美军谎报，要么就是 400 人的受伤是 172 团 1 营造成的，我更倾向于相信后者。

　　29 日，让我们先看看张翼翔，他现在肯定知道了 172 团 1 营已经占领了东山，作为一个军长他当然知道美军的环形防御圈已被 58 师打破，如果有后续部队从这点插入就能全歼下碣隅里的美军。可是，这个军长是个光杆司令，58 师是无法把部队绕一圈运动过来的；59 师在和柳潭里的美军激战；60 师在阻击古土里的美军；89 师更远了，在社仓里已转为防御；军直部队都配属到各师去了，他这个军长居然拿不出一兵一卒。

　　在柳潭里美军突围到达下碣隅里前，这个高地没能增加一个人一条枪。张翼翔和黄朝天除了用拳头狠狠地捶打他们的电话机外，别无办法。反而是美军在不停地组织兵力向这个高地反击，关系到下碣隅里全军生命啊，不拼命不行，什么后勤营啊、师直第一工兵营啊，包括那支从古土里来的德赖斯代尔特遣队的所有人员（这可是支精兵），统统都用上了。不得不向美军遗憾地说：你们

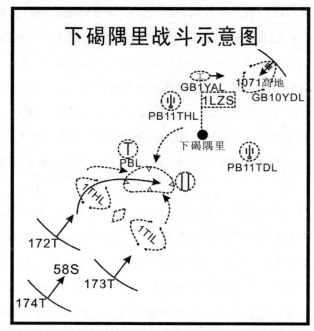

尽力了，没完全拿下高地不是你们的错，是共军太狡猾。可惜的是，这里的浴血奋战对美军来说意义重大，对志愿军来说毫无意义。至此，58 师彻底失去了围歼下碣隅里美军的全部希望，他们曾经有，但他们没援兵，可惜了 172 团 1 营。

### 7. 古土里和社仓里的战斗

到目前为止，20 军的 60 师还是很清闲的，只是他们肯定不会喜欢在这种冰天雪地里啃冻土豆的清闲。交给他们的任务是切断古土里和下碣隅里之间以及古土里和真兴里之间的联系，也就是干阻击的活，这种活最苦最累，又拿不到什么战利品，而且战后算总账又不显功劳。但是人民解放军能一直打胜仗，有这种坚决执行命令、甘于啃骨头、干脏活累活苦活的部队是个重要原因。就在 60 师师长陈挺（1961 年授衔为少将）和他手下的士兵们就快冻死的时候，终于有活干了，陆战 1 团 G 连在前往下碣隅里和他们全营会合的路上遭到了 60 师的阻击，退回了古土里。这只是开胃小菜，大餐马上上来。

29 日，古土里的美军指挥官陆战 1 团团长刘易斯·普勒上校组织起一支特遣队，包括陆战 1 团 3 营 G 连、31 团 1 营 B 连和英国皇家海军陆战队第 41 特遣队以及陆战 1 师司令部和通信营的一些人员，大约 900 人，由英国皇家海军陆战队第 41 特遣队队长德赖斯代尔中校指挥。要知道当时整个古土里也只有 2100 人，这就意味着美军为了增援下碣隅里一下子拿出了 40% 的兵力，占到古土里所有战斗人员的 55%，看来美军救援下碣隅里的决心非常坚定——很舍得下本钱啊，宁可削弱古土里的防御也要上路。

像德赖斯代尔中校这种老兵行动是相当谨慎的，他采取交替掩护的战术，把英国皇家海军陆战队和陆战 1 团 G 连放在前面，两个作战单位交替占领前进中的山头掩护后面的部队前进，这样顺利占领两个山头后与 60 师的阻击正式开始了。

有重装备就是好，德赖斯代尔中校迅速呼叫古土里的陆战 1 团团长刘易斯·普勒上校，得到了 17 辆 M—26 坦克的增援。有了坦克后美军特遣队的战斗力大大加强，可也带来了一个问题——就是坦克连长克拉克上尉不肯听德赖斯代尔中校指挥，他认为他的坦克应该集中起来打头阵，可问题是现在他的坦克不是在执行破袭任务，他得保护行军队列中那 141 辆薄弱的车辆。而且这位连长显然不知道"二战"时苏军和德军坦克用生命换来的经验，不要停下来对抗近距离的敌军。对于 60 师来说美军坦克全部集中在前面最好，对于这种铁家伙志愿军实在是缺乏反坦克火力，既然你们美军坦克喜欢冲锋在前，那就专打你们后面老是因为坦克的反击行动而被迫停车的车辆，可怜的特遣队因为坦克连奋勇杀敌的行为反而蒙受了巨大的损失，很多车辆被打着起火，这又进一步阻挡了后续的车队。后来克拉克上尉终于明白过来了，他向德赖斯代尔中校报告：只有坦克连和前面的部队能冲出去了。

最终坦克连和紧跟着的陆战 1 团大部英军大部大约 300 人冲出了包围圈，可剩下的人再也没有逃生的希望了。60 师 179 团在这一战中打得很是聪明，专打司机，专打一头一尾，制造美军混乱后再开始分割：再从中间盯着一辆车打，分割出一块后再换一辆再分割出一块，成功把坦克后的美军分成了 4 块。这样一块块吃起来就很轻松了，这也是得益于美军坦克全在前面，如果坦克连按英国人德赖斯代尔中校指挥的那样——几辆打头，其他的两辆一组分在车队中保护，60 师就会头疼起来。把坦克像车辆那样打停下很难，把车辆打熄火了又会有坦克上来把熄火车辆推下路，想分割美军就难了。

后来美国人把这段路称为"地狱之火谷地"，德赖斯代尔特遣队在此的损

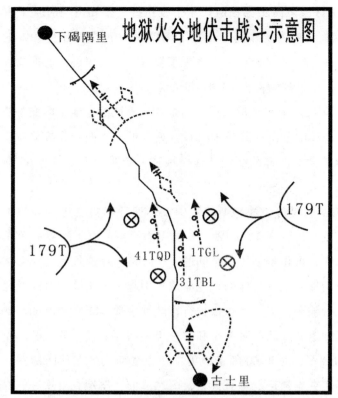

失为 321 人阵亡，240 人投降（请注意是投降而不是受伤被俘），150 多人受伤，损毁车辆 75 台。60 师在这干得相当不错，要是有足够的反坦克火力，特遣队肯定被全歼。这是整个长津湖战役中志愿军伤亡最小、战果最大的一战。

因为志愿军 60 师缺反坦克火力，使得该特遣队到达下碣隅里时使美军有了一个坦克连加 300 名步兵，这大大振奋了下碣隅里美军的士气，同时坦克的增多使得下一步美军从下碣隅里突围时突击力量大大增强。有美国文章说该特遣队到达下碣隅里增强了防御力量使得志愿军不能攻取下碣隅里，这是不怎么对的。前面我们就知道了特遣队到了没多久就被派去反击东山的 58 师 172 团 1 营，结果始终没完全占领该高地。实际上坦克连的加入最大的意义就是加强了美军下一步的突围力量。

在社仓里和 89 师对阵的是美军第 3 师 7 团，因为是次要方向，89 师担负的是保护整个战役侧面的任务，而且美军第 3 师 7 团也不准备积极进取，所以这边的战斗就简要说说，毕竟也是长津湖战役的一部分。在 267 团还在柳潭里尚未归建时，89 师就对美军发动了一次进攻，只是正面对抗 89 师没机会赢，吃了亏后 89 师很聪明，就地转入防御，我不攻了总行吧，只要社仓里的美军不能北上支援陆战 1 师，89 师就算是完成任务了。也正是因为这样，89 师没什么压力——美军也没进攻的打算，虽然离后方很远，但该师冻伤仅 400 多人，整个第九兵团他们冻伤人数最少，甚至比陆战 1 师的冻伤还少，其中 267 团从柳潭里带回来的 3000 多床美军毛毯立了大功。

12 月 2 日，美军组织撤退，结果由于过分低估了志愿军的奔袭能力，不相信人的腿能追上车轮子，其后卫 2 营在当日晚于剑山岭被 89 师 265 团追上。要是拉开架势，89 师追击的 265 团和 267 团很难拿下美军一个营，可现在正是偷袭的大好时机。89 师 265 团以 3 营从正面攻击，2 营攀登峭壁从侧后攻击，团警卫连迅速插入敌阵；而后 277 团也迅速赶到投入战斗。我们可以看到，虽然是偷袭，但 265 团也是很动脑子，3 营打正面不用解释，必须得从正面施加压力嘛；2 营绕到侧后也不用解释，这是切断退路嘛，和 3 营一起给美军来个馍夹肉；而警卫连直接插进去这步棋就很妙了，这叫黑虎偷心，来个中心开花，这招代替了空降部队的作用，可以说是在没有空军的情况下打出了空降作战的效果，而且这样迅速和美军缠斗在一起能大大降低美军的火力优势，也让美军的空中支援无法有效实施；最后 267 团两边一关门，美军被彻底合围。虽然美海军陆战队的航空兵迅速出动夜间战斗机支援，可也无计可施，反而还被打掉一架。

经过半个晚上的战斗，美军第 3 师 7 团 2 营大半被歼，营长被打死，副营长被俘虏，俘虏多达 80 余名，这样 89 师也算报了前期吃亏的一箭之仇。胜利的关键就在于插入中心的 265 团警卫连，首功。

到目前为止，60 师和 89 师都不吃亏，还小赚了点。89 师是没有什么太多的出场机会了，可对 60 师来说，苦难的日子还没有开始。

三、陆战 1 师突围

1. 第九兵团的最后一击。

当柳潭里的美军两个团到达下碣隅里后，对于第九兵团来说，长津湖战役已经失败了。是的，失败了，虽然从战场态势来看第九兵团还是比较好。

12月5日前，59师在西，58师在东北，60在南包围下碣隅里，26军由东北向下碣隅里扑去，27军转道社仓里去打咸兴试图彻底切断美军全部的逃生希望。这是美军突围前的态势图。看起来第九兵团把下碣隅里紧紧包围了，陆战1师插翅难飞。可真的是这样吗？这时的志愿军58、59、60师基本都残废了，就凭这三个残缺不全的师能吃掉陆战1师吗？显然是不能的。而且第九兵团部胃口大得很，它不管实际情况居然派27军进行大范围的纵深穿插去打咸兴。

20军是无力吃掉陆战1师的，第九兵团部也很清楚，但到口的猎物让他跑掉，宋时轮实在是不甘心，他还有牌。第九兵团还有一个军——26军到此时还没登场，宋时轮认为当他把这张牌打出去时美军肯定完蛋，这将是压垮陆战1师的最后一根稻草。还是那句话，真的是这样吗？

那么我们来看看第九兵团手上的黑桃同花顺——姗姗来迟的26军。对于26军，我只有一句话要说：你们还来干什么？这是长津湖战役失利的第三责任者，26军要是早点到随便放到哪个战场去都将是决定性力量，不管是柳潭里还是下碣隅里都能使得那里的美军被歼灭。现在再来，晚了，其他师都打残了，帮不上多大忙了，就凭26军去和陆战1师几乎一个整师对抗，难度系数大于跳水难度3.8。

26军接替58师从东北进攻下碣隅里，59师还是在西面，58师和60师在下碣隅里和古土里之间以及古土里和真兴里之间设置层层阻击阵地。27军不去咸兴了，改道向咸兴以西前进去阻击。

至于为什么26军来得那么晚？一般的解释是，一路狂风暴雪，道路崎岖难行，空中还有美机轰炸，所以来晚了。这让我不由想起刚写的89师，人家也是在狂风暴雪中行军、道路崎岖难行，可愣是跑过车轮子赶上了美军第3师的后卫部队。因为实在找不到26军军史中对这段历史的叙述，我只好猜。我猜啊：26军一开始行军走得不紧不慢的，因为自己是预备队嘛，感觉也捞不到什么仗打。后来前方打起来了，兵团部严令电报一个接一个地来，这下军长张仁初（1955年授衔为中将）着急了，再命令部队强行军。这种强行军造成的部队非战斗损失最大了（第七章"战斗"会详细讲这方面内容），而且零下二三十度，部队冻死冻伤数字直线上升；又因为急着赶路，晚上走了白天还要赶，被美国飞机"哒哒哒"敲掉无数人，等到开打时 26 军已是半残废了。

话说第九兵团原定计划于 12 月 5 日对下碣隅里发动总攻，可 5 日当天担任主攻任务的 26 军还远在 70 千米以外，没了 26 军其他师根本没力气进攻，于是 12 月 5 日在平静中度过。可惜的是志愿军再也没有机会实施这次总攻了，因为第二天 12 月 6 日陆战 1 师就要开始突围了。

现在我们来看看，到了这个时候还该不该把战役进行下去。打到此时第九兵团只取得了一些局部的胜利，而战役目的——围歼美军陆战 1 师这个目标越来越可望而不可即。现在，就算 26 军赶到，第九兵团能投入战斗的人员也只有约五六万人，其中正面围攻的 26 军和 59 师约 4 万人，阻击的 20 军约 8 千人，27 军因为第九兵团的错误使用暂时派不上用处；而美军有 1 万多人，兵力对比已从开战初的 7：1 下降为 5：1，火力对比更是因为弹药补给不上的原因从 0.883：1 下降到 0.5：1；更重要的是美军虽然还是被包围，但已从最初的分割为三块变成了一个大整块，第九兵团想要再次分割美军已经不可能了，没有能力分割美军根本不可能实现歼灭。

兵法云："知己知彼，百战不殆；不知己而知彼，一胜一负；不知己不知彼，每战必殆。"现在第九兵团的决心还是要吃掉陆战 1 师，它所依据的就是上面的战场态势图，态势貌似太有利了，它的眼睛就此被蒙蔽；另一个原因就是实在不甘心在付出如此大的代价下还是让他眼里煮熟的鸭子给飞走了，这是种输红了眼的赌徒心理，26 军就是第九兵团的最后一注，希望通过这注能够翻盘，如果能翻盘还有说得过去的理由。这，是纯粹的赌博，可惜，战争，不是赌博。

第九兵团的作战机关没有全面分析自己的情况：战力不强，弹药不足，冻死冻伤翻番地增加；并且在战力不强的情况下还让 27 军取道社仓里去咸兴，可以说是片面地高估了自己的实力。更没有全面分析美军的情况：部队集结，战力提高；伤员后送，没有累赘；背水一战，视死如归；战斗力已经远远超过了第九兵团，可以说是大大低估了美军的实力。要不是美军忌惮志愿军战士们英勇奋战的精神和现在的战场态势，使得史密斯没发现第九兵团已是强弩之末；要是东线美军敢于主动出击，第九兵团马上会大踏步后退，整个第二次战役的局势都会因为第九兵团而逆转。这个就是"不知己不知彼，每战必殆"，宋时轮没机会赢了。从天时地利人和来说，第九兵团只占有地利，却失了天时与人和，也只有三分之一的机会。

要是就此结束战役，只摆出围攻的架势逼美军后撤（美军实际也要后撤），以一两万多人以上的作战伤亡和冻死冻伤就完全可以避免，要知道陆战 1 师突围付出的代价仅为死亡 178 人，失踪 23 人，负伤 762 人。双方伤亡比例高达惊人的 10—20（甚至更高）：1，远高于整个朝鲜战争的大约 5：1。

2. 史密斯师长的教科书式突围

陆战 1 师师长史密斯将军绝对不是一个天才，作为一个非天才，我们很难看到他向我们呈现出他指挥的艺术。但他却实实在在是个优秀的军人，他未必能给我们看个妙笔生花、出奇制胜的指挥，但中规中矩的指挥让你很难找到破绽。这种人在任何一个国家的军队里都会是中坚力量，于敌对方来说他绝不讨人喜欢。在他的指挥下陆战 1 师的突围可以说是教科书式的，从某种意义上说这样的战例往往会有很多的研究价值。

那么我们来看看，陆战 1 师要突围，他们要保证做到哪些要点？其实在柳潭里突围时陆战 1 师已经显示了他们对突围组织的严密性，只是当时美军有个

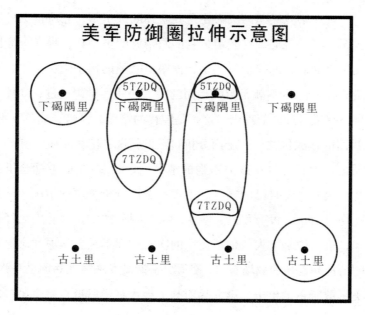

奇招，所以对大部队突围没细说，现在讲陆战1师突围时补上。陆战1师要做的第一个任务就是要保证环形防御圈的完整，先看图。

作为一支突围的部队，保持环形防御圈是最起码的，而且我们从美军防御圈拉伸示意图可以看到：

这个环形防御圈随着突围行动由一个圆慢慢拉伸为一个细长的椭圆，然后再慢慢恢复为一个圆。那么在保持防御圈的基础上，第二个要做到的就是要占领一处前进阵地，这是圆向椭圆变化的第一步。第三个呢，就是一定要保证后方安全，这就是说要在圆的后部占领一个牢固的阻击阵地；这就是东山，现在在志愿军58师手上。最后一个，就是要尽可能地缩短防御圈拉伸为细长形椭圆的时间，这个是整个防御圈最薄弱的时刻，一旦长时间陷入这样的形状会有很大的被分割的风险。

基于对整个突围行动的考虑，陆战1师师长史密斯对下碣隅里的部队进行了整编，编成两个团战斗群：

陆战5团战斗群，陆战5团：配属陆战1团第3营，英军第41特遣队，第1工兵营A连，第1通信营分遣队，陆战1师第2辎重队（下辖卫生营、勤务营、第1汽车运输营分遣队、陆军第10战斗工兵营D连、陆军第513、第515汽车连和宪兵连交通排，由陆战1师第1坦克营营长亨利·米伦中校为队长），陆军第31步兵团坦克连，第11炮兵团第1营和第2营D连（共4个105毫米榴弹炮连）。这个战斗群负责保障环形防御圈的上半部圆的安全。

陆战7团战斗群，陆战7团，配属陆军暂编营（由陆军第7步兵师残部编成），第1工兵营D连，第1通信营分遣队，陆战1师第1辎重队（下辖师部营、第10军司令部分遣队、第1汽车运输营主力和宪兵连主力，由陆战1师第1勤务营营长切尔斯·班克斯中校为队长），第1坦克营D连，第11炮兵团第3营和第4营L连（共3个105毫米榴弹炮连和1个155毫米榴弹炮连）。这个战斗群负责保障环形防御圈的下半部圆的安全。

12月6日凌晨4时30分，史密斯命令陆战7团战斗群利用浓雾掩护，以偷袭的方式夺取了下碣隅里西南方的一处高地，作为全师突围的前进阵地。守卫高地的志愿军全无防备，没人想到美军也会来夜袭，一个排全部阵亡。

同日 7 时，美军向下碣隅里的东山发动猛烈进攻，这场进攻并不是美军要开始反击，而是为了保障突围行动的顺利进行，必须拔掉整个下碣隅里防御圈中插进来的那颗钉子——东山（1071 高地）。不控制这座高地，突围只是个梦想，志愿军随时可利用这个突出部对准备突围的美军实施打击，而准备撤退的部队是最脆弱的。陆战 1 师师长史密斯很清楚这一点，所以他命令陆战 5 团战斗群务必夺取东山。守卫东山的还是 58 师，这时师长黄朝天已经把他的主力都调到了这个方向，只是现在的美军实力早不是 11 月 28 日 29 日时了，今非昔比。58 师仅剩 2000 人不到，在优势兵力和火力的美军面前根本无力抵挡，美军在长达 2 个小时的空地火力准备后于 9 时发起进攻，下午 14 时 30 分就完全控制东山。黄朝天深知，此时 26 军还在路上，东山的丢失将使志愿军失去最有利的地形和最有力的钉子；黄朝天迅速组织反击，可悲剧发生，反击部队刚集结完就被美军海盗式飞机发现（大白天嘛），遭到空中火力毁灭性打击，陆战 5 团 2 营也在空中火力指引下迅速占领制高点实施攻击，志愿军被俘高达 220 人（整个战役最多的一次），不得不说美军的空地协同非常漂亮。58 师遭此毁灭性打击后反击尚未开始就告瓦解，这也不能怪黄朝天不知道白天美军战机的威胁，这是没办法的，58 师为了 26 军赶到后能占据有利位置拼了命，只是此时实力悬殊，再拼也没用了。要知道美军为保障此次突围动用了 500 架战机，集中了所能集中到该地区的所有空中力量——在兴南附近海面上有 4 艘大型航母："莱特"号、"普林斯顿"号、"福吉谷"号和"菲律宾海"号；1 艘轻型航母"巴丹"号；2 艘护航航母："培登海峡"号和"西西里"号；在连浦机场集中了陆战队航空兵的 4 个 F4U 海盗攻击机中队：VMF 212 中队、VMF 214 中队、VMF 321 中队和 VMF 323 中队。

6 日傍晚，26 军终于到达，和 58 师交接了阵地，此时的 58 师只能缩编为 36 个排约 800 人，172 团、173 团和 174 团分别缩编为 8 个排、11 个排和 17 个排。但晚了，一切都晚了，美军防御圈已完整，在这么小的区域内美军有如此强大的火力，26 军想要再形成突破是很难很难的了。这样陆战 1 师实现了它们的目标，牢牢把握住一头一尾两个要点，剩下的就是保障防御圈向椭圆变化时的安全。

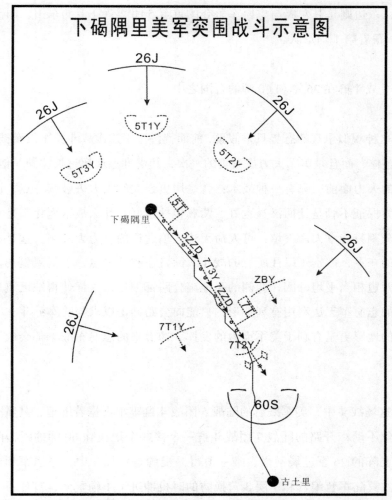

下碣隅里美军突围战斗示意图

晚上，志愿军最有力的时机终于到了，虽然到现在为止 26 军对东山进攻都没有成果。凌晨 2 点，26 军全线展开，对陆战 1 师两个战斗群同时发动猛攻。现在正是陆战 1 师最薄弱的时候，一方面，是夜晚——志愿军最活跃的时候；另一方面，美军的环形防御圈已拉伸开，相对白天薄弱了很多；现在再不打就再也没机会了。见下碣隅里美军突围战斗示意图。

陆战 7 团战斗群的情况：7 团 2 营沿公路，7 团 1 营为右翼，陆军暂编营为左翼，三个营齐头并进向古土里推进，曾坚守德洞山口的 2 营 F 连担任了先锋，最前面开道的是坦克连，团部和第 1 辎重队在中间。

在下碣隅里陆战 5 团战斗群的情况：5 团 1 营在北，其南面为右翼 5 团 3

营阵地，东边则是其左翼与志愿军争夺的重点5团2营守卫的东山，团部和第2辎重队跟着第1辎重队。

两个战斗群在26军和60师的合围之中。

可这种貌似乐观的态势只是假象，前面就讲过了这次战斗美军没有被分割，是一个整体，而且是美军火力最密集的一次，其密度远远超过长津湖其他战斗。在这样的火力面前，只有一种战术：就是用更强大的火力去破其一点，没有强大的火力保证不管是迂回渗透也好、两翼包抄也好，什么战术变化都是空的，想突破分割只能拿人命去填，可人命无法去填这样的火力无底洞。这是志愿军最不利的一点，区别于以往所有的战斗。而且还有第二点，下碣隅里到古土里的公路两边相当平坦开阔，两侧的高地离公路都偏远，这样使得缺乏重型、远程火力的志愿军无法利用有利地形，只能向公路冲击以求与美军缠斗在一起。而这样的地形更是有利于美军火力的发挥，冲上来的志愿军战士都会成为活靶子。

在这场战斗中，美军殿后的陆战5团战斗群牢牢占据着阵地，其重点——东山纹丝不动；开路的陆战7团战斗群一个接一个地拔除60师的阻击阵地。而仓促上阵的26军进展甚微，唯一值得一提的是：战斗中，志愿军利用7团战斗群左翼陆军暂编营和7团3营换防的时机冲进第1辎重队，打死了7团副团长福迪瑞克·陶塞特和7团3营营长哈里斯，呵呵，这个怕死的官二代还是逃不了宿命啊。可是，除此之外，26军的攻击没有其他什么成绩了，随着太阳的升起，疲劳至极的60师被迫撤出阻击阵地。

美军先头部队于7日清晨5时45分进入古土里。7日上午10时，也就是在离开下碣隅里约18小时后，陆战1师第1辎重车队进入古土里，与此同时，留在下碣隅里村里的美军就只剩下最后的殿后部队陆战5团2营和执行破坏任务的工兵小队了。17时，陆战5团先头部队3营到达古土里；22时，最后的殿后部队工兵小队也到达古土里。陆战5团战斗群为什么比先头的陆战7团战斗群走得快？是因为志愿军阻击部队一方面战斗减员大增，冻饿减员更多；另一方面由于是白天行军得到了比陆战 7 团战斗群多得多的空中支援，志愿军的阻击很微弱。相对于志愿军的惨重伤亡，美军仅付出了阵亡 83 人，伤重死亡 20 人，失踪 7 人，伤 506 人，合计 616 人的伤亡。

仗打到这个份上，第九兵团也许应该重新审视自己的作战计划了，计划中压垮陆战 1 师的最后一根稻草 26 军没起到理想的效果。实际上，第九兵团根本就没力量再去进攻了，志愿军不仅仅要和一个技术优势之强敌作战，更要同严酷的气候相抗衡。此时兵团部也许意识到了早先让 27 军途径社仓里去打咸兴是步臭棋，迅速对作战部署进行调整，急令 27 军折向咸兴以西去堵住陆战 1 师，同时 26 军继续追击，20 军继续在古土里和真兴里之间占据黄草岭一线阻击。可能在平时作战这样的调整能有效果，只是此时的长津湖战区气温低至零下三四十度，这是比美军更可怕的敌人。

12 月 9 日，在占领古土里和真兴里之间最重要的要点——1281 高地，20 军 60 师 180 团 1 营 2 连全部冻死，这个重要的点被真兴里北上接应的陆战 1 团 1 营轻易夺取。同日，在俯瞰水门桥的高地上，20 军 58 师 172 团的一个营几乎全部被冻死，只剩几个人勉强能开枪，阵地也被美军轻易夺取。现在老是说水门桥被修好是陆战 1 师逃脱的重要原因，当然这不可否认。可这种只讲客观原因，主观错误一字不提的事不能再发生了。就算水门桥晚一天修好，第九兵团又能把美军怎么样？在旁边高地阻击的部队都冻死了！

虽然歼灭陆战 1 师的希望越来越渺茫，但第九兵团各军还是坚决执行兵团部的命令，各作战部队把我军一不怕死二不怕苦的精神发扬到了极致，克服种种困难，继续对美军展开追击。12 月 10 日，58 师和 60 师能战斗的人员加起来不超过 200 人，军长张翼翔心都快碎了，咬着牙，他还是命令这一百多人继续追。另一边的 27 军一路急行军还是没能赶到（他们 14 日才到达预定位置），可因为冻饿掉队等原因整个军只剩下战斗人员 2000 余人，其中 79 师缩编为 5 个步兵连和 2 个机炮连，80 师缩编为 8 个步兵连和 2 个机炮连，81 师缩编为 17 个步兵连，94 师缩编为 9 个步兵连，缩编之后每连战斗人员也不过四五十人。其实这个时候志愿军的战斗伤亡和冻伤比起来都不算什么了，大部分都是因冻和饿的原因而减员。这段时间陆战 1 师伤亡仅为死亡 75 人，失踪 16 人，伤 256 人，共计伤亡 347 人。

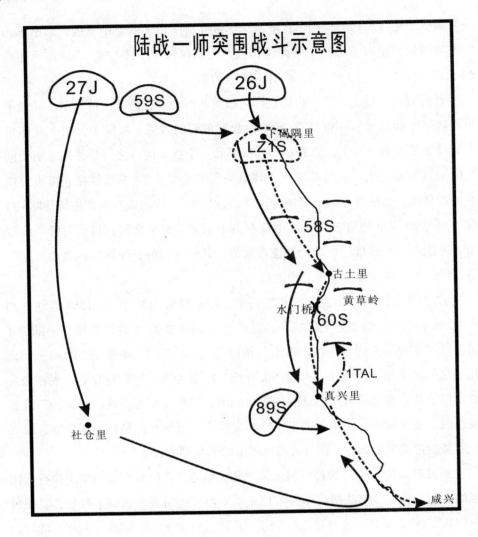

陆战一师突围战斗示意图

　　现在，在美军面前已基本没有了志愿军的阻击部队，对于他们来说和之前地狱般的战斗历程相比，剩下的路程简直可以说是康庄大道。而全凭两条腿行军的志愿军战士们再也无法追上机械化的美军。12日，陆战1师在五老里美军第三步兵师北上接应下，顺利到达五老里，终于彻底逃出志愿军的重围。14日，27军先头部队经多日急行军终于到达咸兴地区，并于次日与北上接应陆战1师的美军第三步兵师遭遇激战，歼敌60余人。可美军主力都已经撤到兴南地区了。17日，27军进占咸兴。25日，27军进占兴南。第九兵团达成了战役目标，可未能全歼美军陆战1师也许是所有长津湖参战老兵们一生的遗憾。

　　朝鲜战场是我军第一次和技术优势之强敌展开角逐，作为当时世界上最擅长穿插分割包围敌军的军队，我军充分发扬了自己的长处。长津湖一战我志愿军以隐蔽灵巧的动作完成了对美军之分割包围，但必须看到在技术优势之强敌面前，我军在装备技术上的差距使得第九兵团无法进一步压缩美军的生存空间，虽然完成了包围，但无法有效地利用这一有利态势，最终被陆战1师成功突围。而作为敌对方的美军陆战1师也完全发挥了他们自己的优势，牢牢把握住了自己在突围过程中所有的支撑点，并凭借自己的力量优势打开了一条通路。虽然这一战已经过去了60年，但对我军现在所面临的与技术优势之强敌对抗仍有极好的借鉴意义。

# 塔山阻击战

深夜，在郑家屯西停留的一节列车车厢里还有油灯的灯芯在"噼啪"作响，在昏暗的灯光下，一个瘦小的身影正静静地坐在桌边，眼睛紧紧地盯着悬挂在车厢上的地图，一颗颗炒黄豆慢慢地从手中放进嘴里，炒黄豆是什么味道他可能并无意去咀嚼品尝，这只是个习惯。此人正是东北野战军司令员林彪，代号101。此时在他身旁的是东北野战军的政委罗荣桓，代号102，正挥舞着电报纸在低声嘀咕："101，部队已经按照攻打锦州的计划展开，我认为攻打锦州还是比较有把握的，此时回师打长春实乃下策。我们不要等军委回电了，重新表态，说明我们仍然坚持打锦州。"

林彪不易觉察地皱了皱眉头，对这个政委他是基本满意的——大事小事琐事一手包、脾气温和好相处、做人低调从不出风头抢镜头、又不爱争权力夺利益，无论是为人处事还是作为一个部队的政治委员，都是极为出色的。只是，在作战问题上，心高气傲的林彪不爱听人唠叨。

到底是打锦州还是打长春，对林彪来说是个问题。

突然，林彪低低地喊了声："刘亚楼。"

"到。"

　　刘亚楼，东北野战军参谋长，代号103。他是个奇特的人，不管林彪喊他的声音多轻、距离多远，他总是能神奇地在第一时间出现。

　　"去锦州。"林彪嘴里只吐出了三个字。言罢，他不再理会刘亚楼，他的眼睛死死地盯着地图上的一个点。

　　林彪盯着的点，不是长春不是沈阳不是锦州，而是塔山。

## 一、无奈的范汉杰

　　1948年9月29日，东北野战军先后攻克河北省的昌黎、北戴河和辽宁省的绥中、兴城，切断了辽西走廊，完成了对锦州、义县的包围。10月1日，东北野战军开始进攻锦州外围义县，激战4小时后，全歼卢浚泉的第93军暂编第2师，占领义县。

　　10月5日，林彪拟定了总攻锦州和打援的具体作战方案：以第2、第3纵队和第6纵队之第17师，以及炮兵纵队主力和坦克营，组成北突击集团，由第3纵队司令员韩先楚指挥，由城北向南突击；以第7、第9纵队及一部分炮兵，组成南突击集团，由第7纵队司令员邓华指挥，从城南向北突击；以第8纵队及第1纵队炮兵团，组成东突击集团，由第8纵队司令员段苏权指挥，从城东向西突击；以第4、第11纵队及2个独立师位于打渔山、塔山和虹螺蚬一线，由第2兵团司令员程子华指挥，阻击葫芦岛和锦西方向的援敌；以万毅第5纵队、黄永胜第6纵队（欠第17师）、梁兴初第10纵队（附第1纵队第3师），位于新民以西、以北地区，堵击由沈阳出援的敌"西进兵团"；李天佑率第1纵队（欠第3师）位于锦州和塔山之间的高桥，作为战役总预备队，既可北攻锦州，也可南援塔山。

　　国民党军镇守锦州的是陆军中将范汉杰，此人也是一员能征惯战的宿将，算得上是国军中的一把好手。当年和日本人恶战了几场，解放战争开始后在山东又让粟裕吃了几个闷亏，现在东北危急蒋介石派他坐镇锦州，也算是委以重任了。不过现在在锦州，范汉杰的对手换成了林彪，而且东北野战军的数量远远超过了东北的国民党军，装备也相当好。不过这个范汉杰也有蹊跷之处，塔山本来在他的掌握之中，而且他是赞同蒋介石东西对进方案的，他却弃守塔山，让人不解。

## 二、贻误战机卫立煌，首鼠两端侯镜如

在辽沈战役中国民党军有两个重要人物不得不提，他们都是谜，一个是陆军二级上将卫立煌。此人是国军"五虎上将"之一，可谓声名显赫，然而1948年1月17日卫立煌接任东北行辕副主任兼东北"剿匪"总司令后，他的战略却开始让人看不懂了。卫立煌认为东北局势非常之差，应该在军事上采取持重方针，一开始还好说，打不过林彪，惹不起躲得起嘛。卫立煌一直让部队躲在沈阳等地，其他城市被围被歼灭也不去救援，他说要先整训军队，然后再执行他的"固点，连线，扩面"的战略。可整训来整训去，也没见卫立煌把部队整训完毕，东北倒是连连失地，国民党只剩下长春、沈阳、抚顺、本溪、锦州和葫芦岛等几个孤立据点了，沈阳、长春的军民补给全靠飞机运输。蒋介石屡次命令他打通沈锦走廊，他都不执行。

1948年10月2日蒋介石飞抵沈阳，召集军事会议，决定从华北和山东海运葫芦岛7个师（华北林伟俦的第62军3个师、黄翔的第92军1个师、罗奇的独立第95师、烟台王伯勋的第39军2个师），加上葫芦岛阙汉骞的第54军4个师，共计4个军11个师组成"东进兵团"，由华北第17兵团司令侯镜如指挥；以沈阳地区的5个军11个师（潘裕昆的新1军2个师、李涛的新6军2个师、龙天武的新3军3个师、向凤武的第71军3个师、郑庭芨的第49军1个师）和3个骑兵旅，组成"西进兵团"，由第9兵团司令廖耀湘指挥，准备东西对进，以解锦州之围。

结果"东进兵团"开始执行命令向塔山一线进攻了，而"西进兵团"由于卫立煌的阻挠非要去截断东北野战军的补给线来个"围魏救赵"，13日才到彰武、15日才到新立屯，同日锦州失守，结果既未能切断东北野战军补给又没能向攻锦的解放军施加压力，造成了东西对进事实上的破产。卫立煌号称"名将"，其在东北近一年时间等于什么都没干，最后更是由于他一再反对东进解锦州之围而贻误战机导致全盘皆输。

另一个关键人物是陆军中将侯镜如，亦为神秘人物。此人经历非常复杂，

黄埔一期，1925 年加入中国共产党，参加过"八一"南昌起义，1931 年与党组织失去联系，从此在国民党中平步青云，历任国民党军第 30 军 30 师参谋长、第 30 师 89 旅旅长。1935 年 4 月被授予陆军少将军衔。1937 年任第 91 军参谋长。抗战后任国民党军第 92 军 21 师师长，参加台儿庄会战、武汉会战、枣宜会战。1941 年上半年，率部进攻豫皖苏边区抗日民主根据地。1943 年 4 月，任 92 军中将军长、苏鲁豫皖第四分区主任时，率部驻永城县北牌集等地被日军包围，侯在王引河岸指挥部队将敌击退。抗日战争胜利后，兼任北平警备司令。1948 年 10 月，侯镜如升任第 17 兵团司令官，奉命驰援锦州。

　　正是这个侯镜如，在援锦之战中表现奇异，屡次有散布悲观情绪、动摇军心的言语，拖延时间、贻误战机的举动，所以后人有猜测，此人是中共地下党员。现在的史料没有证据证明他是，中共亦不承认其党员身份，但 1947 年起周恩来就指示安子文和侯镜如联系，侯镜如亦向中共做出过一些承诺。最起码，辽沈战役开始前侯镜如已是脚踩两只船的人了。

## 三、血战塔山

　　战斗经过就简略说说，主要看看里面的一些值得注意的地方。先看两军的情况：东北野战军方面以吴克华、莫文骅的第 4 纵队死守打渔山至白台山一线，贺晋年、陈仁麟指挥的第 11 纵队和两个独立师防守白台山至虹螺蚬山一线，组成了东起打渔山，中经塔山，西到白台山和虹螺蚬山的塔山防线。国民党军东进兵团名义上有 11 个师，可到达前线时间不一，其中王伯勋第 39 军两个师到得太晚，没派上用场，黄翔的第 92 军 1 个师是侯镜如的嫡系部队，也没怎么用，实际投入战斗的就是阙汉骞的第 54 军，林伟俦的第 62 军和独 95 师。

　　1. 此役东北野战军的指挥官是东野第二兵团司令员程子华，他的防御正面是从东自海边西至虹螺蚬山下一线约二十余千米的地区。仅从战役布置来看程子华是相当聪明的，他坚决执行林彪命令里要求的"作英勇顽强的攻势防御"，把部队按梯次配置，三分之二在后，一线前沿只放三分之一。可见，程子华的作战决心不是就地死守，而是准备用反冲击来恢复防御态势，用反击来恢复失去的阵地。这个决心是基于塔山的地形做出的，塔山这一线基本上都是平原，没什么高地，最高点白台山海拔仅 261 米，一句话就是"易攻难守"。程子华要不要守？当然要守，他的想法就是：能守住那最好；如果前沿守不住也没事，对我们来说此地难守，国民党军占领了我们阵地后一样难守，那就由我们反击再打回去，始终在这一线和国民党军展开拉锯战，使得国民党军的时间和精力都耗在反复拉锯上。所以他的配置是前沿稍弱，纵深稍厚，预备队很强。

2. 国民党 54 军军长阙汉骞在 10 月 10 日率先发起进攻，要说这老阙确实立功心切啊，一眼看到东北野战军布防有破绽，立马直接开打，眼光倒是毒辣，此时 4 纵才赶到此地 2 天，工事尚未构筑完毕。只是老阙心黑了点，打法有问题，直接把 3 个师一线拉开就强攻，你倒是重点突破呀，也太把自己当回事了，以为凭自己 3 个师就能一线平推直接杀进去。而且他的军队其实战术素养很有问题，炮火准备时间短也就罢了，还打不准，理由是拂晓天还黑看不清，其实是炮兵侦察兵标定坐标能力差，炮兵射击准头也差，完全是个训练水平不到家的问题。然后指挥还出问题，没有组织破障队，步兵冲击时被残留的铁丝网阻挡，既耽搁了时间又遭到大量杀伤。

但是就这么种情况下，54 军还是攻下了打渔山阵地。不过没有用，程子华的指导思想就是反击反击再反击，傍晚又夺回了。

其实阙汉骞如果不这么着急，而是好好组织炮兵死命轰 4 纵尚未完全完工的野战工事，再集中优势兵力死打一个点，为后续的国民党军拿下一个桥头堡，是完全能做到的，这样接下来几天 4 纵就难受了。

3. 阙汉骞认为 10 日的战斗太过轻敌，导致准备工作不充分，晚间，他和下午赶来的战地督察组组长罗奇商量后决定 11 日再战。

阙汉骞和罗奇商量后变聪明了很多，11 日拂晓，他集中 54 军和 62 军的全部火炮对 4 纵阵地进行长时间的猛轰，然后，咳咳，然后还是像昨天一样兵分三路对白台山、塔山堡和打渔山一线扑来。看来他认为今天加强了火力打击力度，又加强了突击兵力，没有理由不成功。想法蛮好，只是不知道他想过没，你加强了进攻力量，人家不会加强防御力量吗？昨天三个师没突破，今天换五个师就一定成功了？只要阙汉骞还是和昨天一样把兵力平均使用，再加两个师也是没用的。

这里讲一下被人诟病的国民党军战法，后世很多人说当时他们顽固地使用密集冲锋的战法而不知道改变所以败了，甚至有人以此不肯改变失败战术之说证明侯镜如是中共地下党的证据之一。

我们看，当时进攻的正面宽度 10 千米多点，就这么狭小的空间十多万人在进行厮杀，间隔每百米得多少人？如果间隔 3 米一个人就得 4000 人。国民党军的战法并没有错误，队形密集只是因为投入进攻的兵力多，这和后面要讲到的马其顿方阵是一个道理，用强有力的阵型，较厚的纵深来对一个点实施突破，突破成功后迅速展开构筑厚实的底部。如果每次进攻以连规模的兵力投入，在这种宽阔的地形上一样是活靶子，而且失去了突破能力，只有挨揍的份，每次都这样就成了兵家大忌的"添油战术"。国民党军的战术错误并不在于密集队形，而在于在三个进攻方向都这么打，试问能有多少兵力供你这么打？这就导致了预备队不足，你一梯队、二梯队、三梯队轮番冲上去，辛辛苦苦打开了个口子，可预备队没了，被 4 纵一个反击不是被赶出来就是被吃掉。这个错误一直在接下来几天的战斗里重复出现。同时这也告诉了我们另一点，就是国民党军的火炮、舰炮、空军并没有后世文学作品里描写得那么多那么猛烈，这种打法本身就是在弥补远程火力的不足。反过来，如果两个方向牵制进攻，一个方向重点突破，在这个方向集结大量的预备队，效果绝对比三个方向一起来强多了。

前面是第一个错误，第二个错误在于不搞夜战，给了 4 纵修补工事的时间。阙汉骞以为 11 日他进攻时力量变强了，可人家一晚上没睡觉，都在那干活，工事已经都加固过了。明知道对手弱点在于其野战工事，还不组织一部分兵力分成数个组，轮流在夜间发动进攻，拼着不睡觉也不让你们加夜班。只肯打老爷战，不肯打苦力战，想打赢是不现实的。

不过 11 日国民党军虽然没能形成突破，4 纵也一样伤亡惨重。只是接着，4 纵得到了份大礼。


4. 到了 12 日，塔山胜负最关键的一天，最关键的一件事出现了。双方放假，休息一天，今天过节。

这个是后人认为侯镜如是"匪谍"最重要的证据，只是有点牵强了。侯镜如虽是指挥官，其实并不能真正指挥除了他嫡系 92 军以外的部队，54 军、62 军、独立 95 师、暂 62 师打得还是比较卖力的。这时他只是脚踩两只船而已，"起义"的决心远未下定，一直到平津战役他都没下这个决心。这个主意是罗奇出的，侯镜如只是附和而已，要这样说"匪谍"嫌疑，那罗奇更大。

我猜测当时的情况可能是这样，要说 54 军阙汉骞和 62 军林伟俦都没认识到解放军一样伤亡惨重那也太不把他们当人看了，估计是罗奇说了大话，我的独立 95 师有多厉害厉害云云，看独 95 师怎么拿下共军。然后罗奇就说独 95 师远道赶来要先休息一天，同时让连以上军官看看地形熟悉下情况。按说完全可以 54 军和 62 军继续进攻，95 师边看边休息随时准备上，可罗奇既然说了大话，阙汉骞和林伟俦自然好生不爽，要休息索性大家一起休息，他们也不打。估计他们都没听过"最后五分钟"理论，就算听过此刻也装忘记了。

就是因为 12 日没打，给了 4 纵喘息之机，趁机修复了工事，还在阵前埋了地雷，防御体系反而更牢固了。我一直认为，如果 12 日独立 95 师投入战斗，国民党军继续猛攻，4 纵当天很可能顶不住。

侯镜如的主要问题就是消极避战，保存实力，11 日晚他们开会定下的方案就是他授意他的参谋长张伯权做的，之前他就跟张伯权讲过："按我们目前的情况，对塔山、锦州是不能打进去，若打进去也出不来，如果不打进去还可以维持几天。"张伯权弄出来的方案其实就一句话：集中兵力沿锦葫公路攻击前进。其实倒过来可以理解为：一旦战况不利，可以沿公路迅速撤退。

顺便说句闲话，这个独立 95 师号称"赵子龙师"，一直是"华北剿总"的部队，在华北战场甚是威风，聂荣臻部在该师手上吃过好几次亏，故该师有豪言："从没丢过一挺机关枪。"

5. 后面其实没什么好说的了，最好的机会已经没了。接着的进攻一直是这个"赵子龙师"主攻，这个师也确实猛，特别是其军官个个敢于身先士卒、冲锋在前，战斗精神、战斗作风都特别强悍。可是战斗过程只是一次又一次的重复，冲锋——反击——冲锋——反击，国民党军始终不能走出预备队不足、无法及时跟进突破口这个怪圈。

可就是这样，在 14 日，塔山的阵地易手还是多达 9 次，此时，国民党军的战车部队还没有到达呢。

　　程子华向林彪报告：战斗异常激烈，部队伤亡很大。林彪沉吟半晌才发出总攻锦州命令，并让刘亚楼告诉程子华："我只要塔山，不要伤亡数字。丢了塔山，先杀两条腿的，后杀四条腿的。"

　　如果有假设，12 日独立 95 师投入战斗，那么李天佑作为预备队的 1 纵 2 个师当天就得投入塔山战斗，胜负颇为难料。而且西进兵团同时也积极行动的话，林彪就会在东西两线受到强大的压力，范汉杰再做拼死一搏，辽沈战役第一阶段的锦州之战就说不清楚了；也许林彪能挺住，也许范汉杰能来个中心开花，配合两线进攻，打破包围。谁能说得清呢？

　　不过咱们不是来讨论如果有假设到底谁能赢的，只要看到国民党军失误多多就够了，这足以说明塔山阻击战是一场没有把握的战斗，属于"战而求胜"而非"先胜后战"，这就够了。打锦州风险太大，能打赢三分之一是运气、三分之一是国军太烂，三分之一靠塔山。辽沈战役锦州阶段绝不是包围歼灭战的好教材，太容易误导人，以林彪的军事天才尚不能完全把握住战场局势，让后人去学这个战例只会让人以为包围歼灭很简单，造成眼高手低，会害人的。

第三节
# 坎尼之战

坎尼之战是欧洲名将汉尼拔·巴卡的巅峰之作，战役过程就不说了，直接看摘自美国人杜普伊《战略之父汉尼拔的军事生涯》中的描述：

"双方各有多少兵力今天已无从确知，古书上也众说纷纭。现在我们清楚的是罗马军在人数上占有巨大优势，其列入战阵的兵员组成大约为步兵六万六千人，骑兵七千人。留守营地的罗马军约有一万人。汉尼拔可能有大约三万二千步兵与一万骑兵，余下大概有五千人守卫大营。汉尼拔显然为这场战役做了好几天准备，制订了一项旨在抵消罗马军巨大数量优势的作战计划。在他的战线前列，他部署了他的巴利阿里籍投石手与轻长矛手，以他们为散兵。在其主战线的左翼是由其胞弟哈司德鲁巴尔率领的伊比利亚与高卢骑兵。哈司德鲁巴尔恰好从西班牙来此探望兄长。他们旁边是半数的非洲重步兵，现在已用前几场战役中缴获的罗马武器武装起来。再旁边，在战线中央，交替排列着穿紫边白麻布短军服的伊比利亚步兵与惯于几乎裸体作战的高卢步兵单位（我们虽无确证，但是此时汉尼拔显然已经吸取了罗马棋盘式方格阵形的若干特点）。他们旁边是另一半非洲步兵，处在右翼的是努米比亚骑兵。布好战阵以后，汉尼拔命令中路的伊比利亚与高卢步兵向前挺进，致使其战线中段呈弓形前突。汉尼拔的指挥位置在其部队中央。

瓦罗的军团还是采取罗马人惯用的三线战斗编队，罗马骑兵在右，其盟国的骑兵居左。轻武装部队也按常规部署在主战线前方。但当瓦罗发现迦太基军利用河湾地形至少使其左侧面得到保护后，他也开始改变自己军团的队形，使其战线缩短，以此与汉尼拔的战线相匹敌，他把各中队的正面收拢以加长其纵深，并使行列之间的距离缩小。经过这些改变，罗马军各中队实施机动的余地大大减少，人与人之间的距离也变得过于狭窄。这使罗马军从一开始就处于不利地位，因为他们是以一种完全生疏的新队形进入战斗的。

……

瓦罗现在命令全军出击，战斗于是开始。当罗马军团快要冲到迦太基主阵地时，两军散兵从战线的空隙中后撤。双方骑兵遂开始冲锋。在迦太基军左翼，哈司德鲁巴尔率领的西班牙与高卢骑兵很快就压倒了冲向前来的罗马骑兵。罗马骑兵大部被杀，其残部沿河道受到追歼。

在迦太基战线右翼，数量居于劣势的努米比亚骑兵勇敌罗马军左翼骑兵，双方的战斗不分胜负。战线中段，集结起来的罗马军向较为薄弱的伊比利亚、高卢步兵战斗线推进。高卢兵与伊比利亚兵缓慢后退。他们的凸形战线先恢复平直，然后又变成凹形。随着迦太基战线的后撤，越来越多的罗马士兵向中心涌入。这正是汉尼拔所希望的。罗马军挤作一团，连挥动武器都有困难。就在此时，他们发现左右两侧的重武装非洲步兵突然包围他们的两翼并向中央压迫。

在此同时，哈司德鲁巴尔及其凯旋的骑兵显然已绕过罗马全军，从背后攻击与努米底亚部队相对的罗马左翼骑兵。罗马骑兵落荒而逃，努米底亚骑兵策马追击。哈司德鲁巴尔则急急赶去从后面攻击落入圈套的罗马军团，切断其退路。罗马人虽然勇气不减、奋战不息。结果还是成千上万地遭到杀戮。

坎尼战役就此结束，罗马军战死沙场的步兵多达四万，骑兵也有四千，留守罗马大营的一万士兵全数被擒。霍尔沃德在《剑桥古代史》中写道，这是'汉尼拔的最高成就。它以其时机选择上的无比精确，骑、步兵战术的高度协调，表现出它是古代战争史上一个无与伦比的军事艺术典范'。"

坎尼之战是那么的经典，以至于可以用来表现这个战例的地方太多了，可以放在第四章"歼灭"、第五章"队列和军阵"、第九章"联合作战"等，我考虑再三还是决定放在第三章"包围"中，因为以劣势兵力包围并吃掉优势敌

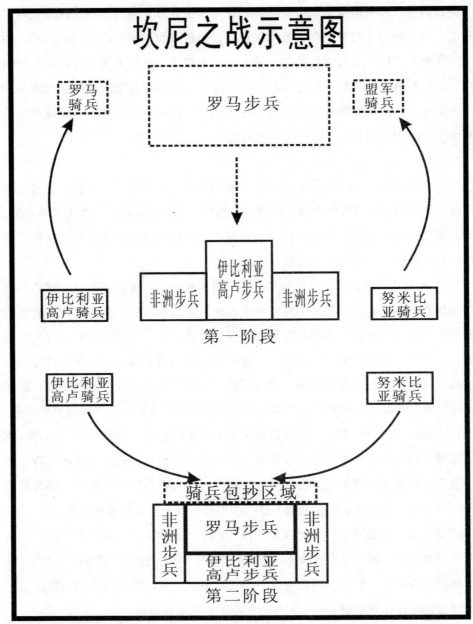

坎尼之战示意图

罗马骑兵

罗马步兵

盟军骑兵

伊比利亚高卢骑兵

非洲步兵

伊比利亚高卢步兵

非洲步兵

努米比亚骑兵

第一阶段

伊比利亚高卢骑兵

努米比亚骑兵

骑兵包抄区域

非洲步兵

罗马步兵

伊比利亚高卢步兵

非洲步兵

第二阶段

军的战例太少见了。

现在来看看它为什么是经典。前面一直在讲突破、分割、包围和歼灭。简单地打个比方就是把一整个蛋糕切成小块再吃掉，基本理论是非常简单的，但怎么切怎么吃就是水平问题。汉尼拔告诉我们，吃蛋糕不必按部就班，谁说一定要先突破再分割再包围最后歼灭的?

# 一、汉尼拔的胃口

这并不是一场势均力敌的战斗,汉尼拔明显居于劣势,可是偏偏居于劣势的他居然计划全歼罗马人,这真是个疯狂的想法,正是这个疯狂的念头成为了世界军事史上的杰作。那他的胃口能吃得下吗?

汉尼拔面对的是块巨大的蛋糕,大到超出他的胃。可是事后的结局告诉我们,汉尼拔的胃口绝对比他的胃大。表面看起来,他没按常规出牌,不是按"突分包歼"四部曲来的。他才不去正面突破呢,罗马人的重步兵方阵不是吹的,以他的劣势兵力去正面硬突会打成消耗战而撞个头破血流。汉尼拔远在意大利——罗马人的本土——作战,罗马人损失一个可以补充一个,汉尼拔损失五个才能补充一个,他可耗不起,常规的正面硬突决不是办法。罗马人看起来是他嘴边的美食,可同时也是只巨蜥,这是场非洲岩蟒和欧洲巨蜥之间的生死搏斗,一个不巧巨蜥反过来会吃掉他。

岩蟒要吞掉猎物当然是整个的吞下肚,这也正是汉尼拔的想法,这就意味着他要用4万人去包围7万人。可直接指挥部队去包围罗马人显然是不现实的,于是汉尼拔设计了一个圈套,他把他的阵型摆成"凸"型,有点像中国人的锥形阵,好像要大举进攻和罗马人大干一场似的。这个阵型的妙处就在于让罗马人认为这是场正面对决,然后自己冲上来。

同时,为了保证包围行动能顺利进行,汉尼拔必须让罗马步兵方阵的侧翼失去保护。这倒不是什么难事,罗马骑兵的战斗力很弱,不是他骑兵的对手。现在,一切准备就绪,就等罗马人自己来帮助汉尼拔完成这次惊世骇俗的包围了。

# 二、汉尼拔的吃蛋糕法

前面就说了,汉尼拔要一口就吞下罗马军团。随时战斗的进行,汉尼拔的凸型阵的第二个妙用显现出来,中间凸出的实力较弱的伊比利亚、高卢步兵挡不住罗马人的攻势开始向后退,阵型由凸型变成直线型又变成凹型。这使得罗马人感觉到胜利的曙光,他们一直在前进,他们一直在胜利,至于败退的骑兵们就不用去管他们了,这些贵族老爷们实在没用,每次都被汉尼拔打个落花流水。但没关系，骑兵的败退丝毫不能影响罗马人的士气，他们相信就凭重步兵方阵一样能打败汉尼拔，他们坚信不疑他们的重步兵方阵是天下无敌的。

　　随着汉尼拔阵型的中央部分越来越向里凹，大量的罗马方阵向这涌来，汉尼拔的两翼步兵逐渐包抄了罗马人的侧翼。汉尼拔要的就是这个效果，让他只凭借自己的兵力是无法突破分割罗马步兵方阵的，但汉尼拔根本不准备这么干，调动敌人才是最优秀的将军要干的事，现在多好啊，不用去硬碰硬我的两翼就慢慢完成了对罗马人的包抄，省事省时省心省力，完全是坐收其成。

　　打仗是人类最古老的职业，罗马人作为尚武的民族从来不缺高材生，那点基础的东西大家都玩过。汉尼拔这个阵型是不是个圈套对罗马人来说不重要，没有钻套的勇气和解套的本领就不要出来混江湖。凸型阵最弱处在中央，是个老兵就知道，避实击虚是任何一个军队的老祖宗都要教的，不把这作为突破点简直是天理不容。哪怕战后复盘，再打一次坎尼，罗马人还是这个突破点。这是由罗马人兵种配置和战术特点决定的，他们的胜机就是突破，分割汉尼拔，至于接下来先吃左边还是右边，完全取决于他们的心情。

　　如果汉尼拔的对手是亚历山大和他的马其顿方阵，到了这个份上亚历山大只有举手投降的份。可罗马方阵不是脆弱的马其顿方阵，他们的方阵根本不怕你汉尼拔包围他，他们可以四面为战。

　　现在，汉尼拔貌似包围了罗马军团，战场态势好到不能再好。那么他是不是就此赢了呢？如果以为坎尼之战汉尼拔就是靠这个凸型阵的变化赢的，那这个战例根本不必拿出来说，顶多是个漂亮仗，想挤进经典排行榜很难。

## 三、什么是包围？

　　到底什么是包围？把敌人围起来就算是包围了吗？

　　显然不是，在长津湖战役中志愿军每次都能包围陆战1师，可每次都没有什么效果，把敌人围起来这只是包围的第一步。如果汉尼拔只是像志愿军那样围住了罗马人，并不能开始对罗马人进行屠杀，这只是开始一场四面八方的围攻，这只是战斗的刚刚开始。他还得想办法从罗马基本方阵与方阵之间的空隙进行突破，分割出来几个小方阵，再包围再吃掉；这样战斗又成了消耗战，而且因为汉尼拔的兵力劣势，他自己阵型的纵深会变薄，反而给了罗马人突破分割他的机会。所以，如果仅仅以为汉尼拔是靠阵型的变化使罗马军团钻进了他的口袋就打赢坎尼之战的看法是不正确的。

是的，汉尼拔现在确实面临危险，机会和危险都是并存的。他是包围了罗马人，但只要罗马人突破他变薄的阵型，汉尼拔就会完蛋。但汉尼拔完全掌握了包围的真谛，他很清楚完成第一步后必须迅速压缩罗马军团的防御空间，说白了就是要尽可能地让敌军挤成一团，越紧越好。远古的人类早就在捕猎中发现了这一点，而人类的老师——各种掠食动物学会得更早。在冷兵器时代的战争中，敌军只有第一排的战士能和你搏斗，而且其受伤后无法得到后排战士的更换，因为完成队形转换的空间被你压缩了。在现代战争就更方便了，敌军无法调动甚至连展开重武器阵地的空间都没有，只能任凭你的火力消灭他们。

这就是汉尼拔要做的，他深知现在他面临的弊病，但他绝不会给罗马人去利用他弱点的时间。只有压缩了罗马人的防御体系，汉尼拔才算真正完成了包围。这样，虽然汉尼拔的军队数量少，可他们能在每个局部都形成以多打少，每个局部的优势整合起来就成了全局优势。这就是坎尼之战最经典的地方。天才——汉尼拔绝对无愧于这一称号。

## 四、胜负手

那么汉尼拔是怎么完成对罗马人防御体系的压缩呢？霍尔沃德评论说"它以其时机选择上的无比精确，骑、步兵战术的高度协调，表现出它是古代战争史上一个无与伦比的军事艺术典范。"

在时机的选择和把握上有这么几点：

1. 在阵型中央一直后退的步兵要停止后退，要突然加力顶住，这应该是计划内的，本身中央部分步兵的退却就不是溃败，而是有组织地后撤，阵型不乱力量不减。这样就产生凸型阵的第三个妙用，让罗马人认为这是汉尼拔的垂死挣扎，让他们认为胜利就在眼前，从局面上看也似乎是这样。挺住罗马军团的攻势只是第一步，这是为了保证纵深不被击穿，同时诱使罗马人发力。

对罗马人来说，眼看就要赢了啊，虽然现在迦太基人在拼命反抗，但这是徒劳的，我们加把劲他们就完了。一旦罗马人发动最后的总攻，就会出现两个变化：第一个变化就是迦太基阵型中央部分的抗力突然变强，罗马人亦要加大力量，这会使罗马人阵型的首部向锥形变化，这样在两个力的碰撞下罗马军团头部自动压缩，他们要破；第二个变化就是汉尼拔反攻的机会到来。我不懂拳理，但我知道当一个拳手全力挥出一拳时，他会露出空当，而往往他的对手就是利用他的拳已经击出，尚未来得及收回保护自己空当时的瞬间对他的软肋击出一拳，往往这一拳就是决定胜负的一拳。这就是金庸老先生常说的旧力已去、新力未生，现在就是汉尼拔最好的机会。

2. 在罗马人发力的同时，汉尼拔的两翼步兵要完成包抄。一定要把握住时机，包抄太早会让罗马人意识到不对，这样两翼只能死拼；包抄太晚更不用说了，太危险，自己的袋底可能会被击穿。

3. 骑兵从背后发动进攻的时机。一定要在两翼步兵即将完成包抄的时候发动猛攻，罗马方阵的战斗队形是比较松散的，人和人之间的间隔有近 2 米，这是为了灵活地实施阵型变化。这样松散的队形是不能抵挡骑兵的，哪怕是轻骑兵；所以，在面对骑兵来袭时罗马人会马上收拢战斗人员结阵对抗。这就是骑兵进攻的全部意义，要的就是你收缩阵型，而这时发动猛攻的不再是骑兵，而是变成了包抄过来的步兵，不能让罗马人的阵型再次变换了，不能让他们恢复到战斗队形。这个就是两翼步兵包抄后进攻的时机，道理和前面说的拳理一样，进攻时机就在对手阵型变换时。这样罗马军团的尾部也被迦太基人压缩了。这个同时也是高度精确的步骑协同，配合的动作要非常非常准确。

我们说了这么多，其实在战场上就是短短几分钟内就发生这样的战局变化，而要达成这样的效果，至少要有上千次的训练，训练不到位是绝对不行的。这好比一部精密的仪器，任何一个环节出问题，都会影响它的工作。这才是坎尼之战罗马人为什么会败得那么惨的根本原因，自从看了这个战役后我就认定，汉尼拔，绝对是超一流的天才，亚历山大是比不上他的。

从本章讲述的三个战例可以看到，如果把包围比作一个网，在网住对手的时候必须同时考虑到：不让对手钻出你的网（突围），不让旁人来救援（阻援），收紧你的网（压缩）。当完美地做到这三点时方可称为真正地包围了敌人，为歼灭敌军打下了坚实的基础。

# 04

## CHAPTER

## 第四章　歼灭

　　在之前的一个战例——坎尼之战中，汉尼拔揭示了包围歼灭的真谛，虽然第三章用坎尼之战来诠释"包围"，但用在"歼灭"上一样是个很好的范例。只是现在有个更有特色的例子，那就是长平之战，秦国名将白起的得意之笔。一般来说，虽然对敌军实施了包围，但在最后歼灭敌军时往往还是要通过惨烈的搏杀来完成，所谓杀敌一千，自损八百，己方还是很难避免人员的伤亡损失。兵法上有个词语叫做"不战而屈人之兵"，长平之战虽然不是中国史上最大的歼灭战，但它却体现了这种作战的思想。

# 目标是上党

后世说到长平之战的起因总是说是因为赵国贪图小利接受长党之地而导致长平惨败。比如太史公有"贪冯亭邪说，使赵陷长平兵四十余万众"之语。

要辨明这个问题还是颇为简单的，此时的秦国未必已经有了统一全国的总体战略，从之前的乐毅伐齐、阏与之战和攻齐刚、寿等地等这些事就可看出这些都是战略上的失策，第一个是损人而不利己，第二个是越韩魏而攻赵，第三个是用公器图私利。但自从范雎入秦为相提出"远交近攻"的战略后，秦国的战略方针逐渐明朗化，到了长平之战前，首当其冲的韩魏两国力量大减，已无力与秦抗衡，而之后秦虽数次攻韩魏却已经是在为攻赵做准备了，"秦昭王四十一年夏，攻魏，取邢丘、怀；昭王四十三年，白起攻韩陉城，拔五城，斩首五万。四十四年，白起攻南阳太行道，绝之。四十五年，伐韩之野王。野王降秦，上党道绝。"拿下这些地方都是为了分割韩国的上党地区和新郑的联系，从而拿下韩国上党郡，为攻打赵国创造有利的战略态势。

此时的上党分成数块，秦、韩、赵、魏各有一块，其中赵国占据了北部，韩国的上党郡在中间，魏国占据了东南一小块，秦国占据了西南一部分。一旦秦国占领了韩国的上党郡，我们从地图可以清楚地看到向北将威胁到赵国的太原、上党地区，向西可以威胁到赵国的都城邯郸，再加上原来魏的河内地，将从南西北三面形成对赵国的战略包围。特别是上党，这是原来晋国的旧地，其地势险要，向来有表里山河之称，海拔上远高于赵国邯郸一带的平原地形，将使得太行山成为秦国对赵国的天然屏障和进攻起点，居高临下之势一目了然。秦国夺取上党之地后，山东诸国将真正成为山东，当年晋国正是利用这样的有利地势，出太行向东南发展，一路势如破竹。可以这么说，一旦秦国攻取上党，则赵国危矣，山东危矣。

秦昭王四十五年，即公元前262年，秦国占领了韩国的河内地区野王县，断绝了韩国上党郡和本土的联系。韩国上党郡守冯亭不愿投降秦国，于是决定把上党献给赵国，依靠赵国的力量保卫上党。

当冯亭的使者到达赵廷时，赵国朝堂正在进行一场争论。平原君赵胜说：听说燕国宣布风能和太阳能归燕国所有。我们赵国再不采取措施的话，其他的资源也会被列国瓜分，因此我建议宣布宇宙归赵国所有。赵胜的建议引来了一片叫好之声，正当赵胜洋洋得意之际，冯亭又送来上党17城，除了平阳君赵豹外，接受韩国之上党郡成了赵国的共识。

秦国辛辛苦苦打了很多年仗，才形成了分割韩国的局面，不甘心上党落入赵国之手，本来此处就是计划内攻赵的基地，自然要全力争夺。昭王四十七年（公元前260年），秦国向上党大举进攻，长平之战一触即发。

# 廉颇战败

话说秦国以左庶长王龁为将，进攻上党，此时的上党算是个半殖民地半独立地区，一战之下冯亭不敌秦军，连连败北。赵国的反应也相当迅速，马上派廉颇率军驰援。从廉颇驰援上党就可知，赵国虽封冯亭为华阳君，但并未派重兵进驻原韩国上党郡，冯亭所辖地带有半独立性质。这是赵国的一个战略失误，如果在上党有重兵，王龁进展不会那么迅速。廉颇毕竟是个久经沙场的老将了，兵锋直指长平，他深知此地重要，如果秦军抢在他之前占领长平，那么他将陷入被动局面。

为什么？看看长平的地形就可知，长平是上党郡乃至赵都邯郸的西、南两方交通襟喉，亦战略屏障。秦此前既先占领以安邑（今山西夏县西北）为中心的魏的河东，后攻下以野王（今河南沁阳）为中心的韩之南阳，就在与赵的整个角逐中，无论暂先进攻上党，抑或最终直指邯郸，不外有两条山间战略孔道可走，即取乌岭（今山西翼城、沁水界）、空仓岭（今沁水、高平界）一线的西路也罢，取羊肠坂（今山西晋城南碗子城一带）、天井关（今山西晋城南）一线的南路也罢，长平都是战略捷径，是别无选择的必经之路。这就是说，只要廉颇有一支劲旅锐卒固守长平不失，则秦军不能蹑足上党，更不得接近邯郸了。

关于秦军进军的路线，向来有两种说法，见秦军进军示意图。

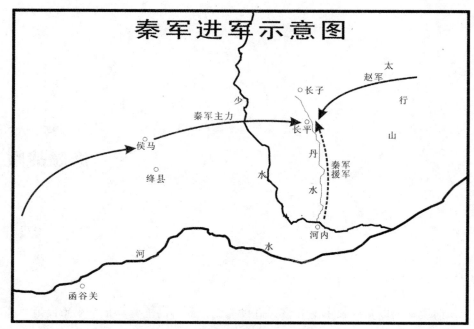

一种是由咸阳至侯马，再东逾乌岭进入长平战区。

因为这条路进入乌岭地区后山间崎岖，翻沟过梁，仍非坦途，所以后来有人提出了另一条进军路线。中国人民解放军武汉军区司令部就持这种意见。他们认为：秦国进军路线应为：北线为安邑—南阳—野王—泫氏—长平；南线为宜阳—缑氏—荥阳—长平。北线为进攻上党的主力，南线为掩护野王地区的侧翼。

看起来貌似后一种说法即从野王进军更容易些，其实不然。因为这有两大弊病，一是从野王北越太行山地形不利，是仰攻，没有地理优势。二是，从野王进攻有两线作战的危险，这一带刚刚被秦国占领，民心未附。俗话说根基不牢地动山摇，一旦进攻受阻，其侧后腹背就会遭到渭、韩的打击，野王难保。这种说法中有主力进攻和侧翼掩护两路秦军，貌似很有道理，但还是两线作战，秦军没那么多兵，后勤也难跟上。实际上"秦昭王四十六年，秦攻韩缑氏、蔺，拔之。"这次作战是为了进一步巩固新占领的野王县，保证它的侧翼安全。

从实际秦、赵两军在长平交战的情况来看，秦军应该走的是侯马这一条路。这个结合后文再说。而且这条路并不像人们想象的那么难，之前的阏与之战中秦军的进军路线也和这差不多，再之前白起攻赵拔光狼城那次也是走的这条路。

更重要的是，从这走，将获得地形优势，这是长平之战秦军获胜的重要因素之一，这也放到后文说。

而赵军的进军路线则没有什么争议，其路线为：邯郸，逾"太行八陉"的第四陉滏口陉（今河北磁县西北），再西行过壶口关（今山西黎城东阳关），始入上党腹地，从此折西南行，沿八谏水（今淘清河），经八义村（今长治县西南），过故关（今高平东北）进入长平战区。

廉颇虽然日夜兼程，到达长平，但他还是到晚了。现在都说赵军防线第一道在空仓岭，其实又不然。按照靳生禾、谢鸿喜两位先生在其《长平之战：中国古代最大战役之研究》中的说法：

空仓岭是第一道防线，其后是二鄣城，再后是丹河防线，丹河后靠南的大粮山是赵军屯粮处，七佛山和韩王山是指挥中心。总体来说问题不大，也证明了秦军确实是从西往东进攻，如果是从南向北攻，大粮山就成了前沿。那么现在唯一的问题就是空仓岭是不是在廉颇手上？

如果廉颇已占据空仓岭，并布置防线完毕，此地易守难攻，岂会被秦军轻易拿下？按照两位先生所言，空仓岭是赵军的西垒壁，秦军先占领了二鄣城，再破赵军西垒壁。可这样的话问题就来了，二鄣城在空仓岭东边，秦军是怎么越过空仓岭天险去打二鄣城的？史料上没有，只给了我们这样的话"赵军长平，以按据上党民。四月，龁攻赵。赵使廉颇将。赵军士卒犯秦斥兵，秦斥兵斩赵裨将茄。六月，陷赵军，取二鄣四尉。"这样一来就更清楚了，史料记载已经明言：赵军是在二鄣城失守后再修筑的西垒壁，西垒壁是因为二鄣城失守才临时修筑的。用现在的军事术语来说，二鄣城是永备防御工事，而西垒壁是野战临时防御工事。如果硬要把空仓岭认为是赵军西垒壁，那其修筑时间必在二鄣城失守之前。这样一来问题就解决了，廉颇和王龁都是善战之将，深知空仓岭的重要，于是都派军队去抢占空仓岭，廉颇派去的是裨将赵茄，而秦军速度稍慢，在赵茄到达时只有前面的侦察部队赶到了，只是一战之下，秦军侦察兵斩杀了赵茄击败赵军从而占领了空仓岭。

这在史料上其实也有体现。《战国策·赵策三·秦赵战于长平》：秦、赵战于长平，赵不胜，亡一都尉。赵王召楼昌与虞卿曰："军战不胜，尉复死，寡人使卷甲而趋之，何如？"楼昌曰："无益也，不如发重使而为媾。"虞卿曰：

"夫言媾者，以为不媾者军必破，而制媾者在秦。且王之论秦也，欲破王之军乎？其不邪？"王曰："秦不遗余力矣，必且破赵军。"虞卿曰："王聊听臣，发使出重宝以附楚、魏。楚、魏欲得王之重宝，必入吾使。赵使入楚、魏，秦必疑天下合从也，且必恐。如此，则媾乃可为也。"赵王不听，与平阳君为媾，发郑朱入秦，秦内之。赵王召虞卿曰："寡人使平阳君媾秦，秦已内郑朱矣，子以为奚如？"虞卿曰："王必不得媾，军必破矣，天下之贺战胜者皆在秦矣。郑朱，赵之贵人也，而入于秦，秦王与应侯必显重以示天下。楚、魏以赵为媾，必不救王。秦知天下不救王，则媾不可得成也。"赵卒不得媾，军果大败。

后面一大段话都是讲赵国外交决策失败导致没有得到其他国家的帮助，虽然也是赵国长平战败的一小部分原因，但和本文主旨无关，不探讨。前面这一句："秦、赵战于长平，赵不胜，亡一都尉。"在二鄣城赵军四尉被杀，而现在只说亡一都尉，此事应该就是指赵茄被斩杀之事，按理一个初战失利不应该引起这么大震动，以至于引来增派援兵和求和的讨论。那么如果是因为空仓岭争夺不胜，那就行得通了。秦军占领空仓岭后已形成居高临下之势，长平的西大门已不保，对赵军威胁极大，赵军陷入全局被动之中，在这种情况下引发廷议就很合理了。

也许有人会说，秦军从野王北上进攻不就可以先打二鄣城了吗？

现在来看看秦军不是从野王北上的原因和不能先打二鄣城的原因。前面讲过的就不再提了。假设秦军突破了太行山，那么行军的道路是怎么样的呢？

秦军从野王出发必然是走"太行八陉"的第二陉太行陉，又称天井关，然后北上途中还要先和魏国军队打一架，然后去占据"太行八陉"的第三陉白陉，再留下部队守着，然后再去攻打上党。不然的话呢，秦军的补给线就会暴露在魏军面前，随时会被魏军灭掉。见秦军侧翼示意图。

这里还有个问题就是按照史书的说法秦军是先打上党，冯亭战败后廉颇"军长平"接收了上党的军民，这样的话秦军还不能走直通长平的路，得先翻山越岭去打上党，然后再翻山越岭绕回来去长平和赵军交战。

假设这一切都不是问题，秦军到达了长平地区由南往北向赵军进攻，貌似是能先去打二鄣城了。实际上呢还是不行的，因为如果从野王出发北上进攻，

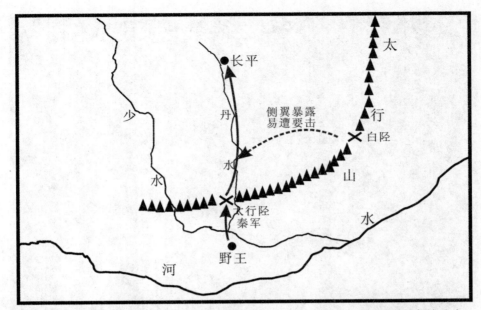

廉颇肯定要把防御前沿放在长平南晋城北的山岭一线，秦军是无法直接去打二鄣城的。

那么就算秦军动作快赵军动作慢，秦军先到达泫氏南山岭这一线，廉颇无法在这布防。那么廉颇只能以丹河以东高地、二鄣城、空仓岭来构筑自己的防线。看起来秦军好像可以使用本文前面说的中央突破分割赵军的战术，先打二鄣城，赵军的空仓岭和丹河防线就被一分为二了。

好，现在就算秦军能直接攻打赵军，中央突破去打二鄣城，可赵军的防御体系是个袋状的，去打二鄣城是往袋里钻，而且是由下往上仰攻，是典型的攻坚战斗，而且因为赵军占据了空仓岭和丹河以东的高地，受地形限制，秦军没有为其中央突破配套的迂回手段，反而侧翼受到极大的敌情威胁，在进攻的时候随时会被空仓岭和大粮山的赵军从侧面夹击然后切断退路。而且就算到了二鄣城并拿下了，赵军来个"关门打狗"，这批秦军也就完了。要是这样的仗，王龁能获胜占领二鄣城，那廉颇就可以从名将行列里退出去了，王龁亦可超越白起直接被称为"战神"了。

既然明确了空仓岭并不是赵军的西垒壁后，长平之战的第一个谜题：廉颇为什么战败就很容易解释了。先看真正的西垒壁在哪，见长平之战第一阶段示意图。

　　廉颇抢占空仓岭失败后并没有就此罢手，他深知空仓岭的重要性，于是他命令赵军前部屯于二鄣城——都尉城和故谷城，以保持对空仓岭高平关的威胁。王龁自然不会让廉颇采取攻势，秦军已占领空仓岭，呈居高临下之势，拔取二鄣城解除对空仓岭高平关的威胁成了当务之急。

　　六月，凭借地形之利，秦军攻破二鄣城，斩赵都尉四人，廉颇再次被迫后退。此时廉颇已经意识到他无法再争夺空仓岭，只能采取守势，这时廉颇才命令赵军建筑坚垒准备长期作战。从长平之战第一阶段示意图中，我们可以看到廉颇是摆了个正三角防御阵型，所谓的西垒壁就是正三角头上那个点，正三角底部依托大粮山、七佛山、韩王山等构筑为东垒壁。可以看到西垒壁因为在丹河之西，故谓之西垒，这样的阵型表明廉颇此时并未向秦示弱，他还是保持了在丹河西的一块前进阵地，这样在坚固自己防御的同时还想伺机反击。

　　然而此时秦军连战连胜士气正旺，王龁不会让廉颇插根钉子在他的阵型之中。而且这个西垒壁是廉颇在二郭城败后设置的，其前哨二郭城已被秦军夺取，故缺乏保护而呈一线平行之状。如果二郭城在，倒是能和西垒壁形成一个完整的防御体系，而现在的西垒壁已经完全暴露在秦军的攻击箭头之前。更重要的是，前面已经指出了西垒壁是个临时的野战防御工事，其坚固程度不及二郭城。秦军主将王龁亦深知兵贵神速的道理，他可不会留时间给赵军加强他们的防御设施，趁赵军在此立足未稳之机，试图速战速决。七月，在秦军猛攻之下，西垒壁赵军很快崩溃，廉颇再次被迫后退，将赵军全线撤到丹河以东。而这个西垒壁是符合《上党记》和《水经·沁水注》记载的："长平城在郡之南，秦垒在城西，二军共食流水，涧相去五里。秦坑赵众，收头颅筑台于垒中，因山为台，崔嵬桀起，今仍号之曰'白起台'。城之左右，沿山亘隰，南北五十许里，东西二十余里，悉秦赵故垒，遗壁旧存焉。"

连战连败的赵军退到丹河东后反而获得地形之利，虽然西垒壁被秦军占领，但还有丹河防线可以依托，而且廉颇利用这段时间加强了东垒壁的工事构筑，这对廉颇来说是必然的，他不会把所有希望都寄托在西垒壁一条防线上。而七月正是涨水期，秦军要攻打赵军东垒壁势必涉渡丹河，而且就算涉渡成功还要进入赵军居高环绕的河谷作战，作战难度大大增加，秦军进攻不再像之前在河西可以利用对自己有利的地形了；赵军也不再是仓促防御，而是转入坚固阵地防御作战。于是此时长平战事暂时进入相持阶段。

# 双方换将

　　战争进入相持阶段对双方都不是好事情，双方的军粮都要通过崎岖的山路进行运输，这就意味着后勤运输的压力进一步增大。4 月到 7 月正是农忙时节，而两国各有数十万强壮劳动力在前线打仗，当时的士兵拿起武器是战士，放下武器是农民，再加上运输所需要的人员，将是个庞大的数字，这对秦赵两国当年的土地收成不可避免地产生负面影响。从当时的几个小事情就可看出两军前线军粮吃紧，秦军在空仓岭设置空粮仓以迷惑赵军，空仓岭即因此而得名；赵军亦在大粮山有同样举动，而且赵国还有向齐国等借粮之事。

　　在这种情况下，秦廷计议决定对赵国实行反间之计，使赵军换将，以促成双方主力决战。在老范先生的主使之下，秦国间谍不断在赵国散布谣言："赵国能和秦军抗衡的只有马服之子赵括。"秦国的这个反间计其实在赵国是很有市场的，有深厚的群众基础，一是前面说的后勤开始慢慢跟不上了，赵国国内的粮食压力大增，百姓疲敝；二是廉颇连连吃败仗，丧军失地、有辱国体，现在在赵人眼里又是畏秦如虎、不敢出战。对赵人来说这样拖下去何时才是尽头？肩上的负担越来越重，心中的不满也就越来越多。在这种情况下，很自然赵人就希望出现一个英雄，而这个英雄就是九年前在阏与打败秦军的赵奢。当年赵奢在阏与轻松漂亮击败秦军，其故事早已成为赵人的美谈，其英勇的形象在人们的流传中越来越伟岸；而你廉颇却是屡吃败仗，一看就是个软蛋，这种对比在赵人的心里会越来越强烈。现在英雄赵奢虽然已经故世，但儿子赵括还在，老子英雄儿好汉，况且赵括向来有知兵之名，连老子赵奢都难不倒他，屡屡在和他的口谈中败北，所以让赵括为将的呼声在朝野上下越来越高是毫不稀奇的。于是，赵孝成王决定以赵括代替廉颇，前往长平。

这里顺便说下，史学界对长平之战的时间向来有三年和六个月的争议，我认为六个月毫无疑义。秦军就是在4月抢占了空仓岭后才和赵军接触交战的。按三年的说法，两军要相持两年多，才发生前哨战赵茄被斩杀，实在是太过匪夷所思了。

话题转回来，正因为现实的战况，国家财政的压力和强大的民意，赵廷决定换将是顺理成章的，秦的反间计只是起了推波助澜的作用，廉颇屡战屡败，换了任何一个国家都会换将。史书那么写强调反间计的作用，一是司马迁喜欢廉颇为廉颇找理由，二是《史记》中战国部分史料本就不完整，很多史料都是战国时纵横家们写的东西，里面一味给纵横活动家脸上贴金，吹嘘其游说能力之强足以改变当时形势，虚假成分太多太多。比如司马迁所采用的《乐毅传》里很多文字就是纵横家的捏造之文。

正因为赵括战败，前面的败军之将廉颇反而成了老成持重的英雄，很多脏水就开始往赵括身上泼。这些脏水里有很多是滑稽可笑之言。比如，司马迁说"赵括既代廉颇，悉更约束，易置军吏"，后世就纷纷攻击说赵括瞎搞，胡乱改变军中规矩，胡乱改变廉颇的部署。哪里瞎搞了？新将军赴任后自然带来他的一套规矩，而且赵括年轻，军中不服者必多，不换军吏如何指挥部队？下面的校尉们不听指挥，光有个将军这样的军队是没战斗力的。实际上司马迁的这句话反而说明了赵括是有一定管理能力的，确实是个有才之人，短时间内能抓住军队指挥大权，换掉不听令的骄兵悍将，一定程度上表现出了赵括的果敢和雷厉风行的作风。

但赵括和马谡一样，有才是有才，却极度缺乏实际战阵的历练，贸然指挥一场这么大规模的战争不是赵括能胜任的，当个参谋才是明智之举。像后世陈庆之这样的天才直接拜将的也没一上来就指挥几十万大军的。兵者，死地耳。一个初出茅庐的小伙去打这样超级规模的仗简直就是把战争当儿戏了，如果赵括像后来的霍去病一样从基层干起，先积累经验后为大将，也许能真正成为将才。

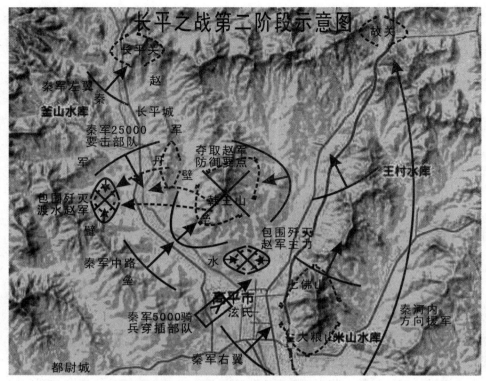

长平之战第二阶段示意图

赵国换将在当时的情况下是必须的，而换上赵括就太过轻率，也许还有赵孝成王年轻想要选用新人、扶植起忠于自己、自己也放心的势力的心理在作祟吧。

和赵国的轻率相比，秦国才叫老成持重，秦廷上下清楚地认识到长平一战关系到秦国的国运，虽然王龁在前线干得不错，但为更保险起见还是让头号战神白起出场，这才是对战争认真的态度。

秦国祭出了白起这张牌，表明了秦廷定下了在长平地区消灭赵军主力的总体战略构想。白起秘密到达前线后，第一件事就是看地形，看完两军阵势后，白起马上明白了王龁在接连获胜的情况下为什么止于丹河的原因。

在长平之战第一阶段，赵军并不是主动防守，而是一直在积极地采取攻势作战争取战场的主动权。只是廉颇连战连败，不仅未能抢占战略要地空仓岭，反而把丹河以西一线全给丢掉了。在这之后赵军被迫转入被动防御，在丹河以西构筑了严密的防御体系。那么白起看到的赵军防御体系到底是什么样的呢？见长平之战第二阶段示意图。

我们可以看到：赵军以长平关、故关、大粮山和七佛山为依托构筑了一个倒三角的防御阵型。长平关至大粮山为赵军的防御正面；长平关一线为赵军右翼，长平关为其支撑点；韩王山以及长平城背后的圣皇岭一线为其中枢阵地，韩王山为赵军指挥部所在地；大粮山、七佛山一线为赵军左翼，大粮山、七佛山为其支撑点；故关一带为赵军后方纵深，故关为其支撑点。这是从秦军正面进攻的角度来看的。

如果把观察角度偏转一点，可以看到赵军防御体系实际是以长平关至故关一线的百里石长城为纵深依托的，长平关和故关是赵军最基础的两个支撑点；在这个基础上，长平关向大粮山延伸、故关亦向大粮山延伸，构成了一个三角形，而大粮山就是这个三角形的顶点。实际上从这个角度看，赵军防御体系是从长平关和故关一线延伸出的一个突出部。

故关作为赵军后勤补给的必经之路，重要性不言而喻；长平关这个支撑点的存在牢牢地钳制了秦军北向长平的通道，保证了赵军右翼不会被秦军迂回，它的存在是对故关的安全保证；同理，大粮山、七佛山支撑点牢牢地钳制了秦军东北向故关的通道，而故关正是秦军东北向长平的必经之路，这样就保证了秦军无法从赵军左翼实施迂回，威胁故关。

对于秦军来说如果正面强攻，赵军以丹河为其防御前沿，丹河以东谷地距离其身后高地仅数百米距离，秦军强渡丹河会遭到居高临下的赵军的强有力冲击，这么点距离很不利于大兵团的作战。沿丹河南下至泫氏，地形稍稍平坦，然而此处赵军以韩王山和大粮山、七佛山构成一个袋状防御，秦军到此处作战正好进入赵军口袋阵，背靠丹河而身受赵军三面夹击，亦十分不利。

前面在巨鹿之战就讲过，正面没办法就要在侧翼做文章。但赵军的右翼以长平关为支撑点，凭借崇山峻岭构成，唯一的通道长平关被赵军牢牢掌握，想从这一翼迂回，那是想也别想。然而赵军防御体系并不是无懈可击，也有弱点，就是其左翼。正如刚才分析的赵军纵深底部实际上是由长平关至故关一线构成的，其正对着秦军的左翼大粮山、七佛山一线是个突出部，而且左翼所在的大粮山、七佛山与韩王山之间正被小东仓河谷地所分离，使得大粮山、七佛山在整个赵军防御体系中稍显孤立，更重要的是夺取大粮山、七佛山后能对故关直接实施攻击，同时亦能完成对赵军的一翼包围，对以韩王山为中心的赵军中枢阵地侧后实施攻击。

虽然看起来大粮山、七佛山一线有隙可乘，但实际操作的难度还是很大，毕竟赵军之左翼还是和其防御体系是一体的，要想夺取大粮山、七佛山一线对赵军实施战役迂回首先还是要解决正面攻坚的问题。

前面在汉尼拔的坎尼战役中讲过，只有压缩了敌军的防御体系才叫真正包围了敌军。现在秦军并没能包围赵军，只是在不停压迫赵军的防御圈，在面对赵军坚固阵地、赵军有生力量保持完整、战斗力相当强的情况下，秦军的正面强攻并不能取得很好的效果。因为赵军能依托有利地形反击秦军进攻，保持防御圈的完整，而且几乎没有空隙可以让秦军突破插入，在这种情况下秦军无法分割赵军实施战役包围。

在白起到达前线之前的这段时间里，王龁肯定想了很多办法，可是不管他怎么攻，赵军防线就是岿然不动，双方只能保持这样的对峙局面。现在白起来了，他是来解决问题的，他会怎么做呢？

　　白起参与了秦廷对赵国实施反间计的决策，当然很清楚让赵国换赵括为将就是为了让赵军攻出来，然而怎么让赵军攻出来并包围歼灭赵军就得靠他来具体执行了。

　　看完地形和赵军阵势后，白起的脑子里已形成完整的作战计划，他要动手了。在长津湖的陆战 1 师突围时我们就讲过，当一个防御圈向外拉伸时，往往是该防御圈最薄弱的时刻。现在白起要做的就是把敌人紧绷的防御圈拉出来，拉松后他好再打进去。那么怎么拉出来？最直接的办法就是改变双方的攻守态势，秦军不再正面强攻，向赵军示弱让赵军攻出来。也就是说白起认为王龁那套不行，把敌人压迫得太紧了，你压得越紧赵军就越是专注于防守，反而使得战力占优的秦军无法发挥自己的优势，他要改变王龁的作战部署。后世之人都是以成败论英雄的，要说白起到了长平军中后和赵括一样也改变了秦军的布置，只是最后白起打赢了，要是打输了那岂不是和赵括一样，也就成了白起的罪状——胡乱改变原来的得胜将军王龁的正确部署。

　　作战有时候和钓鱼是一样的，得给鱼儿吃饵才能让鱼上钩。可司马公只告诉我们这么几句话，《白起王翦列传》："赵括至，则出兵击秦军。秦军佯败而走，张二奇兵以劫之。赵军逐胜，追造秦壁。"《廉颇蔺相如列传》："秦将白起闻之，纵奇兵，佯败走，而绝其粮道"，这肯定不是全部，刚一新换主将就直接决战是让人难以置信的，除非赵括是个完完全全的蠢人，可赵括并不是，他很有小聪明，有小聪明的人是不会一下子压上全部赌注的，之前应该有一系列小规模的交锋才对。

我们不妨大胆猜测：白起命令王龁选择万余士卒分成三部，一部是精锐之士，一部是普通战士，一部是老弱病残，轮番和赵军作战。精锐之士肯定是胜多败少，普通战士是败多胜少，老弱病残是有败无胜，为的就是给赵括造成假象，秦军虽然能战，但现在赵军在我赵括指挥下，已经战胜多而战败少，胜负的天平开始向我倾斜。只有赵括产生了这样的心理，白起才能实施他的请君入瓮计划。随着心理的膨胀，赵括开始拟定进攻方案，编配突击群队，调兵遣将，将各守备队中的精锐部队集结起来。这么大规模的调动集结是瞒不过白起的眼睛的，白起明白，破赵时机已成熟。

终于，白起等的那天到来了，赵括并没有让他多等。赵括命令赵军分右中左三路向秦军壁垒发动猛攻，其中右路是小部队佯动，此处地形也不利于大部队作战；中路是主攻方向，目标就是突破秦军壁垒夺取二鄣城；左路亦是牵制进攻，保障中路军的侧翼安全。

白起站在指挥台上，看着赵军漫山遍野一路冲杀，中路秦军力不能支、节节后退，笑着对王龁和司马靳说："作战，亦通音律，跟着敌军节奏走的是败军之将；破坏敌军节奏而不让敌军破坏自己节奏的是高明的将领；而让敌军跟着自己节奏走的是高明中的高明。两位将军，可有破敌之策？"

王龁还在抓耳挠腮苦思冥想，司马靳笑道："赵军气势汹汹，似如迅雷，何不缓缓？"话音未落，一路败退的秦军凭借坚垒深沟开始抵抗，赵军先头部队已前进不得。

白起遥望远方，赵军中军举旗调动，似有指挥若定之象。再次回头笑问："赵军中军未动，前军虽缓，如之奈何？"

王龁一跃而起："待我冲杀一番。"

司马靳又笑道："唯乱之耳。"

好，写到这我们还是来看看关于长平之战最有名的一篇文章——靳生禾和谢鸿喜两位先生的《长平之战：中国古代最大战役之研究》中是怎么描述这次决战的。靳、谢二位先生博学多才，亲历山水、实地考究，实非我之所能及也，只是关于他们文中涉及军事方面的，小子不敢苟同，在前文中我已经提出了一些异议，比如空仓岭是不是赵军第一道防线之类。两位先生认为，白起两路奇兵，一路"以25000人向东北溯秦川水（秦河、秦水，今端氏河）河床直插仙公山，然后折东南即于赵军百里石长城防线背后，以断赵军粮道和援兵；另以5000骑兵强行突破已经放松了戒备的泫氏（今高平）、金门镇（今高平店上村）战略要点，然后向东北直插小东仓河河床一线，直扑故关，与包抄百里石长城后路的部队会师，从而将赵军一断为二，即使此线以北的赵军失去了大粮山的军粮和辎重补给，使此线以南的赵军失去了与主将的联系。"

话很长，其实很简单，两位先生的意思就是白起左右勾拳一起挥动，画了个圆就把赵国40万大军包围了。

两位先生说了25000人和5000人都是先头部队，后面还有很多后续部队。那么算25000那一路是数万人好了，一路翻山越岭偷偷地到了赵百里石长城后。这个这个，既然这路这么好走，数万人行动赵军都没发现，那早干什么去了？也许人们会说，这是奇兵，奇就奇在赵军的注意力都被前方的厮杀吸引了，所以没发现。虽然强词夺理，也就算通过吧。那么接下来的问题是，这数万人吃什么？总不能让他们空着肚子去长途迂回作战吧。

另外一路先头部队是5000骑兵，再加后续部队怎么样也得有个数万人，两位先生意思是他们杀进赵军防御圈就能一路杀到故关，然后和前面的部队会合了。这个说法在使用这5000骑兵上已经有点靠谱了，只是太夸张。问题还是，既然这么简单就能冲到故关，那早干什么去了？还用等白起来干这事吗？现在赵军在集结进攻，丹河谷地聚集了几十万赵军，这5000骑兵为先头的部队就能一路杀进去了？更何况七佛山和大粮山上的赵军随时能居高临下要击秦军。

我们就算这两路人马一路见人杀人，见佛杀佛，顺利在百里赵长城后会师。那么，完成这么大的包围圈包围赵军四十余万众得多少人呢？至少一百万。嗯，我没有别的话说了。

现在把话题转回来，我们自己来推断下长平之战究竟该怎么打？前面说到白起又开始给王龁一干人上教育课，领悟能力最强的司马靳认为现在到了破坏赵军进攻节奏的好时机。司马公在《白起王翦列传》中是这么写的："秦军佯败而走,张二奇兵以劫之。赵军逐胜,追造秦壁。壁坚拒不得入,而秦奇兵二万五千人绝赵军后,又一军五千骑绝赵壁闲,赵军分而为二,粮道绝。而秦出轻兵击之。赵战不利,因筑壁坚守,以待救至。秦王闻赵食道绝,王自之河内,赐民爵各一级,发年十五以上悉诣长平,遮绝赵救及粮食。"

我们现在开始研究,两支奇兵是怎么使用的?

第一支,也就是25000人的轻军,这就是司马靳说的用来破坏赵军进攻节奏的部队。其使用方法为,在赵军顿于秦军坚垒深沟之前时,从侧翼杀出,沿丹河西岸一线猛插入赵军阵中。作战,无论是突破还是分割,或是穿插都是为了制造或寻找敌军之中的间隙,从中强力插入。现在就是赵军前军和中军产生间隙的时刻,前军在丹河西侧进攻秦军壁垒,中军在丹河东侧向丹河西靠拢,这支轻军部队就是要利用赵中军尚未发动,从两军之间的结合部插进去。现在有学者根据秦始皇兵马俑出土的战车俑认为,长平之战秦军的25000名轻军就是这种战车部队,我对这个意见深表同意,只有在丹河河谷,尤其是丹河沿岸一线展开使用,才能发挥出战车部队强大的冲击和突破能力,这样才能迅速在短时间内分割赵前军和中军。

不过呢,这25000人的轻军部队的作战目标可不是仅仅要分割赵军。如果这25000人的目标就是分割赵军,那在长平之战中白起也就是歼灭赵军一部而已,这和白起的作战指导思想将赵军聚而歼之还有一段距离。白起在前面已经告诉我们:能让敌军的节奏跟着自己走的才叫高明中的高明。那这支轻军部队另一个作战目标是什么呢?

你我不妨把自己置于战场之中,当你看到自己的部队被秦军分割,即将被包围,请问你会如何动作?

毫无疑问,得救人,两面夹击秦军切入部队,恢复原来的战场态势。于是,赵括指挥他的中军向丹河移动了。这就是25000人的轻军部队的第二个作战目标,请你赵括跟我们动。按常理,现在中军向前军靠拢没有任何问题,不然这部分赵军有被秦军吃掉的危险,只是现在的对手是白起,白起打仗一环套一环,每步棋都有它的用法。

现在就可以来看看以 5000 骑兵为主导的第二支奇兵的使用方法了，这点上我是同意两位先生的意见的，骑兵只是突击的箭头，后面必须有大量的部队跟进填补才行。

白起在指挥台上看到赵中军发动，一脸的笑容更灿烂了，怎么看怎么都像个老狐狸。他一直在等着这一刻，如前所述，只有制造了敌军的间隙才有突破的空间，现在赵中军和身后东壁垒之间的间隙出现了。

只见令旗一挥，秦军突然从赵军右翼和中路军的结合部杀出，直扑赵中军和东壁垒之间的空隙，其势一看就是要阻绝赵军韩王山防御圈和主力部队之间的联系。等等，难道白起就是这样分割赵军成功的吗？

我不这么认为，这样并不是不能，只是会有很激烈的战斗，赵军不会让秦军轻易得逞。所以我认为这步棋是必需的，但不是那 5000 骑兵，或者 5000 骑兵的使用并不像我们想的那样是一路，而是两路。我们先看看现在的战场态势，还是见长平之战第二阶段示意图。

25000 人的轻军部队一边分割赵前军和中军，一边做诱饵引诱赵中军，可以说这步棋还是个虚招；另一支秦军，以 5000 骑兵中的一部为突击箭头，利用赵中军向丹河移动，向其身后留出的空隙迅猛突进，随后步兵大量涌入。

挨了这一闷棍的赵括迅速组织部队反击，这样我们可以看到，赵军的重心刚才是向前移（去救援丹河东岸的前军），现在又在赵括指挥下向右移（抗击突进的秦军，防止自己也被分割）。

那么，现在赵军的空隙在哪呢？对了，左翼。这才是白起的主攻方向，他选定的突破口，白起的第一目标就是要夺取大粮山、七佛山赵军阵地，当赵军重心右移后，秦军从自己右翼突破面对的是丹河谷地一片空旷的空地，极其有利于秦军迅速前进并投入大量部队。可见，刚才还是虚招。

现在，白起的杀手锏发动了，秦军在骑兵的快速突破带领下，飞一般插入赵军左翼，利用赵中军正两面接战的有利时机，直插赵军韩王山防御圈侧后翼，同时阻隔了赵军七佛山、大粮山防御圈和主力之间的联系，并利用大粮山、七佛山赵军阵地被分割的良机迅速投入大量步兵夺取该支撑点，第二梯队亦以此为依托在突击骑兵的引导下直指故关，完成对赵军韩王山中枢阵地的迂回包抄；

而秦军左翼另一突入的部队也利用右翼突破造成赵军混乱的有利时机基本完成了突破；赵军全面陷入不利境地。纵观这阶段的战斗，白起充分向人们展示了，怎么让敌军跟着自己的节奏走，这也是在徐晃破关羽之役里讲过的怎么调动敌军，只是徐晃调动关羽是为了制造可以突破敌军的薄弱环节，白起调动赵括是为了制造可以包围敌军的薄弱环节，两者有高下之别。

　　然而，这还并不是白起包围了赵军，还早，战斗才刚刚开始。光这样是包围不了赵军的，这样的话秦军兵力不足，这只是给秦军制造出了一个极其有利的战场态势。一般来说现在已基本形成包围赵括的战场态势，下一步就是完成包围、歼灭包围圈中的赵军，然而白起说，不。他要再次向人们展示战争的艺术，什么才是歼灭？

　　白起在完成上述态势后，没有进攻包围圈中的赵军，他很清楚此时进攻赵军，秦军在兵力上并没有占到优势，聚而歼之是很难的。他的做法是，我守。白起以跟进的轻军——战车部队的战车为临时野战工事，以阻挡包围圈中的赵军反扑；另一方面，跟随突入的后续部队迅速扑向他们的既定目标——赵军防御体系中的各山头、高地要点，此时赵军精锐主力在丹河谷地，留守部队自然不是秦军主力对手，虽然顽强抵抗，浴血奋战，但各要点还是一个个失守，惟留下一些特别坚固的壁垒还在支撑。

　　占领了这些制高点后，白起才能以他并不占优势的兵力包围赵军，现在秦军据险而守，马上在各要点布置重弩，一直在谷地里和赵军拼杀的秦军才能喘口气，整理队形，在战车和弩箭的掩护下缓缓向各要点退去。

　　而赵军虽然数次冲锋，但都被秦军依托轻军部队的战车击退，在突破无望，自己防御圈的要点慢慢被秦军夺取的情况下只能以丹河谷地中的金门山为指挥所就地修筑壁垒等待救援。

　　白起又笑了，看看身后一脸崇拜表情的王龁和司马靳道："歼灭敌军一定要进攻吗？围而饥之，饥而劳之，劳而疲敝之，亦可破矣。"在古代战争中经常在围攻对方坚固支撑点——城池的战斗采取长围法，白起告诉我们野战中亦可用长围法歼灭被围敌军。

　　而另一边，一直在后方盼星星盼月亮等消息的秦昭王终于等到了他想了很久的捷报，他的战神白起不负众望，成功包围了赵军，围中赵军无粮支撑，胜利指日可待。只是兵力不够，不足以阻断邯郸方向的赵军援军。秦昭王也是个雄才大略的主儿，在长平战事还在进行时他就命令有司在其他战场积极展开行动了。一方面扣留赵国的谈判使臣，制造秦赵正在就上党领土纠纷积极谈判的假象以迷惑国际社会；另一方面，又展开外交恐吓，威胁可能对赵国进行人道主义援救的齐、楚等国。这些措施取得了极大的成果，任何一个赵国的可能盟友都没敢支援赵国，哪怕是发表一篇谴责性的外交讲话。

现在白起包围了赵军，取得了秦国建国来空前的大捷，秦廷更是以此为基础发布了《上党自古以来就是秦国不可分割之领土》的主权宣言，宣告任何一个敢于侵犯秦国领土、威胁秦国主权的国家都将遭到强大秦军的毁灭性打击。

在此基础上，秦昭王知道前往长平的另一条通道——从河内北上之路已畅通无阻了，如果赵军还在长平和秦军对峙，秦军是万万不敢走这条路的，前进会受阻，后路又有被切断的危险，到时进退两难只有全军覆没。现在前进的阻力已不再有，魏、楚、韩等国慑于秦军军威，是万万不敢在没有强大赵军配合的情况下贸然对秦军进行要击的。

于是，秦昭王以五百里加急电报的形式命令河内地区所有 15 岁以上男子都编入现役部队，火速前往长平。白起得到这支有生力量后，采取以老带新的方式，把部分精锐骨干编入这支部队，直接将新到的 10 万大军使用在长平关至故关一线。至此，赵括的最后希望——邯郸方向的援军已无法进入长平战区，赵括插翅难飞了。


后面又没什么好说了的，白起坐在太师椅上一边等着赵括饿死，一边不失时机地给王龁和司马靳上教育课："看明白了吗？现在叫不战而屈人之兵。"正在训话时，得到前方报告：赵军主将赵括亲自带领部队向长平关方向突围，已被射杀在围城村；失去主帅的赵军军心涣散现已遣使请降。

白起长笑一声，霍然站起："受降！"


数日后，投降的赵军 40 余万众除 240 名年幼者外皆被坑杀在丹河谷地，丹河为之不流。

# 05

CHAPTER

第五章　队列和军阵

# 队列训练是战术训练

看了标题，很多人可能会纳闷，你不是写战术吗，怎么写队列训练去了？前面四章其实讲的不是基础的东西，还是有点深层次的，现在开始讲基础了。这队列就是最基础的，是指挥学的基本。你想啊，要是连排个队都排不好，还扯啥战斗队形什么的啊，还扯什么指挥部队啊。

可能很多人都经历过队列训练，有的当过兵，有的高中就有军训，有的大学受了军训。这段军训生活我们可能都记忆深刻，有首歌不是这样唱吗："立正、稍息、向右看齐、齐步走、一二一。"我现在在单位里坐着坐着动不动突然就是声大吼："Attention！ Eyes right！"单位里的人每次都闻声抬起头，然后互相交换下眼神："又开始发神经了？"

问大家，为什么我们要在大学入学前，或者新兵入伍时搞队列训练？

也许大家都会拿那时教官教的话来回答："是为了练军人军姿，练良好的气质形象。"

我说：不是。

队列训练可不只是立正、稍息、向右看齐、齐步走、一二一，这些只是单兵的基础动作，学这些是为了真正的队列训练打基础，为的是教会队列里的士兵们一个词："服从"。不知道大家有没有看过《阿甘正传》——我年轻时很红的一部电影，里面讲到阿甘参军服役，他的班长问他："阿甘，你到部队里来干什么？"阿甘"啪"一个立正："报告班长，我到部队来就是为了服从你。"他班长乐死了："阿甘，你真他妈是个好兵。"当每个单兵都形成了这种意识，或者说条件反射，就可以进入下一阶段了，去学习步伐变换，去学习队形转换，去学习集合离散，学会纵队变横队、横队变纵队，一个方阵变成两个方阵，两个方阵变成四个，四个变八个，八个再变成一个，集合队形变成行军队形，行军队形变成战斗队形……只有所有这些都学了，队列训练才算完成。但这些的学习并不只是在练军人形象、练服从意识，而是在练战术基础。可以说，队列训练就是战术训练。

# 马其顿方阵

　　现在我们来看看马其顿方阵的构成、战术和训练。这个方阵并不是亚历山大的发明创造，他可没专利权，是他家老爷子马其顿国王腓力二世对古典的希腊重步兵方阵进行改进而成型的，可以说是希腊重步兵方阵二代，是升级换代产品。

　　1.方阵的构成，这个我就简单讲讲。马其顿军每个团为1536人，分为3个营，每营512人。每一团都有自己的指挥官，但方阵却无指挥官。其最小的单位为一行，共为16人。每一行有一个"行长"，行长站在第一列，在他后面的两个人也是勇敢和技巧兼备的人员，每行最后一个人也是精选的人员。至于每个方阵有多少人，向来有16×16和32×16两种说法，不过关系不大。马其顿方阵因为是希腊重步兵方阵的升级换代版本，所以最大的区别在于所使用的武器和防具以及加厚了的方阵纵深。希腊重步兵方阵所用的是4米长的矛，握在右手中，另一手持防盾，其比马其顿人大。而马其顿的重步兵却装备着6米长的长矛，用双手来运用，其防盾挂在左臂上。把重步兵的主要攻击兵器放长了一半的长度，使他们对于传统的方阵，具有一种决定性的优势。这好像是把火器的射程延长了50%。因为当两个方阵相遇时，那个使用较长兵器的一方就可以先行杀伤敌人，而敌人却对他们无可奈何。除了长矛以外，马其顿的重步兵还带着一把短剑，并穿着胸甲、绑腿和头盔（一般是皮甲）。另一方面，其比希腊重步兵方阵更厚的纵深使得马其顿方阵得到的力的加成更加强大，冲锋突破时更有威力，而希腊重步兵方阵则不容易突破它。

2. 方阵的战术，现在一般谈到马其顿方阵无一例外都是说其弱点："只要设法不让它有个统一的战场，并且只攻其两翼或背面，而不攻其正面，就能置它于死地。一旦对方突破侧翼，矛阵中的长矛兵很难抵抗剑兵的进攻。对付密集箭阵的能力弱，无论是轻骑射兵，还是步射集团，只要能驱散轻步兵，列阵的长矛手几乎是任凭射杀。方阵对地形要求和配合要求有苛刻性，一旦地形不平整，容易被分割包围，阵形散乱必然会被杀掉；马其顿方阵在对付罗马军队时被击败，罗马人用散兵从各个方面进行袭扰和肉搏，方阵调转不灵，侧后空虚最终神化被破灭……"

这些有的对，也有的不对，但最关键的却并不是这些。战争到亚历山大那个年代早已是多兵种的协同作战了，任何一个单一兵种的布阵都会有弱点，单单拿方阵的缺陷说事是不全面的，而且马其顿方阵对方阵内士兵互相配合的要求并不高。

马其顿方阵的作战模式是非常简单的，512 人成一个方阵，1536 人成一个"品字形"方阵，三个 1536 人方阵成一个大方阵。之所以采用三角阵型，是因为这样能最大限度地发挥方阵冲锋，突破于一点的杀伤力。这是最常用的，当然根据情况的不同也有其他排列法。这个也是德军后来闪击战的雏形。

马其顿方阵真正的最大弱点是他们的战术，这种方阵的设计只为了一个目的——突破，也就是说在战斗中他们就干一个活——冲锋。$32 \times 16$ 的方阵把 512 人的力量聚成一个点，对敌阵实行冲锋，对一个点实施力的加成打击，以达成突破的目的。这是马其顿方阵的根本战法，是这种方阵威力之所在，但这恰恰也是马其顿方阵最大的死穴和被淘汰的根本原因——战法太单一了，单一就会缺乏变化，一旦被熟悉了解就再无变招了，那后果可想而知，虽然它对希腊重步兵方阵很有效。我经常说，足球、篮球等这些集体运动的战术和军队战术本质上是一回事。任何一种单一的战法都是没有生命力的，也是最容易防守和破解的。

3. 方阵的训练，马其顿方阵的训练可能是所有步兵方阵中最简单的，只要训练三个方面——A.32×16人走成一个整体；B.32×16人挺着长枪走成整体，无需去学怎么挥舞使用兵器，只要知道怎么挺着长枪冲锋，做一个突刺动作和怎么用长枪的尾端钉死地上的人；C.简单的集合离散。也就是说，用现代军队的队列要求去训练的话，一个月成军，两个月形成战斗力。这个方阵对人员配合要求是很低的，只要一起做动作就行，很好练。

我们之所以要学习队列，就是要分析队列对作战的影响。马其顿方阵正是其中的一个典范，我们都知道，军队的精良程度和其所受训练程度是成正比的，步兵方阵莫不如此，但马其顿方阵却是个例外，它以简单的训练却在当时的实战中发挥了惊人的战力。下面我们具体看下队列训练对军队战力的影响。

# 队列训练对军队战力的影响

## 一、西方军阵的发展

首先，我们来看看希腊重步兵方阵、马其顿方阵和罗马方阵之间的差异。

关于希腊重步兵方阵和罗马方阵的一些基本情况就不介绍了，就讲区别。网上介绍它们区别的文章很多，但本文只从队列角度来讲。希腊重步兵方阵训练时要训练哪些方面呢？基本和马其顿方阵一样：A.32×8人走成一个整体；B.32×8人一手持长枪一手拿盾牌走成整体；C.简单的集合离散。但因为马其顿方阵的长枪比它们长得多，而且16人的纵深比他们大。双方对冲时，摆明了马其顿人赢。马其顿胜在武器和队列的纵深（这里要说下，别看马其顿方阵、希腊重步兵方阵挺有名的，其实都是很低级的战法，就是一堆人拿了长枪对冲，谁冲过谁就赢。马其顿人拿着加长长矛，再加上方阵纵深比希腊人厚，肯定赢）。这还没什么。那罗马人的方阵呢？

罗马方阵训练时就不同了：A.20×6人走成一个整体；B.20×6人利用方阵中人与人2米的间隔和1米的前后距离进行队形转换；C.复杂的集合离散。训练的难度明显强于马其顿方阵，其难就难在队形的转换。但训练出来的效果也明显不同，这样的训练使罗马人能够摒弃长枪，使用大盾、短剑和标枪，这是武器上的变化。在进攻中，阵型上能够进行多种变化来实施各种不同的作战。

在战力上，能够进一步发挥出每个战士的战力，并能使士兵在战斗中进行替换。在防御中，即使被分割，各小队也能独立作战。其奥秘并不在于网上通常说的武器变了啊，阵型变了啊马略改革啊什么的。根本原因就是加了新的队列训练内容：队形转换。这才是武器运用多样化、阵型变化多样化的基础，所以罗马人才能在武器装备并不占优的情况下赢得了马其顿战争。

由此我们可知，马其顿方阵只是对希腊重步兵方阵的改良，并没有改变方阵对冲的实质。而罗马方阵却改变了古典的方阵战法，使方阵战术进入到一个新的阶段，其功效的产生在于队列训练程度的提高。为了让大家更明白为什么是进入了一个新阶段，这里还要简单讲一讲。大家不要误以为罗马方阵、马其顿方阵就意味着西方人的军阵就是方的，没有这回事。从军阵上讲，西方和中国的军阵没什么区别，都是在方阵这个基础单位上根据不同敌手进行各种不同的排列组合。而罗马方阵和马其顿方阵最大的区别就是使单位方阵具有独立作战能力，马其顿单位方阵是没独立作战能力的，而罗马人单位方阵照常打仗，这种改变使得战斗力大大提高，全部得益于队列训练难度的增加。从队列这个意义上说，这个也可能是西方第一次在武器没有进步的基础上的军事变革。但是这样做也有弱点，就是训练时间长，成军速度慢，形成战斗力慢。

其次，在武器发展基础上的队列训练，也就是说队列和武器发展是大有关系的。武器的发展变革总是对军队战斗力有着决定性影响，这种影响的一个表现方面就在队列训练上。这个非常好理解，军事家们总是会找出与武器进步相配套的队形。在冷兵器时代，虽然后世的阵型比罗马方阵有了进一步的发展，但密集队形并没有改变，这就是说，其实质依靠人的密集排列发挥冲击力的思路没有变化。随着火器的发展，密集阵型肯定不再适合，虽然军队作战的实质还是没变，依然是依靠人所持有的兵器发挥冲击力，但由于兵器变化了，不再需要依靠人的密集排列来发挥兵器的作用，队列也就从原来的密集型向散兵型改变。

我们看看火器对队列的影响。从击锤式燧发枪起，队列没有改变密集队形，开始的法国火枪部队编成5—6个横排，到有效射程后，除最后一排站立外，其他全部采用蹲下，最后一排齐射后蹲下填装，倒数第二排起立射击，然后是倒数第三排，如此循环。后来在普鲁士人手上又进行了改进，把横排延长，缩短了行数，提高了一次齐射的威力。我们可以看到随着新式武器进入部队，部队又可降低训练难度。

随着后装步枪进入部队，密集队形一下就不好使了，步兵可以卧姿装弹，火力也大大加强。那么是不是队列对军队的意义就不大了呢？那肯定不是，只是密集队形不好使，队列也要随着武器的变化而改变，散兵队形就出现了。我们不要以为散兵队形好训练，它的训练难度其实大于密集队形。我们要知道队列训练其实是练三个方面：一是部队的军容、士气和凝聚力；二是士兵在战斗中的站位、跑位；三是指挥官的指挥能力。散兵队形虽然散，却依然是错落有致，排列都是符合对火力发扬要求的，不是随便散开就完。这就得在士兵能学好整个队列的基础上再进行训练，而且对指挥官的指挥能力要求更高了。想想也想得出啊，原来密集队形时，指挥官只要指挥 $16 \times 16$ 人所占的面积就行，而且士兵们在一个整体中，做什么动作基本上是一起来，这好弄；散兵队形不一样了，$16 \times 16$ 人占的面积可能是以前的十倍，而且士兵做动作不是一起来，比如机枪什么时候响，步枪什么时候响，前进中哪组先上哪组掩护，指挥起来复杂得多。

随着更多更大的杀伤性武器进入战场，对队列的要求就更高了。飞机有飞机的飞行编队，歼击机和轰炸机等不同机种要求还不同，坦克有坦克的队列，舰船有舰船的队列……但是队列对于军队的意义却不会变。比如前面就讲了德军的闪击战的雏形就是马其顿方阵，我们看，当马其顿方阵成三角阵型向前突进时，由于前尖后宽，一旦突破成功，随着突破的深入，就是在敌人阵型上撕开一个宽度越来越大、纵深越来越深的口子。这和德军的闪击战理论、苏军的大纵深理论在根本上是一致的，我们可以说闪击战就是马其顿方阵的 ××× 版本。

## 二、中国古代的军阵

中国古代的军阵实质上和西方大同小异，演变过程其实也差不多，最开始战斗和西方人一样是人和人之间的单个较量，随着战争的规模化、集团化，单兵厮杀的威力远不能和群体配合力量相提并论，就应运而生出现了军阵。在《孙膑兵法》中将军阵分为 10 种：方阵、圆阵、锥行阵、雁行阵、钩行阵、玄襄阵、疏阵、数阵、火阵和水阵。需要提出的是，后两种是特殊阵法，其实就是战法，前 5 种是最基本的。和西方人的阵型一样，我们中国的军阵也都是以单位方阵作为军阵的基本。

为什么在我们的印象里中国和西方的军阵会不一样？一是由于我们的老祖宗就是喜欢给事物起个华丽好听的名字，于是就有了奇门八卦阵、八门金锁阵、两仪三才阵这些威风凛凛又玄之又玄的名称。二是由于民间传说和评书等的演绎，使得这些名字很玄乎的军阵变得更为神秘莫测。三是由于中国历史上以文制武的传统，出现了大规模的文人干涉军政的事，这些无知文人凭空想象捏造出了很多不切实际的阵法，比如宋朝的《武经总要》里提的一些军阵。西方社会也讲文官政治，但是在人家那里文官和军人的地位是平等的；而在中国特别是五代以后，文人视武人为二等劣民，并利用自己掌握的话语权制造武人是二等劣民的社会舆论，大大破坏了国家的军事力量。四是由于中国古代的战争规模远大于西方，所使用的军阵也更为复杂，对士兵和指挥官的要求更高。

实质上中国古代的军阵和西方军阵没有区别，都是以人的密集队形来形成更强的冲击和破防能力或更强的防御能力。在这我们不必探讨中国强还是西方强。因为各自都有自己领先的时候，非要去争个中国先出现什么的只是个虚荣。本来我也想写下马其顿和秦的较量，但想了想确实是关公战秦琼，理论上讲秦军在训练和战法上已经强于马其顿方阵，但亚历山大有支可能是当时世界上唯一的重骑兵部队，使得这种比较很难进行，因为我们谁也无法复原出秦弩对马其顿重骑兵有多大杀伤力，还要看是白起还是赵括来统帅秦军了。

在这，我们简单回顾下中国军阵的发展。

最早，上古时代，单挑、群殴。

其次，商周时代，车战方阵出现，配以辅助步兵方阵。

再次，春秋中晚期，独立步兵方阵出现，中国的步兵方阵从一开始就领先于西方，不单纯以单一兵器的使用来结阵，而是诸军兵种的协同作战。

再次，战国，步兵空心方阵出现，也大大早于西方，这是必然的——古中国对弓弩的重视和应用大大超过西方。差不多同时，骑射方阵也出现了。

稍晚些，战国秦汉，战车部队开始被主要使用于防御结阵，出现可活动的野战简易工事，比如卫青的武钢车阵，这个远远早于西方。

稍晚点，汉，重骑兵方阵也成型。这个比西方晚。

稍晚些，三国，重骑兵方阵得到强化，一般认为马镫最早用于三国时期。

随后，南宋初年，就是步兵方阵中弓弩手再次强化的方阵——叠阵法出现，也大大早于西方的线性战术和日本人织田信长的火枪三段击这些同类战术方阵。

再随后，明，冷兵器时代军阵的极致——鸳鸯阵出现。

再随后，清晚期，散兵阵型出现——太平天国的百鸟阵。这时就大大落后于西方了。

## 三、重要的还是现在

从世界军事几千年的发展和上文的论述我们可以知道，队列和兵器的关系是这样的：队列的发展随着兵器的发展而发展，一般来说当双方兵器相差无几时，队列的灵活多样性就成了战争的一个决定因素。因为我们知道队列其实是战术的基础，那么这句话可以这么说，当兵器相差无几时，战术的灵活多样就是取胜的关键。这对我们中国意义尤为巨大。其实我一直说朝鲜战争对我们中国人来说是要重点研究的，这场战争志愿军在军事科技、武器装备远落后于美军的前提下，和美国人打了个平手，靠的就是战术的灵活多样。在网上经常有人说中国军队人多，这是胡说，但也会让我们很多人有个误区，中国兵力多。在这要讲个概念，到了现代战争，研究时不应再出现兵力这个词，这是研究古代战争用的。现在通常的说法是兵力火力，但也不完全好，何不以战力来描述呢？可以把一个单位的士兵所发挥出的火力称为战力。这样我们就可清楚地看出朝鲜战争时，中美陆军战力、海空军战力的比例关系。仅以人多来描述是很不严肃或别有用心的。

现在，世界军事因为美国的原因，普遍都有武器制胜的思想，在军事上总是想在武器装备上取胜的思想在西方是有历史渊源的。西方人向来崇尚力量，自古以来正面对决基本就是他们的战斗模式，凭借强有力的力量突破取胜。这就使得西方能正确按照军事教材来指挥军队的人很多，真正的名将很少，也就是拿破仑、恺撒、汉尼拔、亚历山大那么几个。自西方人开始殖民战争起，这种情况更变本加厉了，老是火枪大炮对弓箭长矛，更让他们尝到了武器领先的甜头。第二次世界大战与其说是盟军战胜了德军还不如说是盟国拼国力、拼经济、拼人数、拼装备数量，硬是拼赢了德国人。我们都得知道军队的战斗力和两方面因素是结合在一起的，一是军事科技和装备水平，二是部队的战术素养和指挥官的战术水平。美军的军事科技和装备水平好不好？好。美军的战术素养高不高？高。美军指挥官的战术水平强不强？不强。从朝鲜战争我们就可看出，如果志愿军的战术和美军一样僵硬教条，和美军一个套路来打，两个礼拜就会全线崩溃。

　　现在的中国发展军事科技没有错，这是生存之道，但一味地向美军的套路上靠完全丢掉了传统是肯定行不通的。本节是讲队列的，前面就讲队列对军队有三个方面的意义：一是部队的军容、士气和凝聚力；二是士兵在战斗中的站位、跑位；三是指挥官的指挥能力。所以，重视队列训练在任何时候都是十分重要的。

# 吉达斯浦河会战

在开始战斗之前，我们还是按照惯例，介绍下双方将领。

一方是整个西方的全民偶像、世界的征服者、战神的宠儿、女性的"杀手"、多项世界纪录保持者，甚至被西方人吹嘘为天下无敌、举世无双、盖世英雄、混世魔王，他是来自马其顿的帅小伙——亚历山大。据说他出生时一手指天、一手指地，宣称"天上地下，唯我独尊"，另根据不完全统计他在全世界的粉丝超过20亿，是全世界女性的梦中情人。

一方是保拉瓦的国王波鲁斯。完了。

## 一、双方兵力

波鲁斯：4000骑兵、3万步兵、300辆战车、200头战象。

亚历山大：禁卫骑兵5300，阿拉恰西亚和巴拉巴米沙达骑兵2000，骑射手1000，印度兵5000，禁卫步兵3000，方阵步兵10752，弓弩手2000，标枪兵1000，其他轻步兵1000，希腊佣兵骑兵500、步兵5000。共计，骑兵8800，步兵27000人。

## 二、双方战术

波鲁斯方面：战象冲击，冲散对手的队形；战车、骑兵跟着上去从侧翼砍；步兵跟着上去从正面砍。完了。

亚历山大方面：骑兵先砍对方骑兵，一般砍完后对手步兵就跑了；要是不跑，从侧翼包抄过去，一般对手步兵就跑了；要是还不跑，马其顿方阵发动，冲上去，要是冲散了对手阵型，骑兵就猛砍分散的步兵；要是一下没冲散，骑兵就配合方阵步兵砍对手步兵的侧翼和背后。这个就是亚历山大的惯用战术。

不过这次对手波鲁斯有"大规模杀伤性武器"——战象，马其顿重骑兵再厉害，战马对阵战象，象儿只要小小一发威，战马就会吓得四散乱逃。

其实我们可以看出，双方战术实质是一样的，都是强力突破对手阵型，然后砍失去阵型保护的散兵。古代战争就是这么回事，特别是西方，这样砍人砍了好几千年。我们一定要树立这样的眼光——这样砍人比较低级，只是战争的低级表现形式。是的，我们中国人也这么砍人，只不过此砍人非彼砍人，砍人前已经做了很多功课。

## 三、砍人过程

### （一）不愿被砍的波鲁斯

砍人可能是亚历山大最爱好的事情，他对于亲自率领骑兵队去砍人总是兴致盎然。但波鲁斯好像没有配合的意思，他显然没有被亚历山大好好砍的打算，这是肯定的，谁会对被砍也充满兴趣呢？

战役名称叫吉达斯浦河会战，顾名思义双方的战事是在这条吉达斯浦河边发生的，顺便说一句，吉达斯浦河是印度河的一条支流。河流，向来是将军们喜爱的可利用地形，波鲁斯也是老兵，这个浅显的道理不会不懂。他沿着河，在能够涉水的地方都派出了大象和哨兵，虽然他相信他的战象不是马其顿人所能抵御的，但能不打就赢何乐而不为呢？这是孙子里的"不战而屈人之兵"，很明显波鲁斯还是有东方人的智慧的，拖死你们、饿死你们这帮侵略者。只是波鲁斯国王虽然有正确的战略却没有拿出正确的战术来配合他的战略，这位老先生也是个死读兵书的书呆子，他采取的纯粹防御是不能帮助他执行好他的战略的。我们在前文就说过，孙武子早就嘲讽过这种纯粹的防御——"敌分为十，我专为一，是以十击其一也"。在这么长的防御正面，要想做到没有空隙，就凭波鲁斯的兵力是不够用的，就算够用，想要分散他的兵力也很容易。作为一个指挥官来说，波鲁斯只是个三流的将军而已，所谓三流将军就是能正确按照作战的一般规律来打仗的将军。

（二）西方人大肆吹捧的渡河

波鲁斯不准备跟亚历山大好好对砍，这极大地激怒了高傲的亚历山大。你不让我过河，我就非要过河砍你。亚历山大首先让塔西拉国王盎庇斯（印度一个小邦国王，现在是马其顿军的仆从军）征集大量粮草，并到处放话，声称打算在这里长期驻扎，等待季风过去。几天以后他突然命令部队到河边集结，制造大批充草皮囊做成的筏子，大张旗鼓准备渡河。波鲁斯非常紧张，沿河部署军队严阵以待，结果马其顿军队忙活一阵以后一哄而散回营休息，让印度人虚惊一场。接着亚历山大又命令马其顿骑兵沿河往来奔驰，好像在寻找其他渡河地点，印度骑兵高度警惕，在对岸沿途跟随。这样的闹剧反复上演了几次，波鲁斯开始掉以轻心，只布置岗哨戒备，不再派大军出营。这些在中国史书里一般就是这么句话："多设疑兵"。

这年亚历山大29岁，这可能是他的征战史中，要了最多花招玩了最多脑子的一次。要完了这些花招后，亚历山大在马其顿大营北面17千米的上游河段选定渡河地点。为了保证渡河成功，亚历山大对兵力进行了分配。

马其顿将领克拉特罗指挥牵制部队留守大营，这支部队有禁卫骑兵1000人，阿拉恰西亚和巴拉巴米沙达骑兵2000人，两个团的重装步兵3000人，以及 5000 印度仆从军。

他所奉的命令是："在波鲁斯尚未向北运动以抗拒迂回兵力或自动逃走以前，绝对不准渡河。

但是，（亚历山大说：）假如波鲁斯率领了一部分兵力去对抗我，但另一部分兵力仍留在营中，而且还有战象时，则你还是留在原地不动；不过假如波鲁斯把他的全部战象都带去对抗我，而只留下了一些兵力在营地中时，那么你就应倾全力渡河。因为只有大象能够阻止骑兵渡河，其余的兵力无法扰乱我们。"

而亚历山大则带领迂回部队悄悄北进渡河，途中再次分兵，由美利格率 3 个团的重装步兵和一些希腊雇佣军共 5000 人停留在途中某地，组成第二攻击波，伺机渡河攻击印度军队的侧背。这样亚历山大亲率的迂回部队只有近卫骑兵 4000 人，骑射手 1000 人，近卫步兵 3000 人，重装步兵两个团 3000 人，游击步兵 2000 人，以及弓箭手 2000 人，总兵力 15 000 人。

午夜过后，亚历山大率军抵达渡河地点，先期到达的后勤部队早就组装好几十艘 30 桨的快艇，并准备了数百个皮筏。亚历山大选定的渡河地点有个长 4 千米宽 2 千米的河心岛，岛上遍布树木，中间还有一条山谷。马其顿军队先依次渡河登上这个小岛，隐藏在山谷中，等舟船运到小岛的东南角再陆续渡过东侧河道。此时正巧天降瓢泼大雨，掩盖了大军渡河的喧嚣。亚历山大乘坐快艇率先渡河，登上对岸以后才意外发现这不过是另外一个小岛，真正的河岸还在几百米以外。这个岛狭长平坦，缺乏植被，部队根本无法隐蔽，很快被对岸的印度哨兵发现。亚历山大见情况紧急，断然下令部队涉渡。虽然这一侧的河道由于泥沙冲积，河水只有齐胸深，但水流湍急，很难立足。马其顿将士冲进河里，每匹战马拖拽三四个士兵，奋力渡河。最先登上东岸的是骑射手，他们立刻组成一道屏障保护登陆点。拂晓时分，马其顿军队全部上岸，亚历山大率领骑兵部队向南疾行，打算趁印度军队行军途中发动突袭，步兵列阵完毕远远跟在后面。

马其顿军队登上第二个小岛时，波鲁斯就接到报告。波鲁斯决定先派遣他的一个儿子率领 2000 骑兵和 120 辆战车北进，试探马其顿渡河部队的虚实。没有任何悬念，这支印度先遣部队遭到亚历山大近卫骑兵的迎头痛击，波鲁斯的儿子和 400 名印度骑兵战死，120 辆战车全部被缴获，残部逃回报信。波鲁斯这才确定渡河的是马其顿主力。他留下一部分步兵和战象监视克拉特罗的牵制部队，自己率领主力北进 8 千米，选择一个没有黏土的既硬又平的地点布阵，等亚历山大来攻。

西方人对亚历山大的过河行动一如惯例地大加吹捧，美国西点军校的教科书里甚至有这样一句："吉达斯浦战役是现代研究攻击设防河流的战术原则的基础。"虽然吹得神乎其神，但在中国战史中，这真算不上什么了不起。

## （三）骄横的亚历山大

亚历山大虽然耍了很多阴谋诡计，但我们还是要看到他耍了计策后的目的是要和印度人来场正面会战。虽然西方人把这次会战吹成是亚历山大的经典，但我一直认为从作战来看，没什么闪光之处，反而危险重重，还有很多问题。这个渡河后去找对方主力决战就是一个。亚历山大赢惯了，自信到了骄横的程度。我们来看看，他这样做有哪些问题。

第一个，骄兵必败。刚才就说了，亚历山大太自信了，自信到骄横的程度，他就是相信正面会战他能赢。这从他渡河后的动作看得很清楚，他是去找波鲁斯搞主力会战去的，这是他的战略目的，渡河就是为了执行他的战略意图。虽然他没败，打赢了，可赢并不是靠他战术的成功，而是有很多运气成分。这种骄傲的心理永远都是隐患，运气不可能每次都眷顾他。

第二个，为什么说他骄横呢？我们可以问一个很简单的问题，如果战败他有退路吗？没有。如果战败，吉达斯浦河就是亚历山大的葬身之地。一旦战败亚历山大连逃的地方都没有，指望留在大营的一万多人来救他那是妄想，要是能强渡还费这么多劲耍花招干吗？

这可是真正的背水阵啊，韩信的背水阵那是因为韩信在水中还有预备阵地，打不赢可以往船上跑，而且还有绕到敌后行动的别动队；项羽破釜沉舟那是因为往前赶就是陈余的赵军大营，我们来救赵国，你赵国就得负责给我们提供好吃的、好喝的，所以不用带辎重，不用考虑补给。亚历山大呢？什么都没有，既不在渡河点设立营寨以保证退路安全，又不派骑兵包抄敌后牵制对手以便让后续部队跟上，就带着人马直接过去砍人了。一旦败北，后果不堪设想，这是典型的"先战而求胜"。我们老祖宗早说了，先考虑败再考虑胜。

第三个，使用兵力的不合理。要知道，亚历山大此战投入会战的顶多就两万人，老营里的牵制部队并没有投入真正的会战。这占他总兵力三分之一还多的部队在会战中没有发挥作用，只在亚历山大渡河时起了牵制作用，在亚历山大胜局已定时进入战场做点扫尾工作。也就是说亚历山大并没能集中优势兵力和印度人开战。这样使用兵力是很有问题的，硬生生地把自己的部队分割成两部分，风险很大。只是他的对手印度波鲁斯实在太菜，不会把握机会。看个差不多的，曹操在官渡还不是去搞主力决战，只是去奇袭乌巢，都差点不能全身而退。你说，要是亚历山大他只有这么多兵也就罢了，可他还有一万多呢。那么，是不是这一万多人的牵制兵力用不上啊？也不是，看看曹操就知道。比如，亚历山大可以一边修营垒，一边派骑兵去骚扰敌后，一边让这一万多人到他渡河的点来。只要晚一天开战，他就能集结他全部的兵力。西方史学家经常称赞亚历山大非常善于合理使用兵力，在这个时候就装作没看到，一声不吭了。

为什么亚历山大会这样？他可是西方人口中的第一名将啊。只有三种可能：

1. 此时的他被以前的一连串胜利冲昏了头脑，骄傲到了极点。

2. 亚历山大的军事思想还没进入新的高度。这点展开讲一下：亚历山大渡河是为了会战，无非在那个时候，军队的纯粹防御都是被视为示弱的表现，是实力较弱的军队没有办法之举，所以让他有信心去击败印度人。如果亚历山大碰上的是中国同时期的高手，人家会很好地给他上一课，我向你示弱是因为我内在的强大，这就是孙子说的"怯生于勇，弱生于强"，等真开仗，亚历山大必然会吐血，你们实力这么强大还不好好地和我堂堂正正打一架，还玩诡计骗我让我以为你们很弱。

3. 亚历山大有绝对的把握打赢。如果真是这样，那一切问题都不再是问题，亚历山大就是有西方人说得那么神。可，真的是这样吗？我们看看双方砍起来后的情况就知道了。

（四）开始砍吧，我都等急了

我们先看下亚历山大的惯用阵型，中间是马其顿方阵，弓弩手和轻步兵保护方阵的侧翼，右边是禁卫骑兵，左边也是禁卫骑兵再混合一点其他骑兵。

我们可以认为方阵是亚历山大的胸部；右边的骑兵是他的右臂，这是进攻的；左边的骑兵是他的左臂，这是防守的。

但在吉达斯浦河会战中由于兵力不足，亚历山大没有排出这样的阵型。我们看下双方布阵。亚历山大：五个马其顿密集方阵共8000人组成阵线左翼，前沿是2000轻步兵和2000弓弩手；阵线右翼是3000近卫步兵、4000禁卫骑兵和1000骑射手；其中2000禁卫骑兵由寇纳斯指挥，在亚历山大观察印度军阵型后被调整移动到马其顿密集阵的后边，隐蔽在密集阵林立的长矛后面，等到印度骑兵出击以后立刻向其侧后方发起猛攻。

波鲁斯：首先第一列都是大象，大约100头，每一头象之间相距约30米，所以它们在整个步兵战线的前面构成了一条线，足以在所有的点上使亚历山大的骑兵望而生畏。无论如何波鲁斯认为敌人是绝不敢从大象之间的空隙中进入的，因为骑兵的马看到象就会惊恐乱跑，如果是步兵从大象之间进入，则他们会受到后排重步兵横队的阻挡。而大象又可以回转身来践踏他们。在大象的后

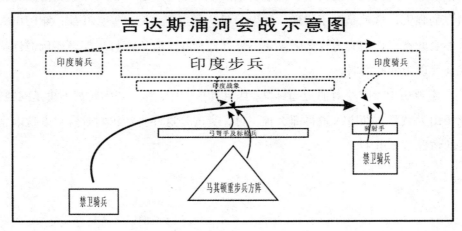

面，是近 30000 步兵阵线，每个方阵大约 30 米宽，排列在战象之间的空隙位置。同时步兵的两翼也长出了大象线（第一线）之外。3000 骑兵则部署在步兵战线的两端上，前面摆着战车。见吉达斯浦河会战示意图。

亚历山大还是用他的惯用手法，把对手骑兵引出来先加以歼灭，这一套他已经玩得炉火纯青，我们无法否认他确实是个优秀的指挥官。为了对抗马其顿骑兵，波鲁斯把他右翼的骑兵也调到了左翼，亚历山大先让他的骑射手去引诱印度骑兵，被阵阵箭雨射得按捺不住性子的印度骑兵果然向他的骑射手冲来，可是这正中亚历山大下怀，可怜的印度骑兵遭到了亚历山大和寇纳斯指挥的马其顿禁卫骑兵的夹击，没有任何悬念，印度人战败，剩余的骑兵向象阵后躲藏。这时印度军左翼的战象在驭手驱使下迎上前阻挡马其顿骑兵。

在这个时候其实印度人的第一个机会出现了，如果这部分战象能一直保护他们的左翼，马其顿骑兵将和他们的步兵方阵暂时失去联络，可是波鲁斯明显没有在瞬息万变的战场上把握战机的能力，在马其顿骑兵面对战象退让后，整个印度象阵向正面前来的马其顿步兵方阵发动了进攻，而没有战象去保护他们的左翼，本来是骑兵在保护，可骑兵被亚历山大打败后暂时没完成下一次集结。没关系，失去了第一次机会还有第二次。

前文就讲过马其顿方阵其实只能执行单一的战术——正面突破敌人的阵型，它能强于希腊重步兵方阵是因为它的长枪比别人长，它的纵深比别人厚，这样冲击力就强于对手。可在面对比它更强劲的对手——战象时，它没有任何的优势；而且因为队列训练程度低下，无法变阵以对抗对手。这种正面的硬抗，强者必胜，马其顿方阵在印度人预料中被战象冲散了。

现在印度人的第二个机会来了，被冲散的马其顿方阵的防御能力可以忽略不计，其实对马其顿人来说，战败就在眼前，随时都可能发生崩溃。这本来是印度人最好的机会，胜利就在眼前了。可是因为印度人全部战象都在冲击马其顿方阵，没有保护侧翼的战象，这给了亚历山大挽救自己部队的可能。印度骑兵看到他们的战象和步兵已经发动冲击，于是又集结起来冲向马其顿骑兵。可是这没用，凭他们保护不了自己部队的侧翼，在马其顿骑兵面前印度骑兵再次败退。亚历山大做出了挽救战局最关键的一步，马其顿骑兵跟着印度骑兵冲了进去。

　　这，为马其顿的步兵们赢得了最宝贵的时间。本来战象冲散了马其顿的阵型，接着应该是印度骑兵攻侧翼，步兵正面压上，可亚历山大带着他的禁卫骑兵不要命地冲了进来，使得印度人无法立即展开对马其顿步兵的屠杀。这用生命换来的时间非常宝贵，第一线的马其顿轻步兵和弓弩手玩命地攻击战象和它们的驭手，他们必须在亚历山大为他们拖住印度人的这段时间里阻杀这些巨兽。这个时候整个战场是一片真正的混战（我们得知道，古代的战争和现在一样是有层次的），马其顿步兵在攻击战象（用战斧砍象蹄，用波斯弯刀剁象鼻，什么武器都尝试过了）、在攻击驭手、在抵御印度人的攻击；马其顿骑兵在攻击印度骑兵、在攻击印度步兵；被攻击的战象在踩人，不管是印度人还是马其顿人，场面乱成一团。

　　在射杀了大部分战象驭手后，胜利的天平终于向马其顿方面倾斜，失去驭手的战象不分敌我，见人就踩，很多甚至转身向印度人冲去，现在印度人自己也毫无阵型可言，他们彻底失去了赢得战争的希望，这场面让我们想到了昆阳之战。最后当所有战象都无力再战时，印度人的末日也就到了，亚历山大带领禁卫骑兵包抄到了他们后方，老营的马其顿人也终于赶到战场，不过他们已经没多少事干了。正面面对马其顿步兵，后面是马其顿骑兵，建制已混乱的印度人无法再组织起来，只能各自为战，在那时各自为战就意味着被敌人屠杀。战后印度人阵亡12000人，9000人被俘。马其顿人战死骑兵280人、步兵700人，按照古代作战战死和负伤比例1比10计算，马其顿人有1万人受伤，代价非常惨重。别看印度人死了那么多，其实大部分是在最后编制散乱被杀的，在混战中双方的伤亡其实差不多。

　　现在我们可以回答之前的疑问了："亚历山大有把握打赢吗？"会战的经过很明确地告诉我们，他没把握，他甚至差点输掉了会战，这只是一场五五开的较量，亚历山大可能赢也可能输，只是他的幸运女神始终没离开他。赢了，很勉强，很幸运。这，不应该是一个名将的战斗，而更像是黑帮街头混战，是典型的"先战后求胜"。

　　战后的一件事能更好地印证我这一评论。会战后不久，马其顿军队发生了一场著名的哗变，他们拒绝再继续前进。你难以想象，除了亚历山大，还能找出历史上哪个著名的将军的部队会发生这样的事。对于这场哗变，西方史学家们已经有了诸多解释，我们就不提了，但有一点一直被他们故意遗漏。那就是在吉达斯浦河会战中惨重的伤亡是引发哗变的直接原因，是导火索。寇纳斯的话表达了马其顿士兵的心声："他们每个人都希望能活下来，带着征战多年获得的财富衣锦还乡，和他们的父母妻儿重逢。"

亚历山大要进行征战是因为对荣誉对征服世界的渴望，马其顿大兵们打仗是为了抢劫装满行囊发大财。如果这时他们的囊中空空，那么人性的贪婪就会战胜一切，他们就会继续征战。可现在他们个个都是财主，在亚历山大的指挥下，如果胜利还是像以前那样来得那么容易，他们也不会反对自己去成为更大的财主；可当胜利变得勉强而艰难，他们就不再愿意冒着生命危险去打仗。人生最可悲的事是：人死了，钱还没花完。马其顿大兵们深深懂得这一点。他们都是久经沙场的老兵，他们很清楚，再来一次吉达斯浦河会战这样的战斗，谁也不能保证还能赢。

这才是哗变的导火索，可这原因不能提，更不能去分析，因为亚历山大是西方史学界的偶像，是英雄。吉达斯浦河会战是被西方史学界称为亚历山大的经典战例的，他们可不会干推翻他们仅有的几个军事天才的事。

写了很多，但还是不能遗忘本章的主旨——队列。从会战经过我们就可以看到，马其顿方阵由于训练的原因（队列训练）使得它的缺点和优点一样突出，在遭遇更强力的冲击时，就无法抵挡。我们看下，比它训练程度更高的罗马方阵就比它强得多。在扎马会战中，面对汉尼拔 80 头战象的冲击，罗马方阵凭着它灵活的阵型很轻易就化解了，战象无法造成罗马方阵的混乱，也就不用面对亚历山大所面临的危险局面（虽然西方一再强调，汉尼拔这些战象很多没好好训练过，不管这是不是西方人为汉尼拔这个他们心中的英雄战败而找的借口。从冲击力来说，相差并不大，从制造混乱来说，基本一样）。可以说，这就是队列对军队的意义。

# 06

## CHAPTER

# 第六章　战场移动

　　战场移动包括行军和输送两种。不管采取何种方式，其目的都是为了争取战场主动权，创造出有利于己方的战场态势。其核心就在于"速度"二字，正如世界上各种掠食动物一样，速度是捕猎成功不可或缺的保证，速度也一样是军队战斗力的重要组成部分，是获得战斗胜利的坚强保证。孙子在两千多年前就说了军队要"其疾如风"。行军一般分成徒步行军和摩托化行军，我无法说清楚一天行军多少千米是个合理的数字，世界各国各个历史时期对此的认识都不同。只能说以徒步平原行军为例子，一般白天每小时5千米，夜晚每小时4千米；如果是急行军或强行军，那可达到每小时10千米或每小时7—8千米，不同的只是急行军因为使用最快的速度一般只能保持几个小时，强行军一般是连续的高强度行军。以前的红军就是其中的好手，经常上演长途奔袭的好戏；哪怕是到了物质充分、运输方便的今日，解放军还是保持着这一传统。据一些朋友介绍，南昌陆军指挥学院每年都要让学员们来一次一天走100千米的长途拉练。据说是凌晨2点出发，下午5点到达，全副武装——装具重量可达20公斤以上，总行程100千米，用时15小时，平均每小时6.67千米，值得注意的是出发时间是先头出发时间，到达时间是队尾到达时间，这意味着时速实际是每小时7千米。据说他们还有一种拉练，是长途山地拉练，翻越黄洋界到达井冈山市，总行程70千米左右（具体是从哪里出发翻越黄洋界，我也不知道），凌晨4点出发，下午5点到达，总用时13小时，平均每小时山地行军速度为5.4千米。

在古时候，军队输送能采用的方式较少，一般只采取水路输送，比如"泛舟之役"和"柏举之战"，现在随着科学技术的进步，除水路外，又增加了空中输送、铁路输送等多种方式，部队的机动能力得到了大幅度加强。

关于军队速度的重要意义很容易理解，我就不再具体阐述，我们只要记住，不管怎么走，都是为了打。从这个角度就很容易知道前面说了一堆数据的意义是什么。前几年网上有个叫凤歌的人写了本蛮好看的武侠小说《昆仑》，里面的主角梁萧凭借出色的数学能力打了很多胜仗，这倒不是瞎说，相当真实，对一个优秀的将领来说良好的计算能力是检验他成色的标准之一。计算，这两个字，就是本章要讲的重点。

在开始正文前，先简单看看部队的行军序列和简要计算方法。部队行军一般编为前军、中军和后军，两翼有保护侧翼的左军和右军；前后军分别派出小的单元作为尖兵，在大部队周围有警戒兵力（游骑）和侦察兵（斥候）。如果只是通常行军，也可按斥候、尖兵、前卫、中军和后军的序列前进。而计算的方法也很简单，比如以每个士兵的行军间距为1米，行军队列为一列，每1000人为一个梯队，梯队和梯队间距为0.5千米来计算，可知1万人的部队行军序列长度为14.5千米。如果区分为前军、中军、后军等，那就再加上各军之间的间隔即可。

所以这个章节主要讲一讲行军在战争中创造有利态势的一些具体表现，分三节写三个战例，一个是奔袭作战的具体应用；一个是将领不能正确计算敌手行军速度带来的后果；最后一个是将领正确计算敌手行军速度所取得的成果。

# 李愬雪夜袭蔡州

自唐天宝十四年（公元 755 年）爆发历时八年的"安史之乱"后，曾经无比辉煌的大唐王朝就再也没能恢复过元气来，藩镇割据成了中晚唐永恒的主题之一，其中的淮西节度使一直让唐王朝头疼不已。淮西向来以士兵精锐而闻名于唐王朝朝野，时至今日，这个地方还是民风彪悍。

淮西节度使不服朝廷管辖应该是始于李忠臣，这个人虽然名字叫做忠臣，其实浑身上下都是叛逆的因子，还是把名字改为李不臣比较合适。不过李忠臣虽有不臣之心，却是个无能之辈，最喜欢的就是 MONEY 和 GAIL，政务不是他拿手的，所以在唐代宗大历十四年（779 年），他一点都不稀奇地被他的族侄李希烈驱逐了，灰溜溜地跑去了长安。

李希烈一开始表现得很像个好同志，积极投身于国防建设事业之中，在唐德宗建中二年（781 年）还奉朝廷诏旨平定了山南东道梁崇义的叛乱，被加封为南平郡王，很有一副忠君爱国的架势。然而一年后的建中三年，他却走上了反抗唐王朝、割据自立的道路，这是怎么回事？

这得从唐德宗李适说起，他即位之初对各地藩镇采取强硬态度，在削藩的政策上他玩花招，利用藩镇去打藩镇，自以为高明却引起了各地参与削藩的节度使们的不满。建中三年（782年），卢龙节度使朱滔自称冀王、成德王武俊称赵王、淄青李纳称齐王、魏博田悦称魏王，"四镇"以朱滔为盟主，联合对抗朝廷。在这种情况下，唐德宗还坚持利用藩镇打藩镇的政策，派李希烈去讨伐李纳，结果两李却互相勾结，李希烈也索性自称天下都元帅、建兴王，淮西也彻底走上了割据反唐的道路。此时淮西下辖共六州，分别是申州（今河南信阳）、光州（今河南潢川）、蔡州（今河南汝南）、寿州（今安徽寿县）、安州（今湖北安陆）、唐州（今河南泌阳）。

其后，唐德宗贞元二年（786年），李希烈被部将陈仙奇毒死，陈仙奇貌似是个老实人，淮西似乎又开始回到唐朝廷的怀抱。然而没多久这个忠诚的陈仙奇又被他的部将吴少诚干掉，淮西再次割据独立。吴少诚倒是平平安安活到自然老死，他能得善终是因为实力，他多次打败前来讨伐的官军，唐朝廷拿他没办法索性赦免了他的罪，正式封他为淮西节度使。只是他有实力不代表儿子也有实力，他死后他的儿子被部将吴少阳给宰了，吴少阳又取代了他的家族成为新的淮西节度使。

唐宪宗元和九年（814年），吴少阳死，他儿子吴元济又开始玩"老子死儿子接替"这一藩镇割据的老戏码，伪造吴少阳上表要求以他为留后。

可是现在李唐王朝的皇帝是唐宪宗李纯，一向被称为明君，史称他在位这段时期为"元和中兴"，即位之初就和他祖父唐德宗李适一样积极采取削藩政策，只是他爷爷削藩把长安给削丢了，他削藩削出个"元和中兴"，是不是明君我们不管，但肯定是个"鹰派"人物。要说这个李唐王朝的君主倒都有个非常奇妙的传统——通过政变上台，唐太宗李世民就不用说了，搞了个"玄武门之变"，宰了兄弟逼老子退位；之后更牛，唐高宗李治的老婆武则天索性弄出个中国历史上独一无二的武周王朝；则天大圣皇帝的儿子李显虽然懦弱，但也在宰相张柬之的帮助下搞政变推翻了母亲重建了李唐当上了皇帝；李显的侄子唐玄宗李隆基也不是善茬，先搞了个"唐隆政变"砍了婶婶韦皇后的脑袋，奉立了老爷子李旦上台，之后又剁了姑姑太平公主，保得自己皇位安全；李隆基的儿子唐肃宗李亨也继承了这一优良传统，策划了"马嵬驿兵变"，硬生生逼李隆基逃亡四川，自己在招呼都没打的情况下自说自话宣布继承大统，李隆基莫名其妙就成了太上皇；李亨的儿子唐代宗李豫也是有样学样，当着老子面拉走肃宗皇后张良娣，吓死了老子唐肃宗。李豫的孙子唐宪宗李纯，更是厉害，他老子唐顺宗李诵当皇帝没多久就莫名其妙成了太上皇，之后又莫名其妙死了；唐宪宗李纯靠着宦官上台，结果宦官们又谋杀了他，拥立了他儿子唐穆宗李恒。后面那些就不扯了，基本都是宦官在左右。纵观唐朝全史，就是个政变再政变的王朝，既然你姓李的能这样，那我姓朱的、姓石的、姓郭的、姓赵的、姓吴的也能这样，可以说唐朝藩镇割据的原因有部分根子就在李家自己的家族基因上。

闲话就不讲了，像唐宪宗李纯这样连老子都能弄死的心狠手辣之鹰派人物是不会搭理你吴元济的，对吴元济的请求自然是驳回，早就看你们淮西不顺眼了，你还跳出来，找揍，接下来就要收拾你了。

没有得到唐王朝正式任命的吴元济恼羞成怒，索性派出部队四处打劫，公开走上反叛之路，此时淮西下辖有三州，分别是申州、光州和蔡州；另一方面和吴元济相勾结的成德（今河北正定）节度使王承宗、淄青（今山东益都）节度使李师道派出刺客刺杀了力主讨伐的宰相武元衡，砍伤了裴度。然而你硬我更硬，唐宪宗李纯没有被吓倒，立即任命裴度为宰相，主持讨伐军事。

于是，唐宪宗李纯以河阳节度使乌重胤出汝州（今河南汝州），据襄城（今河南许昌市襄城县）；山南东道节度使严绶出唐州；忠武军都知兵马使李光颜出陈州（今河南周口市淮阳县）；寿州刺史令狐通出寿州，唐军分四路向吴元济压来。

先看正东方向的唐军，寿州刺史令狐通屡战屡败，一路奔逃到固州，这个人是很有意思的一个，只要小小赢了一次必是大加夸张，只要战败则从来不报。后来被前去宣诏的左金吾卫大将军李文通代替，李文通倒是打了几个胜仗，只是他这边不是主攻方向，一来兵力不足，二来打的胜仗因为西方唐军的进攻失利而无法加以利用，东边就不管它了。

再看从西北方向和东北方向进军的乌重胤和李光颜，这两支军队进攻的点基本是一致的，主要就是在郾城（今河南漯河市郾城区）一线和叛军交锋，有时单独作战，有时联合作战。这个是唐军的主攻方向，总的来说互有胜负，但因为李光颜英勇善战，两次在郾城大败叛军，威震敌胆，胜负的天平向唐军倾斜，吴元济把精锐主力都调到了这，在洄曲（也就是沙河和澧河的汇流处）防御李光颜。

正西方向就是主角李愬将要出场的地方，最先是严绶指挥，此人是个文人，只知道赏赐士兵，结果把钱花个精光，没钱赏后，士卒反而不肯用命（呵呵，是不是有点明末某人招抚农民军的味道），在蔡州城西小胜后又不加防备，遭吴元济军突袭大败逃回了唐州，于是被高霞寓取代，此人为宿将，以勇猛闻名于当时，李纯任命他为唐、邓、随节度使主持正西方向军务，在元和十一年（816年），高霞寓先在郎山小胜，乘胜追击时遭遇伏兵，大败，仅以身免，又退回到唐州，可见只是个勇而无谋的人。于是又换了袁滋，这又是个懦弱文人，随即就被真正的主角李愬取代了。和其他两个方向的唐军相比，正西方向屡次惨败，严重地拖了后腿；其实当时的吴元济粮食已经跟不上了，如果唐军军事压力够大，其内部很容易出问题，但是唐、邓、随这个方向始终不给力，使得吴元济还有本钱继续玩下去。

好了，现在男一号终于登场了，我们来看看他怎么处置淮西军事。

按中国惯例，凡是某人有个好爹的，介绍某人时必定为如此："他爸是某某"，我也是中国人，一样不能免俗。李愬，他爸叫李晟，现在的知名度不高，在唐朝绝对是大名人，向来和郭子仪、李光弼齐名，原因很简单，他们的功劳一样，都是收复长安、再造社稷，所以爵位也差不多，郭子仪是汾阳郡王、李光弼是临淮王、李晟是西平郡王。

李愬虽然是官二代，却和现在的一些官二代不同，他这个唐、邓、随节度使是毛遂自荐来的。当时唐、邓、随州已经成了烂摊子，在别人眼里原来的节度使高位已成了烫手的山芋，没人愿意往虎口里跳，李愬敢于自请，这需要过人的勇气。

可是光有勇气是办不成事的，还需要相应的能力水平。李愬有吗？

他刚到任时，直接宣称："皇帝知道我能够忍辱负重，所以派我来安抚此地。打仗，那不是我的事。"这个类似的情节早在吕蒙"白衣渡江"时陆逊就上演过，李愬此举亦是欺敌行为，借以迷惑吴元济而已。老虎小的时候都是蛮温顺的，一旦牙口长好了，就要开始吃人了。养精蓄锐半年后，李愬露出了獠牙，于元和十二年（817年）4月，主动对吴元济发起了进攻。见淮西平叛战役示意图。

先是从西向东进攻，为的是突破嵖岈山一线，控制嵖岈山后在形势上就取得地利，接下来和吴元济交锋就是在平原上进行了，吴元济无险可依，能突破嵖岈山靠的就是前段时间的"能而示之不能"；接着李愬并没有马上进攻吴元

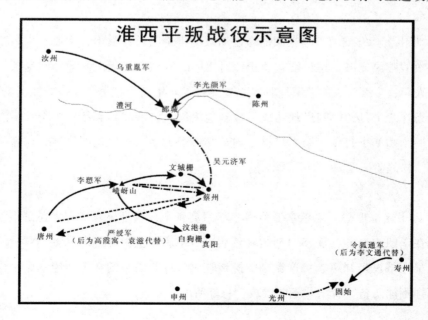

济在蔡州西边的要塞文城栅，而是攻取了蔡州南边真阳县（今河南驻马店市正阳县）的两个要点白狗栅和汶港栅，不但解决了进取文城栅时来自侧翼的威胁，并分割了吴元济的淮西辖地，切断了光州和申州与吴元济老巢蔡州之间的联系，对蔡州形成了包围之势；再然后才攻取文城栅，获得了出击蔡州的桥头堡。

可以看到李愬的用兵是相当地有方略，先是乘人不防备，他长驱直入，在吴元济的部队被他的正西方向攻势吸引后又调动部队打吴元济南面防御薄弱的点。这两手都是制造虚实的妙招，第一手靠欺敌行动使得吴元济西边的防御空虚；第二手又利用吴元济的部队加强西边防守，转过头打因为兵力向西调动而空虚的南面，都一举成功，形成极其有利的战场态势。

无论是当时唐王朝朝野还是现在都有意见认为李愬能袭取蔡州靠的是李光颜在洄曲牵制了吴元济的主力，因此能乘虚而入一举拿下蔡州，错肯定不能算错，但不能说这是唯一的原因。李愬刚到任时，吴元济被假象所欺骗是肯定的，但李愬在 5 个月的时间里接连获胜，拿下蔡州外围各要点后，要是还说吴元济对李愬没有防备，那简直是在侮辱吴元济这个以淮西蔡、申、光三州之地对抗唐王朝 4 年之久的割据之雄的智商了。

为什么会有归功于李光颜的牵制功效的言论呢？我觉得，主要是当时李光颜屡次战胜吴元济，这种硬碰硬正面对决的战胜最容易吸引眼球和舆论了，多么男人啊，多么让人仰慕啊。其实李光颜打了 4 年仗始终是个僵持的战场态势，而李愬在 5 个月的时间里却达成了分割包围吴元济的战场态势。一个靠勇力打仗，一个靠脑子打仗，结果靠勇力的却获得了大多数的舆论叫好声，这就是真正的"善战者无赫赫之功"啊。

到了这个形势，要想拿下蔡州非李愬莫属了，只是吴元济实力还是很强，虽然在李愬这吃了点亏，8 月时也在贾店打败了唐军主力之一乌重胤，不可小视。何况吴元济已经知道李愬这臭小子扮猪吃虎，良心大大的坏了，绝不会再像以前那样不加防备。看来，不能硬攻，只能智取。

李愬这个人就是喜欢玩脑子，之前打吴元济靠的都是玩阴的，都是乘人家不备搞突袭而打赢，可能是玩顺手了，他还是决定要打吴元济个突然袭击。偷袭最好是晚上，所谓夜黑风高时，杀人放火天。李愬同学小时候肯定爱看课外书，一本《水浒》估计被翻烂了。

既然要夜袭那就干呗，李愬同学是个很关心时事、平时注意收听朝廷台天气预报的人，特意选了个下雪的日子，元和十二年（817年）十月己卯，天刚黑，李愬就带着队伍开拔了。降将李祐和李忠义带领三千突骑为先锋，自己带三千中军跟进，田进诚带三千人殿后。要说李愬这人一向阴，对敌人阴，对自己人也阴，出了文城栅只说"往东走就行"，除了少数几个人，谁也不知道他到底想干嘛。往东走了60里到达张柴，干掉了守军，大家正休息着呢，他又下令前进，问他去哪，回答是个晴天霹雳——"去蔡州，砍吴元济的脑袋。"这可把众人吓傻了，张柴以东就是吴元济的老巢了，大家可从来没去过，人生地不熟的，万一被坏人拐骗了怎么办，跑那去岂不是羊入虎口？监军的太监甚至都吓哭了，然而开弓没有回头箭、上了贼船就没回头路了，大家只好硬着头皮跟他走。出发前，李愬相当谨慎，还分兵截断了洄曲和郎山方向敌军可能增援的路线，世人夸奖玩脑子的人有多厉害经常说"算无遗策"，李愬确有古名将之风。

接着又是一路向东狂奔70里，夜半时分蔡州的城墙隐约可见，李祐率先登城杀了看城门的，大军一拥而入。吴元济的属吏告诉他："城被攻破了。"他还不相信，揉着睡眼嘟囔着说："肯定是洄曲的将士们来索取他们的冬衣了。"黎明时分，李愬到达了吴元济外宅，小吴才反应过来自己被人偷袭了。困兽犹斗，小吴还想占据牙城负隅顽抗等着洄曲的部队来救他，然而别忘了李愬就是个专门玩脑子的人，这早在他计算在内，进城后就找到了洄曲守将董重质的家属写信招降。董重质单骑白马屁颠屁颠就跑来投诚了，这下全完了，田进诚在宅子南门放了把火扬言要火攻，吴元济乖乖举起了白旗。剩下的申州、光州，传檄而定，叛乱40年之久的淮西就此平定。

我们最后来看看奔袭的距离和用时：全程约 130 唐里，合今约 70 千米，天黑就出发算 19 点好了，到达是夜半也就是三更（23 点—1 点），算 1 点好了，先头部队用了 6 个小时，平均每小时 11.67 千米。前军是骑兵部队，这个速度也比较惊人了，超过了当年曹操虎豹骑追赶刘备的速度，而且还要加上天黑大风雪的因素。中军和后军大约是黎明到达，就算早上 5 点好了，用了 10 个小时，平均每小时 7 千米，和本章开头的解放军一样，只是所携带的装具比解放军轻，但考虑到天黑大风雪道路难行的因素，其实速度比之前讲的解放军还稍快一点。

李愬能够打赢这战，靠三个方面：一、天气——大雪；二、时间——晚上；三、方法——长途奔袭。这三点集合在一起使得李愬能够出敌不意、攻敌不备、兵不血刃拿下蔡州。纵观李愬在淮西作战的 6 个月时间里，可谓深得兵法之妙，分别利用"能而示之不能"、调动叛军防线、夜间长途奔袭等各种手段制造出叛军的各个薄弱环节，并战而胜之，所谓名将不过如此。能否制造虚实，就是检验是否是一个名将的标准。

然而一样要看到，长途奔袭作战并不能随意使用，一定要周密计划，特别是有战胜的把握才能进行。蔡州一战，李愬基本没有战斗损伤，可谓兵不血刃，但是长途奔袭加恶劣天气却导致非战斗死亡高达 10%—20%，可见奔袭作战除非情况紧急一定要慎之又慎。孙子曰："百里而争利，则擒三军将，五十里争利，则蹶上军将。"在后面的第三节我们将看到没有战胜把握而进行奔袭导致的恶果。

# 司马仲达破孟达

三国时期，反复无常之人首推吕布，排第二的以个人名气来说的话，我个人观点就是孟达了。先是伙同法正、张松等人把主子刘璋卖给了刘备，后来又叛了刘备投靠了曹丕，接着又和诸葛亮勾搭成奸再次图谋叛变曹魏。其人一生，朝秦暮楚，唯利是图，有奶便是娘，实在是个龌龊小人。我们的故事就是从他投降曹魏开始说起。

孟达这个人在当时可是个大名士，名气大大的，人呢，又是个美男子，口才又好、能说会道，要放在现在绝对是偶像派。魏文帝曹丕自己就很有名士派头，对孟达这样的人自然喜爱有加，那些被他派去审核孟达的人不知道是收了孟达的钱还是被孟达侃晕了，或是脑子灵光知道怎么投上所好想拍曹丕马屁，回去给曹丕的报告一律都是"有将帅之才"、"有卿相之器"，好话一箩筐一箩筐，恨不得说成是乐毅重生、管仲复世。于是孟达被封为平阳亭侯，拜为散骑常侍、建武将军，更是把房陵、上庸、西城三郡合为新城郡，让他当新城太守，这可意味着孟达成了封疆大吏，掌握着西南方向的军政大权。上面有皇帝宠信，中间有尚书令桓阶、征南大将军夏侯尚等重臣撑腰，下面又有自己掌握的一块地盘，一时间孟达可谓权重位高，春风得意。

然而好景不长，桓阶、夏侯尚、曹丕相继翘了辫子，在新皇帝面前得宠的是刘晔，这个刘晔和孟达向来不对付，老孟同志开始担忧起自己的前程来。

不过没关系，老孟向来信奉狡兔三窟的道理，早在黄初六年（225年）就和蜀相诸葛亮又重新接上了头，拉上了关系。这个故事得从蜀相诸葛亮南征说起，建兴三年（225年），诸葛亮南征回师的路上，魏国的降人李鸿前来参拜，这个家伙很会说话，大拍诸葛亮马屁："我过来时路过孟达那，正好碰到王冲从蜀国来，跟孟达造谣说，明公你恨孟达入骨，曾向先皇建议把孟达的满门老小抄斩，幸亏先皇没听你的。孟达说，明公是个处事有轻重的人，不会这么干。"言者无心，听者有意，诸葛亮是个见缝就要插针的人，当机立断给孟达写信开始套交情："往年南征，岁末乃还，适与李鸿会于汉阳，承知消息，慨然永叹，以存足下平素之志，岂徒空托名荣，贵为乖离乎！呜呼孟子，斯实刘封侵陵足下，以伤先主待士之义。又鸿道王冲造作虚语，云足下量度吾心，不受冲说。寻表明之言，追平生之好，依依东望，故遣有书。"

于是这两人就开始鸿雁传书、眉目传情，勾勾搭搭起来。

魏明帝太和元年六月（228年），司马懿奉诏屯军宛城，都督荆州、豫州两州诸军事，司马懿老先生的名气实在太大了，就不介绍了，只是有一点他和刘晔一样，也不喜欢孟达，认为这个人就是个投机分子。对于这点，孟达同志当然很清楚，现在司马懿成了他顶头上司，更是有了刀架在脖子上的感觉，于是加紧了和诸葛亮的勾搭活动，两人进入热恋期。

所谓智者千虑必有一失，也许诸葛亮此时还不知道他一生最大的对手司马懿的厉害，他只是担心孟达这个人反复无常，说不定哪天又突然变卦了，于是派了个间谍郭模去诈降，把孟达要反叛的事泄露给了和孟达有矛盾的魏兴太守申仪，想以此逼迫孟达早点举事。

以诸葛亮的名声和智慧，如果他是真的想劝降孟达，那这步棋实在是个昏着儿，因为这给了魏朝廷和司马懿足够的预警时间；如果他只是想弄死孟达，那倒也无可厚非。只是劝降孟达和弄死孟达对蜀国来说政治收益明显是前者好，诸葛亮作为一个杰出的政治家这么点账是很容易算清的，所以我还是倾向于诸葛亮是想劝降孟达，都做了三年的地下工作了，就是为了弄死他，实在不那么让人相信。一句话，一刺客足矣，何必那么费事。

孟达知道了郭模这档子事后很是心慌慌，一边咒骂着办事不牢靠的诸葛亮，一边就准备起义了。偏偏这时司马懿的信"及时"来了，好一通忽悠："你当年背叛刘备，四川那边都恨死你了，诸葛亮一天到晚就想着怎么搞你。这么大个事，诸葛亮怎么会轻易泄露，摆明是欺我魏国无人，派郭模来搞反间计的。"按理，要说这孟达也是个忽悠人惯了的主，居然就这么轻易相信了司马懿还没怀疑到他，可见忽悠人的要义在于怎么说出当事人心里最希望听到的话，击中他心理的软肋。

放下心来的孟达居然还给诸葛亮写了封信教起诸葛亮算术题来："宛去洛八百里，去吾一千二百里，闻吾举事，当表上天子，比相反覆，一月间也，则吾城已固，诸军足办。则吾所在深险，司马公必不自来；诸将来，吾无患矣。"接到这信诸葛亮就知道要坏菜了，这个孟达绣花枕头一包草，中看不中用，可是为时已晚，谁让你当时出昏着儿的呢。

我们来看看这个孟达是怎么做算术题的：消息从他那到司马懿那，五百里加急，3天；司马懿上奏魏廷，五百里加急，2天；魏廷讨论1天，再五百里加急送到司马懿那2天，又3天；司马懿准备工作做2天；行军20天到他那；总共30天。至于他认为的司马懿自己不会来就不去管了。

一个当将军的人这么去做算术题就危险了，至少你孟达把所有可能发生的情况都计算进去啊，他只算了对他最有利的，就认为有备无患了。

结果呢，司马懿接到消息就出发（准备工作早做好了，就等你孟达造反），8天就到了新城，总行程1200里（合今500千米），平均每天行军62.5千米，以一天行军10小时算好了，平均每小时行军6.25千米。和前文的解放军翻越黄洋界的行军时速相比稍差一点，但解放军是轻装，基本没带东西，就水壶和挎包，司马懿是重装，还有辎重部队，大家同样走了山路，应该说是基本持平。

当然喽，司马懿这个行军速度还有另一种算法，孟达举事后8天就兵临城下了，那减去消息到达司马懿处的2天，实际上司马懿只用了6天就行进了500千米，那平均时速就更快了。

不管是以6天算还是8天算，反正孟达的小脑袋瓜是想不到的，他只想着他的30天。战斗过程没什么好说的，司马懿已经达成了他想要的目的，出孟达不意、掩孟达不备，这仗就赢定了。孟达还在司马懿先头部队抵达城下时给诸葛亮写了封信："吾举事，八日而兵至城下，何其神速也！"相信前几年刚刚南征走过更难走的山路的诸葛亮只有苦笑的份了。

司马懿兵临城下 16 天后，孟达被擒杀，传首京师。

孟达可以说是个彻底的废物，其实即使司马懿再神速，孟达也并不是没有机会，他一造反马上派兵封住五条岭、武当山、垭子口、梅子岭等几个山口通道，司马懿就算开悍马一时间拿他也会没办法，要么强行攻坚要么往魏兴方向去绕道再来过，孟达都会得到更多的时间和更好的机会。可是从他给诸葛亮的信中就可知道，他根本没这个计划，只打算收缩集中兵力，盘踞在新城死守，等待蜀国和吴国的接应，可以说是根本不具备做一个将军的能力。当年他到新城当太守时，看了周围的险要地势还嘲笑刘封、申耽："刘封、申耽，据金城千里而失之乎！"其实他自己还不及这两人。当年的刘备是很有知人之明的，他派孟达去攻上庸时就私下认为孟达不能独自承担任务，加派了刘封从汉中乘沔水而下去指挥孟达。

　　马陵之战是怎么会发生的？对此我很有疑问，史书均称韩国申不害为相后，国力富强，诸侯不来侵扰，可马陵之战就是发生在申不害相韩期间，韩国被魏国攻打，眼见着就要灭国了，向齐国求救，才有了马陵一战。

　　《史记·田敬仲完世家》称：齐宣王二年（此处为误，应为齐威王十六年），魏伐赵。赵与韩亲，共击魏。赵不利，战于南梁。宣王召田忌复故位。韩氏请救于齐。宣王召大臣而谋曰："蚤救孰与晚救？"驺忌子曰："不如勿救。"田忌曰："弗救，则韩且折而入于魏，不如蚤救之。"孙子曰："夫韩、魏之兵未弊而救之，是吾代韩受魏之兵，顾反听命于韩也。且魏有破国之志，韩见亡，必东面而愬于齐矣。吾因深结韩之亲而晚承魏之弊，则可重利而得尊名也。"宣王曰："善。"乃阴告韩之使者而遣之。韩因恃齐，五战不胜，而东委国于齐。齐因起兵，使田忌、田婴将，孙子为师，救韩、赵以击魏。

　　《史记·魏世家》称："（魏惠王）三十年，魏伐赵，赵告急齐。齐宣王用孙子计，救赵击魏。魏遂大兴师，使庞涓将，而令太子申为上将军。"

　　《史记·赵世家》称："（赵肃侯）七年，公子刻攻魏首垣。"

　　《史记·孙子吴起列传》称："后十三岁，魏与赵攻韩，韩告急于齐。齐使田忌将而往，直走大梁。魏将庞涓闻之，去韩而归，齐军既已过而西矣。"

　　《战国策·齐策·南梁之难》称："南梁之难，韩氏请救于齐。田侯召大臣而谋曰：'早救之孰与晚救之便？'张丐对曰：'晚救之韩且折而入于魏，不如早救之。'田臣思曰：'不可，夫韩、魏之兵未弊，而我救之，我代韩而受魏之兵，顾反听命于韩也。且夫魏有破韩之志，韩见且亡，必东愬于齐。我因阴结韩之亲，而晚承魏之弊，则国可重，利可得，名可尊矣。'田侯曰：'善。'乃阴告韩使者而遣之。韩自以专有齐国，五战五不胜，东愬于齐，齐因起兵击魏，大破之马陵。魏破韩弱，韩、魏之君因田婴北面而朝田侯。"

《史记·老子韩非列传》称："申不害者，京人也，故郑之贱臣。学术以干韩昭侯，昭侯用为相。内修政教，外应诸侯，十五年。终申子之身，国治兵强，无侵韩者。"

结合以上的资料，我个人认为：所谓"申不害相韩，国治兵强，无侵韩者"，估计又是太史公采纳了战国时纵横家们专门溢美诸子百家风云人物的虚构夸大之词。战争起因应该是桂陵之战后战败的魏国在申不害眼里成了纸老虎，在上次的魏国围攻赵国都城邯郸时，申不害就极力鼓动韩昭侯救援赵国，为韩国争取了利益。为了进一步图谋韩国利益，申不害又策划了赵韩两家联合攻魏，结果却被魏将庞涓各个击破，赵军先败；魏国怨恨韩国策划联合赵国攻打它，是主谋是坏分子，在击破赵军后对韩国实施穷追猛打，战败后的韩国才向齐国求救。

齐国虽然答应救韩，却一直坐山观虎斗，除了史书中的说辞外，原因也很好理解，魏国是当时的强国，韩国经过申不害变法后国力也大大加强，都是齐国向东发展、争霸中原路上的劲敌，现在两强相争，必有一伤，对齐国来说是一举削弱这两个竞争对手的大好机会，齐国乐得坐享其成。

果然不出齐国所料，得到齐国口头出兵保证的韩国胆子翻了几番，连着和魏军干了五仗，可惜虽然经过了申不害变法，但实力还是不济，韩军五战五败。齐国明白，再不出手，韩国就要完蛋了，于是以田忌为将，孙膑为军师，再次进攻魏国，目标和上次一样，还是大梁。现在一般认为齐军进军路线为：临淄→曲阜→亢父，由定陶进入魏境。我觉得不妥，这样走是要经过鲁国和宋国的，没准宋国就会认为齐国扬言攻魏，其意却是灭我，此乃假道灭虢之计，说不定就会和齐军干上一仗。二来，齐军后来撤退又是从魏国东郡一带走，要是开始没从这走，那此地的魏军肯定保持完整，退军时势必会和魏国东郡的守卫部队发生遭遇，哪里能这么轻易撤退到马陵。所以我认为齐军的进军路线应该是：临淄→东阿→甄城→定陶→外黄，利用魏军主力攻韩之际，攻破了魏国的东郡，然后兵锋直指大梁，是原路来原路回去。

虽然桂陵战后，孙膑以德报怨，释放了战败被俘的庞涓，但庞涓并不领情，估计这老小子日日夜夜都想着要报仇。现在机会来了，齐国再次干涉魏国内政，干预三晋之间的内部矛盾，对齐国恨得牙痒痒的魏惠王和庞涓一致认为应该给齐国这个整天想当"国际警察"的流氓国家以颜色。

对于魏国来说，他们认为自己战胜齐国那是相当地有把握，魏国武卒是当时中国最精锐的战士，魏国东征西讨，全凭这支部队。魏惠王和庞涓对自己的部队是相当地有信心，荀况甚至说："齐之技击不可遇魏之武卒。"在这个认识基础上，魏惠王定下决心，在本土集中主力部队和齐军会师决战，从而一举彻底解决纠缠了他几十年的齐国问题。于是他命令庞涓迅速从韩国回师，并集结在首都大梁的精锐卫戍部队，让儿子太子申带领，待庞涓到达后，两军合为一军，在外黄与齐军决战。

然而齐军的军师孙膑可不打算和魏军硬碰硬，他的血管里流承着的是孙武的基因，凡是能以智取胜的，绝不会像莽夫一样去角力，更何况齐军单兵战斗力本来就不是魏武卒的对手，就算是对手也犯不着去死拼啊。于是在闻知魏军主力已在大梁集结，正要向外黄前进后，齐军主将田忌在孙膑指导下，向齐国退兵了。

现在说到马陵之战一般都是说孙膑的"减灶之计"，当然这绝对是最后胜利的一个重要因素，但我们在这节里讲的是其他因素。首先要看到，在孙膑指导下齐军退军的时机把握得比较好，这样就和魏军保持在一天行程——大梁到外黄的行程——大约50千米，这个距离肯定就是孙膑心中设定好的安全距离。第二，撤退途中的每日行程亦把握得相当好，始终和魏军保持大约一日的行程。这个行军速度是很有讲究的，既不能快，快了魏军追不上你，说不定魏军就不追了；也不能慢，慢了会在非计划作战地域被魏军追上，那就只能被迫和魏军主力决战了。所谓的"减灶之计"必须在这样的行军速度基础上实施，不然就没有意义了。

这样，我们就可以计算出来，齐军第一天行军 40 千米，魏军第一天行军 40 千米，在庞涓看到十万灶的地方，魏军和齐军还是保持一日行程相距约 50 千米。齐军第二天又行军 40 千米，魏军第二天还是行军 40 千米，在庞涓看到五万灶的地方，魏军和齐军相距还是保持 50 千米。看到齐军只剩下五万灶时，庞涓势必会加快行军速度，那么孙膑肯定会考虑这一点，所以第三天齐军加快速度行军 50 千米，魏军也一样行军 50 千米，到了庞涓看到三万灶的地方，魏军和齐军之间还是相距 50 千米。

这 50 千米的距离是必须保持住的，齐军的单兵战力不及魏军，正面交战胜利把握太小。兵法曰："敌则能分之。"现在两军兵力大体相当，都是十万人，齐军想要战胜魏军唯一的机会就是分割魏军，各个击破。但庞涓在战国诸将中也是一把好手，两军正面对垒的话，齐军想要突破分割魏军谈何容易，反而是被魏军吃掉的可能性更大，所以孙膑想出来的分魏军兵力的计划就是让魏军奔袭，使魏军快速部队和较慢的重步兵分开。而这个计划成功的保证就在于，一是让庞涓相信齐军士卒逃亡，兵力大大减弱，也就是"减灶之计"，只有齐军兵力下降的情况下，庞涓才敢于实施奔袭。二就是这个 50 千米的距离，这个距离是在"减灶之计"上再加的一个保险，超过这个距离庞涓也不会奔袭，因为一天的急行军是赶不上齐军的，反而把自己弄得疲敝，陷入危险境地；不足这个距离，一来齐军自己有被魏军提前追上的危险，二来就算魏军不能提前追上，但其前后两军到达的时间就会很接近，时间不足以让齐军歼灭突前的奔袭魏军。可以看到，光谈"减灶之计"，而不谈两军间的行程不是正确研究马陵之战的方法。

现在魏军还是距离齐军 50 千米，庞涓看到齐军灶台减为三万灶后，胆子壮了很多，认定齐军怯战，于是决定奔袭。齐军第四天又行进了 20 千米，4 个小时后在将近中午时分到达马陵，一边布下埋伏，一边养精蓄锐准备战斗。对庞涓来说他的奔袭距离就是 70 千米，以每小时 8 千米多点计算，大约比齐军晚 4 个小时到达马陵，参与奔袭的应该是战车部队和骑兵，人数不会超过两万，更有可能是一万人；这时魏军的重步兵——魏武卒和庞涓相距应该在 30 千米左右。

其时正是一月，下午四五点钟时天色已开始慢慢变暗，当魏军成一列急速通过道路狭隘的马陵道时，遭到早已埋伏在此的齐军的突然袭击，齐军以"拦头截尾"的战法，万箭齐发，在这样狭隘的地形魏军无法组织起有效的抵抗，以十打一，战斗在一两个小时内结束，庞涓自杀，奔袭部队被全歼。在这段时间内就算魏军的后队得到消息，也开始全速奔袭，至少也得小半天才能到达战场，更何况当时没手机，后面的部队是不会得到消息的，他们还认为庞涓将军肯定已经打败齐军，自己只是过去捡战利品的。歼灭庞涓的前军后，齐军整顿队列，以战斗队形向后面的魏军步兵靠去，只要在阵前高高挑起庞涓的首级，魏军士气就会大降，军心大乱的魏军是无法作战的，而且两军接战时一个是以战斗队形，一个还是行军队形，魏军明显要吃大亏。最后魏军主将太子申在混战中被俘，主将被俘、副将被杀，魏军彻底大败。

　　这就是马陵之战，孙膑对两军行军速度和距离进行了精密的计算，并利用"减灶之计"，使得魏军自动分割成两部分，送上门去给齐军各个击破，堪称利用敌军的奔袭作战以形成分割敌军的战场态势之经典战例。庞涓能够正面使用魏武卒的精锐战力而称雄诸侯，可在更善于用脑子打仗的孙膑面前却一败涂地，不能不引起我们深思。

# 07

CHAPTER

第七章　战斗

# 矛和盾理论

本书的题目是《这才是战争》，那么到底什么是战争？本章本节就是要说明这个问题。我个人认为，也许我已经找到了战争或者说作战最本质的理论，下文就是要论述这一理论。

普鲁士的军事理论大师卡尔·冯·克劳塞维茨认为："战争无非是扩大了的搏斗。战争是迫使敌人服从我们意志的一种暴力行为。"

同时他还认为："（暴力最大限度地使用，）有些仁慈的人可能很容易认为，一定会有一种巧妙的方法，不必造成太大的伤亡就能解除敌人的武装或者打垮敌人，并且认为这是军事艺术发展的真正方向。这种看法不管多么美妙，却是一种必须消除的错误思想，因为在像战争这样危险的事情中，从仁慈产生的这种错误思想正是最为有害的。物质暴力的充分使用决不排斥智慧同时发挥作用，所以，不顾一切、不惜流血地使用暴力的一方，在对方不同样做的时候，就必然会取得优势。这样一来，他就使对方也不得不这样做，于是双方就会趋向极端，这种趋向除了受内在的牵制力量的限制以外，不受其他任何限制。"

同时他又认为："同时使用一切力量是违背战争的性质的。"

克劳塞维茨的以上三个观点在现在来看除了第一条外，后两条已经不再符合现代战争的要求了。从海湾战争、空袭科索沃、伊拉克战争等来看，美军提出的"不接触、不流血、零伤亡"以及"全方位打击、立体突入、非对称作战"这些概念已经完全颠覆了克劳塞维茨所论述的后两条。

那么是不是现在美军的作战理念或者说在现代信息化条件下的战争已经和以前的战争有了本质的区别呢？我的答案是否定的。所谓信息化条件下的战争只是战争的一种模式，它从来没有改变过战争的本质。哪怕是在我们可预见的未来将会出现的智能化条件下的战争，也不会改变战争的本质。克劳塞维茨只是在对他当时的战争模式进行一个概括性的论述，其中的观点自然不能适用于他之后出现的新的战争模式。那么战争的本质到底是什么？有没有一条对于全部战争模式都适用的理论，或者说客观规律呢？

在回答这个问题前，我们先来看看人类出现后在各个历史阶段出现过的战争模式，通过对这些战争模式的分析，我们也许能找到点什么。

在第五章"队列和军阵"中，我们就已经简单讲过最古老的作战模式就是敌对双方各派出一个地位相当高的人，也许是酋长也许是贵族，由这两个人手持武器单挑，以这两人的胜负来决定这场战争的胜负。其关键词为人、武器、人所操纵的武器对敌人所产生的杀伤破坏和敌人。

后来一对一对砍模式不再适合作战的需要，战争成了规模化、集团化的活动，军队也因此出现，在冷兵器时代下作战的模式就变成军队手持武器，集合成一定的阵型相配合，以强大的兵力对敌方的阵地冲击，以冲击产生的杀伤破坏来击败对方。其关键词为人、武器、人所操纵武器所产生的杀伤破坏和敌方防御体系。

到了热兵器时代，人的密集阵型开始消失了，因为可以不需要靠人的密集队形来产生杀伤破坏力，火器的远程杀伤能力可以使人以疏散队形作战，一样能产生集中的战力。作战模式变成兵力和火力同时对敌方防御体系进行杀伤破坏。其关键词为人、武器、人所操纵的武器所产生的杀伤破坏和敌方防御体系。

机械化条件下的作战模式又有了进一步的发展，重型武器、大型舰艇、各式飞机加入战场，对敌方防御体系的杀伤破坏更加巨大，其模式只是更注重火力而进一步弱化了兵力的作用。其关键词为人、武器、人所操纵的武器所产生的杀伤破坏和敌方防御体系。

上述的是以前的战争模式，那么现代战争叫做信息化条件下的战争，和以前有区别吗？我说：没有，只是方法手段更多样了而已。信息化条件下的战争要求信息先导、火力主战、体系破击只是在科技发展、武器装备进步的基础上能达到更大的作战效能而已。其关键词还是以前的那四个——人、武器、人所操纵的武器所产生的杀伤破坏和敌方防御体系。

未来的战争模式是什么样的呢？当太空成为新的战场，情报指挥控制系统进一步完善，电磁、激光、气象以及声波武器等广泛应用后，其战争模式还是信息化条件下的战争。而当人工智能大规模进入战争后，机器人主导的战争才会是下一个模式——智能化条件下的战争。也许在未来，还会出现时空化条件下的战争。但是不管其模式怎么变，哪怕在智能化条件下，四个关键词依然存在，人、人所操纵的武器（机器人）、武器所产生的杀伤破坏和敌方防御体系。

各种模式下的战争其相同点已经一目了然，其关键词均为人、武器、人所操纵的武器所产生的杀伤破坏和敌方防御体系。

那么其不同点是什么？

力量构成变化了，新的军兵种随着时代的发展不断地涌现，由步兵、骑兵、弩兵发展为装甲兵、工兵、通信兵，等等，由陆军发展为海军、空军、太空军；武器装备变化了，威力更加巨大性能更加先进应用更加广泛的武器也不断涌现，由冷兵器发展为火药武器、机械武器、电磁武器、激光武器；打击破坏手段更加多样，从冷兵器时代的运用动能、势能，到火药时代运用化学能，到机械化战争时代运用机械能，到现代运用多种复合的能，由过去的"硬杀伤"变成现在的"软杀伤和硬杀伤"相结合；战场在变化，由过去的二维平面战场发展为三维战场、多维战场；作战方式在变化，由陆军主导战争发展为海陆联合作战、海陆空联合作战，等等。

所有的这些不同都只是表明战争在从低级形态向高级形态发展，都是战争的模式在不断进化，而不能改变战争的本质。就好比 386 到 486、586，到奔腾3、4、5、6、7、8，再怎么发展都还是电脑，不能改变电脑本身的性质。

那么，现在就可以导出结论，战争的本质是什么？指导战争唯一的终极客观规律是什么？

战争的本质就是，人类以自己所掌握的一切杀伤破坏手段，以操纵各种武器用"软、硬杀伤"的方式对敌方防御体系杀伤破坏的过程。让我们展开想象，回到最原始的两人搏斗模式，双方一手持矛一手持盾，那么战争就是用自己的矛击破敌手的盾，用自己的盾挡住敌手的矛。这就是战争，这就是战争的唯一不变的客观规律——矛和盾理论。美军名将巴顿曾言："只有一条战术原则是永恒不变的，这就是：用手中的一切手段在最短的时间内给敌人造成最大的伤害。"很可惜这个天才的家伙英年早逝了，没有给我们留下他系统的军事思想。也正因为此，他没有抢在我之前提出我刚刚讲述的论断，不然以他的天才就没我什么事了。

在这个理论基础上，可以把战争分为两个方向。正如本书一再强调的，战争用两个字来表述就是"虚"和"实"而已，即找出敌方防御体系薄弱环节和制造敌方防御体系的薄弱环节。这样就很清楚了，一种是以各种手段运用更为强大的力量来破击敌方防御体系，可以看到只要攻击力量强大到一定的程度，敌方防御体系中任意一点都会是薄弱的；另一种是以各种手段迷惑、欺骗敌方，调动敌人防御力量，在其防御体系中形成一力量空虚的薄弱环节。两者的区别就在于，前者是让自己变强，而敌方相对于己方就是弱小的；后者是让敌方变弱，则己方相对于敌方就是强大的。一句话，制造敌弱我强的态势。这，也可以说是世界军事思想发展的两个方向。我们必须看到，这两个方向是并列的，是平行的，相互间不存在一方从属于另一方，一方高于另一方的情况。

在前面的章节就讲过，现在存在一种误区，认为武器是战争的决定性因素。如果只是军事发烧友这么认为，倒也无可厚非，毕竟他们只是玩票的；如果专业人士也这么认为，则国家危矣、民族危矣。

1991年美军参谋长联席会议1号出版物首次正式提出了"非对称作战"的概念。而这一误区正是对"非对称作战"理解有偏差而造成的。

首先"非对称作战"并不是美军首创。战争向来是非对称的，每一场战争都是在求得对敌方的"非对称"，在局部谋求"非对称"进而形成全局的"非对称"，或者直接谋求全局的"非对称"。我们很容易知道，像西方对非洲、对美洲的战争，科索沃战争以及伊拉克战争等就是直接形成全局的"非对称"；第一次世界大战、第二次世界大战、第四次中东战争等就是先谋求局部的"非对称"以形成全局的"非对称"。说到这，我们很容易知道，所谓"非对称"用我们中国话来说就是"虚、实",孙子在两千多年前就明确提出了"避实击虚"。用我刚刚讲过的话说,"非对称"就是运用实力上的"非对称"和制造实力上的"非对称",前者是先天的,后者是后天的。

现在所形成的误区,就是理解为直接形成全局的"非对称",没有想过局部的"非对称"的积累也一样能形成全局的"非对称"。就算强大如美军也绝不是一味地依靠其实力去强行压制对方,而是在作战中广泛地使用各种手段去制造敌方的各种薄弱环节。比如海湾战争中美军采用伪装两栖登陆、骑1师佯攻、阿拉伯联合部队多路助攻等多种手段隐蔽其主攻方向的第7军的意图,使得伊拉克军队发生误判,导致防堵美军第7军方向出现了一个大漏洞,被美军长驱直入,最后被美军包围歼灭。美军的实力在伊拉克军队数个等级以上,可美军并没有因此就盲目蛮干,强攻猛打;而是调动伊拉克军队,使其防御体系出现薄弱环节,再全力贯入,从而一举获胜。虽然本节只举了这一个例子,但之前的战例已经很多,都是在说明军事思想的这两个发展方向的重要意义。

当今,我们国家的专业人士已经认识到"非对称作战"可分为"高位势的非对称作战"和"低位势的非对称作战",那么应该把"谋略",即我所说的制造虚实,从战术的分属地位提升到指导战争的地位。如果还把谋略看成是战争的辅助手段,那么这将是研究战争理论的一个偏差。

综上所述,现在可以盖起战争理论研究的一个金字塔顶端,最顶端的就是矛盾理论,在其之下是军事思想的两个发展方向——使自己变强和使敌人变弱,再之下才是各个作战模式的研究。

本节只是简单进行表述,并不代表一个成熟的理论体系,本书的研究方向也不在于此,仅仅起个抛砖引玉的作用。下面的第二节还是进入正轨,通过战例分析来看看战斗是怎么进行的。

第二节
# 防御战斗

　　在开始这一节前，还得延续第五章的话题，古代所谓的军阵到底是什么？中国军事科学院的专家刘庆认为："阵法其实很简单，说白了就是战斗队形。"刘庆的这种说法过于片面，阵法可不仅仅是战斗队形，更应该说是战斗部署，甚至可以说是作战体系。

　　那么什么是阵地？所谓阵地就是为进行战斗，兵力兵器所占领的位置。

　　结合以上两点，可知所谓防御体系就是在一个区域内由多个阵地及附属部分所构成的防御战斗部署。作为一个防御体系来说，有两个关键词是最基本的，就是正面和纵深，即使加入空军或其他作战要素，也不过是增加一个维度或增加多个维度而已，不会改变正面和纵深这两个基本属性。在这个基础上很明显，进攻战斗可用两个词组来表述：击破防御正面，击穿防御纵深，反之防御战斗就是抗击敌方对正面及纵深的突击行动。

　　战争能不能被教授？法国元帅福煦对此的回答是肯定的，他认为从战争中学习战争固然是最好的方法，但在没有战争或不能亲历战争的情况下，同样可以学习战争。1815年后的普鲁士军队将近半个世纪没打过大仗，可在普奥和普法战争中他们却一举获胜，就是得益于对战史和战例的研究，从而出现了沙恩霍斯特、格奈泽瑙、克劳塞维茨等一批军事家。克劳塞维茨就说："史例可以说明一切问题。在经验科学中，它们最具说服力，尤其是在军事艺术中更是这样。"本章下面的两节就是试图通过战例分析，对防御、进攻战斗的各个阶段分阶段进行讲述。

防御战斗可大概分成这么几个阶段：前哨战，出击，抗击，反击和反冲击，追击（退却）。

前哨战很容易理解，即在防御体系之前的侦察、警戒地域发生的战斗。一般发生在双方的侦察分队或警戒分队之间，前文提到过的长平之战中赵军裨将赵茄被秦军斥候斩杀就是发生在双方前哨战时。本节对这个问题就不加以阐述了。

# 一、出击

出击是指在敌方展开攻击行动前或敌方冲击受挫后展开的进攻行动。一般在敌方集结、展开攻击队形前或敌方对前沿冲击受挫后，抓住敌方立足未稳、队形混乱、孤立突出、指挥失调等有利战机而进行。应该说这并不是一个在防御战斗中必然出现的阶段，更应该说是指挥官对战场局势的深刻理解和充分把握而出现的先制性或反制性行动。

2200 多年前，魏国名将张辽为我们奉献了一场出击战斗的经典战例。

张辽破吴——合肥之役（第一阶段）

在逼迫刘备分得荆州三郡后，踌躇满志的孙权移兵攻打合肥。前一年孙权先拿下了庐江，擒获了朱光及人口数万，这一年又分得了荆州三郡，运势大吉，应该说孙权是带着一个成功人士的自信来到合肥的，只是在合肥城下，魏国"五子良将"的老大张辽给他好好补了一下军事学的基础课程。

守合肥的是张辽、乐进、李典三将及 7000 士卒，孙权方面据说是 10 万人，这个说法出自《三国志·魏书·张乐于张徐传》"俄而权率十万众围合肥"，"合肥之役，辽、典以步卒八百，破贼十万"。魏国人的说法自然有夸大的嫌疑，孙权是从荆州战场转移到淮扬战场的，在荆州对抗刘备、关羽时吕蒙所统领兵马不过两万人，鲁肃为一万人，孙权在陆口为诸军节度亦应有两三万人，鲁肃为东吴常年对抗关羽的军区司令，没有参加合肥之役；又合肥之役，凌统为右部督，怀疑左部督应为吕蒙，以此计算左右两部各为两万人，加上孙权自己的亲卫部队，东吴军应在五六万人左右。不过比起曹操留下的七千人也不少了，兵力对比高达（7—9）:1。

大家都知道，曹操留下张、乐、李三人守合肥的同时留下了一封信，信上说:"若孙权至者，张、李将军出战；乐将军守，护军勿得与战。"啥意思，张辽已经解释过了，在吴军合围前先干他们，干完了再守，方可激励士气，确保防御安全。战术设计当然没有问题，只是你想先下手为强，也得看吴人给不给你这个机会。合肥之战可绝不是出城先列阵再打，要这样张辽的八百人还不够吴军塞牙缝，只有使用袭击战法。

话说第二天一大早，张辽招募了八百敢死之士后就蹲在楼上开始看风景了，他也愁啊，东吴阵营里吕蒙、甘宁等一干猛人的厉害他去年就已经领教过了。庐江经营数年，被这帮家伙一鼓而破，那会他带着援军才走到半道呢，这帮家伙不可小觑。这帮能征惯战之辈会露出破绽让我张某人出击吗？说实话，张辽自己也不是很有信心，昨晚的那番话不过是激励士气，安定军心罢了。既受国恩，有死而已，张文远越想越愁。

此时，吴军按照围城的部署，各部兵马开始移动了。站在城楼上的张辽瞬时石化了，张大嘴半晌合不拢，简直不敢相信自己的眼睛。城下数里外的东吴军乱哄哄的像个菜市场，各部围城的部队都急着开拔，那样子好像谁先占了进攻出发阵地谁就登上了合肥城头立了头功一样，结果弄得警戒、掩护部队被甩在后面，挡了个严严实实，无法就位。天赐良机，张辽一路小跑下城一路想着:要是吕蒙指挥哪会有这等场景。

说时迟那时快，张辽率领八百精锐一阵风般杀出合肥，直扑吴军。史籍没有明载，我们不知道张辽这八百人是什么样的兵力构成的，是怎么结阵的。

现在的电影上看到的古代战阵的画面，无论是美国的大片还是国产的制作，肯定不会真实出现在以前那个年代。那种一拥而上，接战后就展开混战的画面看着气势庞大，却并不实用，如果当时的战争就是那样进行的话，也没有必要训练军队了，直接找几万个身强力壮的人发给兵器就可以去打仗了。任你武功高强，在战场上脱离了自己的军阵后，其存活的概率几乎为零，就好比现在的坦克，单个坦克在战场上的存活时间只有 2 分钟，而一直在己方的作战体系内行动其存活的机会就大大增加。

张辽想要袭击成功并全身而退，就必须始终保持其战斗阵型，不能让吴军冲散，分割，一旦阵型被割裂就意味着全军覆没。

在这个基础上我们可以推测出他的阵型和战法，我个人认为，其步兵方阵为空心方阵，由 25×8 的长戟兵构成方阵最前列，由三个 28、26、24、22 人组成四列剑盾兵构成方阵的左右后三个边，最内层是 200 名弓弩手，李典居方阵中央指挥方阵防御，张辽亲身率领一百重骑兵或突前主导进攻或分成两翼掩护。阵型看起来是方阵，实际上使用的是锥形阵的突击战法，毕竟杀出城去不是去防守而是去破袭。

首先接战的是好不容易刚刚到位的警戒、掩护部队，嗯，刚刚到位的这支吴军倒了八辈子血霉，还没来得及展开队形就遭了当头一棒，数十名士卒被杀，两个尉官授首，直接被"张旋风"给冲散了。我们虽然是事后推测，但东吴军的警戒、掩护部队在张辽出击前没有到位却是铁一般的事实，要是到位了拉开了阵势，哪有被张辽轻易穿透的道理。

初战告捷，八百壮士士气大振。东吴后面的部队根本没想到张辽胆子这么壮，居然敢先发制人，防御工事都没有设置，什么鹿角、拒马、壕沟统统没有，仅仅修了点垒墙之类的玩意儿，本来就是啊，对东吴子弟来说我们是来砍人的，谁也没想过会先被人砍，要弄防御工事干什么呀？土墙、木栅加上无准备的士兵，这些哪挡得住嗷嗷直叫、一心要吃人的张老虎，只在刹那间，营垒就被冲破。

要说张辽冲击的目的性非常强，其目标就是孙权，这么大的麾盖，目标太明显了。估计张辽对当年关羽在白马的那次"斩首行动"羡慕不已，一直就想仿效，这不，机会来了。呵呵，刚才只是笑谈，张辽搞突袭自然要选择价值最大的那个目标，不用想自然是孙权。用现在的话说，很有点特种作战的味道。

远远望见张辽杀过来了，孙权的脑子就短路了，这剧情不对啊，我带了好几万人来砍你，你张辽应该窝在城里才是啊，怎么就敢带了不足千人就杀过来了呢，而且转眼就快杀到我面前了。脑子短路的人腿脚是不灵活的，幸亏周围的侍卫们反应还算快，七手八脚、连拉带扯地把孙权弄到了边上的小高地上，亲卫队迅速摆出长戟兵在前的抗骑兵冲击张辽的方阵。

现在张辽得瑟了，在高地下耀武扬威。只是此时张辽的做派却让人纳闷，你在东吴军阵正中心就打算赖着不走了吗？难道就不怕被人家给包饺子？正当作者刚有此疑问，东吴的中军及后队就在令旗指挥下把正得瑟的张辽军团重重包围了。

难道张辽脑子真的进水了吗？很有可能，只不过他后来又大发神威带着部队冲出了包围圈而已。

然而可能性更大的是，他是故意的。

如果张辽是脑子进了水，那战后小兵们肯定还是会把他奉若神明的，太厉害了啊，重围之中几进几出如入无人之境，然而乐进、李典肯定不服，特别是乐进，这也是个杀人如麻、久经战阵、惯于先登陷阵的主，一样是同行中的高手，凭什么服你张辽啊？你都把部队带进绝境去了，只不过运气好再加东吴人太菜，被你来了个绝地大反击罢了，差点就全军覆没了。但《三国志》上说了"诸将咸服"，乐进也服了，可见不是张辽脑子秀逗了。

那只剩下后一种可能，张辽是故意的。为什么张辽非要把自己处于一危险境地呢？要解答这个问题首先要从战争的目的说起。战争行动都带有明显的目的性，那么出击作战的作战目的是什么？是为了打乱敌方的进攻部署。张辽此次作战不是去杀人放火，也不是去斩首孙权，就是为了达成破坏东吴军的进攻部署这一目的。

那么，破坏敌方进攻部署应该打哪呢？有两个，一是把敌方准备进攻的部队打个稀巴烂，敌方自然就没法进攻了，不过张辽显然没打算用鸡蛋去碰石头。二是把敌方指挥中心打个稀巴烂，敌方自然也没法进攻了。东吴军指挥中心在哪？孙权处。所以张辽的目标是孙权，但不是去斩首孙权，当然啦，顺便能达成这个附带效果的话张辽也不会拒绝，只不过现在不行了，孙权已经躲进长戟方阵里去了。

当张辽刚逼近，孙权被手忙脚乱弄上小高地那会，整个东吴军失去了指挥，在那个时候张辽军团返身再杀出去那是易如反掌。如果这时候就回去，是最安全的，从作战行动本身来说也不失为成功。可是不能走，走了以后会有更大的危险，作战目的没有达成呀。被狠狠抽了一巴掌的孙权很容易从暂时的混乱中恢复过来，恼羞成怒的孙权会干啥？报复呗，挽回刚才失去的面子。此时东吴军的攻击部署并没有被打乱，合肥城很可能会遭到比预计更凶猛的进攻，说不定还有追兵会紧紧盯住尚未回城的张辽军团，尾随而至，战局将不堪设想。

经过刚才的厮杀，张辽已经对东吴军的战力有了大致的判断，不过如此，这给了他极大的信心去完成他的计划——把东吴军的二梯队吸过来，如果能把一梯队也吸过来那是最好不过。吸引敌军，破坏敌军的部署，并战而破之，这才是张辽此次出击要干的。刚才只是把你孙权抽疼了，现在则是要把你打服了，只有这样才能取得最大的震撼效果，你孙权才会老实。

所以张辽在小高地下来回驰骋，嚣张至极，一副欠扁的架势。

忍无可忍，无须再忍。孙权敏锐地抓住了"战机"，指挥他的二梯队——后军包围了张辽，一定要把姓张的千刀万剐方解心头之恨，于是东吴后军蜂拥而至。

在之前"包围"这一章就讲过，包围不是把敌人围起来就完事了，你要么压缩他的防御圈，要么分割他的防御圈。现在的张辽看起来像是砧板上的一块肉，却是块刺猬肉，从哪边咬都不好下口。用长戟兵打头，扛得住张辽的重骑兵，却防不了方阵里面的弓箭手；用剑盾兵打头，防得住弓箭却扛不住重骑兵冲击；张辽军团最容易被弓箭手攻击的弓箭手有最内圈的剑盾兵替他们挡箭雨，另一容易被攻击的长戟兵前又有身穿重甲、马披马铠的重骑兵挡着。东吴后军是急着赶过来的，其又是按二梯队战斗队形配置兵力的，主要就是剑盾兵和弓箭手，中军的长戟兵和他们挤在一起，在包围张辽的最开始并不能形成有效的围攻部署，使得一时间战斗队形极为混乱。几个回合下来，东吴军连连吃亏，孙权意识到这样不行，必须调整围攻部署，得让后军的剑盾弓箭对付张辽方阵后部的剑盾弓箭，让中军的长戟兵夹杂剑盾兵对付张辽的重骑。

张辽可不会让你孙权调整部署，已经占够便宜了，此时再不走就走不掉了。方阵里的李典也是心领神会，指挥200名弓箭手对重骑兵正前方一轮齐射，总共就25人宽的正面，200支箭的箭雨还是相当密集的，当箭射出的同时，100名重骑兵顺势突击，转眼间被弓箭射得鬼哭狼嚎的东吴长戟兵就被砸开了个口子。

只是，只有张辽带了几十个重骑兵突了出去。这咋回事？步兵方阵压根就没跟进。肯定不跟进嘛，你重骑兵跑那么快，步兵方阵还得等弓箭手再往后一轮齐射，压制住方阵后方的威胁，然后收弓箭，再跟紧方阵冲击的步伐前进，哪里会跟骑兵一起跑啊。这时有心理素质差的小兵着急了："将军你不要我们了啊，你跟李典有仇想公报私仇也不能让我们小兵垫背啊。"

这就给了陈寿一个树立先进典型的机会，他写道："余众号呼曰：'将军弃我乎！'辽复还突围，拔出余众。"舍己为人的大英雄啊，这形象太伟岸了，不过几百年后有个叫张须陀的就是这样舍己为人而战死的。张须陀和他本家张辽可不是一回事，人家遭遇的情况是计划外的，张辽这是计划内的，你们不喊

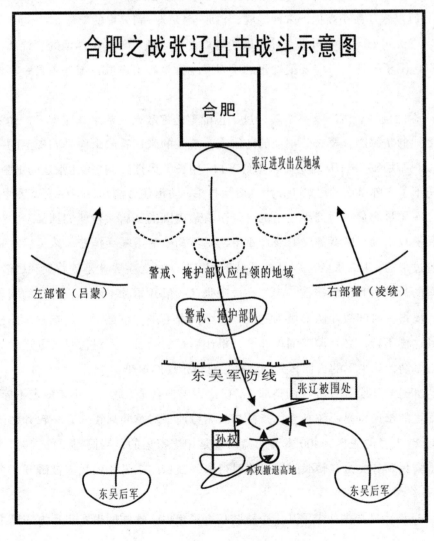

合肥之战张辽出击战斗示意图

我也会杀回来。不杀回来原本的大胜仗就会变成大败仗，孙权军的气焰会更嚣张，这可不行。张辽带着部队直接兜转马头又是一个冲锋。

杀回来就简单了，从后方突进去不用再面对马儿们最害怕的长枪阵，刚才从正面突得依靠弓箭兵的火力支援才能达成奇袭效果，现在被冲散的东吴军压根就来不及再次结阵来扛他。等到张辽和大部队会合第二次兜转马头时，张辽惊奇地发现他的正面没人了。

玩了一上午，张辽的毛都没捞到一根，自己这倒是伤兵满营，就算孙权有心再战，弟兄们也不干了，二梯队玩残了，光靠一梯队怎么攻城？

还是休息吧。

# 二、抗击

早期的战争正面往往很宽，可以达到数千米，而纵深却很薄，只有几百米，一旦正面被突破，缺乏厚纵深保护的军阵往往就会崩溃。所以随着军事思想的发展，纵深越来越被军事家们所重视。这很容易理解，较厚的纵深不但使进攻有了更大的强度和更长的持续性，也使得防御更加坚固。中国在这点上的认识远远早于西方，第五章讲到的"吉达斯浦河会战"就是宽正面薄纵深这种战争较低级阶段里的典型模式。

这样我们就知道，抗击可分为前沿抗击和纵深抗击，都很好理解，一个是阻止敌方对前沿的突破，一个是阻止敌方对纵深的突贯。

下面这个战例可以说是个很奇特的例子，整个作战行动就一个阶段——抗击。

## 宁远之战

一般说宁远大捷都是说全靠红衣大炮，这个实在是有点不负责任了，本文顺便就驳斥下这种非专业的观点。这战不打算像合肥之役那样啰嗦了，要是从十三副铠甲起兵说起就又可以写一本书了，本文只从双方部署、战场区域、战法和战役得失等几个方面对宁远之战进行简单回顾。

### 1. 红衣大炮到底有多大威力？

红衣大炮射程大约 5 里，射速为 3 分钟 1 发，这个是根据当时最训练有素的英军 2 分钟 1 发推算的。炮弹的威力嘛，据说"每炮所中，可糜烂数里"，如果按字面意思去理解，那这个肯定是扯淡，现在 86 式 152 毫米加农炮用杀爆榴弹也没这个威力，差远了，得让美军的 M270A1 型火箭炮一个齐射才能有这么大的覆盖面积。17 世纪的前装滑膛火门点火式加农炮要那么厉害，后金早被明朝给灭了。实际上当时主要使用的就两种炮弹，开花弹用来打人，实心弹用来破甲（攻城），反正无论如何也没现在的迫击炮弹威力大（82 毫米迫击炮杀伤榴弹杀伤半径约为 31 米）。

### 2. 宁远城防

宁远城周长六里八步，高二丈五尺，城墙垛口高六尺，城墙基址宽三丈，城墙上宽二丈四尺，城墙四角仿照西洋风格筑炮台凸出于城角用来架设红衣大炮，炮口可随炮车 270° 旋转；城池共有四门，门座通长 12.17 米，宽 13 米，4 门均建城楼，城门外有半圆形瓮城，外径 32 米，内、外均以条砖筑成；外有池深一丈，宽二丈，周长七里八步。另有两点，一是当时是酷冬，严寒的天气是城防的有力助手，二是通过大规模的"肃反"活动，努尔哈赤在城里的奸细已经被肃清。

### 3. 努尔哈赤的部署及战法

努尔哈赤的部署和战法没有新意，就是古时攻坚战斗的通用办法。以楯车为先导，步兵和弓箭手躲在后面跟进；步兵要干好几个活：推车子，填沟，砍城，登城；弓箭手的任务就简单了，火力支援。后面是铁甲骑兵——"铁头子"，一旦步兵把城砸开个缺口，就从缺口涌入冲锋。

可以看出来，一梯队是由楯车、步兵、弓箭手组成，完成运动保障、破障、前沿突破任务，因为武器装备不及明军，弓箭手只能在楯车掩护下突前支援步兵战斗，压制城头的明军火力；二梯队由"铁头子"组成，在前沿突破后投入战斗，实施纵深突贯。另有少量火器部队提供远程火力支援。至于所谓楯车，其实就是当时的步战车，这是步坦协同作战里的坦克引导步兵冲击的战法。

4. 袁崇焕的战法、战场区域划分及部署

袁崇焕和努尔哈赤相比，他有当时的大规模杀伤性武器——红衣大炮。但在战法上他也拿不出什么新鲜货，既然他深知和后金军野战是找死，那阵前出击他是万万不敢的，他深知只有死守才有一线生机。既然如此，那就只有层层阻击了。不过由于当时火器已经在战争中运用，他不必依靠兵力来进行阻击，可以用火力构成远、中、近三道阻击线。

从宁远城结构可知，一边的城墙长约820米，即战场正面为820米。护城池距城墙约140米，即此820米×140米区域为明军集火歼击区域，道理很简单啊，后金军到了这，得先想办法过护城池，或填河或架设简易桥梁，正是明军发扬所有火力实施打击的绝佳机会。

护城池到前方860米处，是明军国产火器——大小佛郎机、三眼铳、鸟铳等的射程，那么此820米×860米区域为明军中距离阻击地域。

再向前延伸1500米，是红衣大炮的射程，那么此820米×1500米为明军远程阻击区域，不过袁崇焕总共就11门红衣大炮，按照每个炮台放红衣大炮2门，另外3门作为机动，哪边城墙压力大就往哪边去，可知每面城墙最多7门红衣大炮投入战斗，每门炮要负责至少140米左右的正面宽度，远程火力还是比较单薄的。说到这个份上，所谓靠红衣大炮打赢宁远之战的论调差不多就可以熄火了。要是还不熄火，到战役简要经过中再说一说。

而140米线、1000米线和2500米线就是袁崇焕的三道阻击发起线，最后一条就是城墙下方的最后抗击线，由悬柜、箭矢、滚石、万人敌等近距离杀伤武器发扬火力。

最后袁崇焕命令总兵满桂守东面，副将左辅守西面，参将祖大寿守南面，副总兵朱梅守北面；满桂提督全城，分将画守，相互援应。袁崇焕则坐镇于城中鼓楼，统率全局，督军固守。见宁远之战城防火力区域划分示意图。

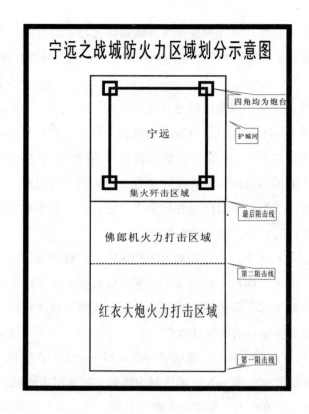

宁远之战城防火力区域划分示意图

宁远

四角均为炮台

护城河

集火歼击区域

最后阻击线

佛郎机火力打击区域

第二阻击线

红衣大炮火力打击区域

第一阻击线

**5. 战役简要经过及得失**

明天启六年（1626 年）正月二十四日，宁远之战正式拉开帷幕。

努尔哈赤首先攻击的是宁远城的西南角，古时的攻城战往往选择一个角作为突破口，道理很简单，突出嘛，便于围攻，不便于守军防御火力的发扬。可经验这个东西不是时时都管用的，努尔哈赤惊奇地发现对西南角的进攻会让他遭到九门红衣大炮的打击。他很快计算出对一面城墙的正面进攻他反而只会被七门炮打，那还等什么，换地方，攻南城。我们千万不能简单地以为他在声东击西，宁远城才屁大点地方，守军调动起来比他方便多了，更何况还有红衣大炮这样的超远距离控制武器。

现在战斗重新打响，后金军的楯车在距城 2500 米处占领了冲击出发阵地（2500 米这个数字只是大约值，明的一里约等于现在的 500 米，红衣大炮的射程大约 5 里，为了书写方便，统统按整数算，反正误差也不大，所以读者们不必纠结这些数字问题）。冲击出发阵地的距离努尔哈赤战前都是探测好的，这些都是作战的基本准备工作，就不多说了。

2500 米的冲击距离，对楯车及其掩护下的步兵、弓箭手来说，也就是三十多分钟的冲击时间。再次不得不说明下，我敢用生命担保，电视、电影里的宁远之战的战斗画面都是和真实不符的。后金军绝不会步、骑兵同时冲击。第一梯队就是步兵，当步兵弄出个缺口来，第二梯队的铁甲骑兵才会冲击，2500 米的距离对骑兵来说也就是 3 到 4 分钟，步兵还在干活时，骑兵跑上去干嘛？挨揍吗？战争这东西其实层次感是相当分明的，一波又一波，非常清晰。顺便说句题外话，那些骑兵们是真正的八旗女真人，前面的步卒们是各个被征服民族由少量女真军官为骨干组成的、包括汉人。战后后金宣称他们损失了 500 人，这 500 人应该是指女真人，其他的损失没计，因为在努尔哈赤为首的女真人眼里，其他都不是人。

800 多米的正面，以每辆楯车间隔 10 米来算好了，加上楯车自身的宽度，每列也就是 40 到 50 辆楯车，弄他个两三列，也不过一次投入 100—150 辆，如果每辆车能掩护 30 个人，投入的兵力在 3000—4000 人。

那么现在的画面就很简单了，后金军第一梯队推着楯车晃悠悠地前进，第二梯队铁甲骑兵在耐心地观看。对明军来说，他们在干什么呢？这还用问，红衣大炮开火呗。30 分钟左右的冲击时间，一门红衣大炮能放 10 炮左右，7 门，也就是 70 炮。因为打击目标是楯车，百分之百，用的是实心弹。如果明军射术够准，有 50% 的命中，20% 的击毁，也不过是击毁楯车 14 辆，击伤 21 辆左右，后金步兵的伤亡不过在百人左右。这就是红衣大炮在宁远之战中发挥的大部分威力了。

实际上袁崇焕如果会使用这些炮，战果绝不止这些。他虽然是个军事天才，几年时间就从一介书生成为万军之帅，并打破了女真人不可战胜的神话，但宁远之战是他的初战，实际的战场操作经验为零。很明显袁崇焕没有仔细研究过后金人的战法，他不晓得阻击阻击，阻在先击在后，有阻才有击。既然有了远程大规模杀伤武器，那你应该给后金人设置障碍啊，让其楯车在运动过程中不时受到阻碍而被迫停下，拉长后金军的冲击时间，增加自己的射击时间，让红衣大炮充分发挥威力。

比如说从 2400 米开始就挖壕沟，200 米挖一道，一直挖到 800 米线。9 道壕沟可以让后金的楯车停 9 次，使楯车后的步兵被迫离开楯车掩护出来冒着炮火填沟、架桥，这样既可以打楯车这个静止目标，毁伤概率大大增加，又可以用开花弹打失去掩护的人员。再比如，每道壕沟之间的地面上再弄无数坑坑洼洼深度面积不等的小坑，让楯车不能顺顺利利地往前走，随时都有陷进坑的危险。如果再弄点拒马、鹿角等凸出的障碍物效果就更好了。这 2500 米路不让你们走个三四个小时决不罢休。三四个小时，意味着红衣大炮能把所有后金的楯车统统打掉。可惜的是袁崇焕不知道设置障碍的重要性，不知道"阻绝优于火力，火力优于兵力"这样的道理，整个宁远只有护城河这么一道障碍物，使得本可以凭借先进武器轻松获胜的战役变成一场血战、恶战、苦战。

后金军的三列楯车的兵力配置应该是这样的：第一列，担任砍城、填沟等破障任务的步兵和弓弩手及配属给弓弩手的大盾差不多是 1：1；第二列，比例应该还是差不多；第三列，弓弩手及大盾占了多数；每列之间大约有 300—500 米的间隔。

当后金的楯车冒着明军火器的重重阻击来到护城河边后，第一个动作不是填沟让车子过去，而是迅速架设人员能过去的钩梯，让弓弩手在大盾掩护下前出占领射击阵地，开始对城头的明军进行压制射击。这个时候因为障碍的阻绝，楯车被迫停下，正是明军大小火器发威的时候，不进行压制射击，楯车将遭到严重破坏。

按理针对后金出的牌，袁崇焕应该指挥骑兵出击打击没有保护的后金弓弩手，可再骁勇之将现在也没这个胆，后面有女真数万铁骑在虎视眈眈，一旦出击，将遭到女真铁骑的毁灭性打击。

终于，在护城河边付出较大伤亡后，估计第一列的楯车大半被毁，人员伤亡近百，后金部队到达了他们旅行的终点——宁远城下，只是到达并不是结束，而是开始。

现在后金施工队终于可以开始施工了，1000 余名弓弩手在数百大盾掩护下与明军对射，而抵至城下的近 2000 名步兵在 70 余辆楯车掩护下开始用楯车撞击城墙，还用铁斧、铁锹、铁镐甚至手上的刀剑疯狂地砍起了城墙，其中一部分更是架起云梯攀城。整个战场除了枪炮声、爆炸声、喊杀声，还有浑厚的劳动号子声："一二，轰；一二，轰。"

现在明军的压力开始大了起来，一方面要压制后金弓弩手，一方面还要打击后金施工队。一时间，矢石如雨，除投射武器之外，明军还使用高科技武器——悬柜和地炮（也就是地雷）对地面的后金士卒进行垂直和地下的全方位打击。没多久，明军惊奇地发现，后金的乌龟壳楯车还挺先进的，挡在上方的大木板挺厚实，砸不坏。这可咋办？

没关系，这难不倒古代充满智慧的劳动人民，他们抬来百斤以上的条形石，"一二，放。"就砸塌一辆，一辆、两辆、三辆……慢慢地大部分的楯车都被击毁，当然其中很多是被易燃物点燃烧毁的。

后金的楯车大多完蛋了，那战斗该结束了吧？没有，这些一次性的"装甲步战车"完成了它们的使命，在它们的掩护下，后金步兵已经在城墙上砸出了70多个凹洞，人可以躲在里面施工了，城上扔再大的石头也砸不到他们了。其中两丈多高的凹洞有三四处，甚至有一处开始塌陷，袁崇焕本人也跑那去往缺口填石头了，城防岌岌可危。

在远处指挥的努尔哈赤见状大喜："城将破矣。"马上指挥他的铁骑跟进，准备从正在塌陷的缺口突入。经验主义害死人啊，老贼酋忘了他刚刚因为遵循老式的经验吃的亏，天寒地冻的，砖墙里的土坯没彻底崩塌，加上明军补缺口动作迅速，性命交关不迅速不成啊，骑兵跑上去没用，冲不了城，只能当骑射手用，反而被红衣大炮趁机轰了几下（在冲击的时候顶多挨了7发开花弹，到城下射击时顶多再挨一轮），造成了不必要的伤亡，只好退了回去。

铁甲骑兵是退了回去，可城下70多个凹洞里的后金兵还在施工，只要再让他们继续挖下去，到时就不是一个缺口的问题了。只要随便哪个口子一塌，女真骑兵再次冲击时拿什么去挡？刚才的事实证明了，红衣大炮是靠不住的，骑兵冲击到城下那点时间只够它们放一炮，7发开花弹对数万铁骑来说只是挠痒痒。当然啦，女真人一波冲击顶多两三百名骑兵，形成突破后，后续部队才会跟上，所以7发弹能打死个几十人就顶天了。

还好，明朝人的智慧是当时的努尔哈赤不能理解的，在此危急关头，继刚才的条形重石后，非制式兵器再次大显身手。火毬、火把、火棉袄、烧红的铁索等纷纷登场，火攻，这些燃烧武器的使用终于把凹洞里的后金兵烧杀殆尽。与其说是红衣大炮挽救了宁远还不如说是非制式兵器们挽救了宁远，所以战后这些火攻武器被取了个威风的名字——"万人敌"。呵呵，要是红衣大炮有这么威力绝伦，那应该把"万人敌"的荣誉称号送给它才对。

这下对后金军来说仗再也打不下去了，铁甲骑兵也不必再冲了，担任火力压制的弓弩手纷纷撤了回去。没别的，败了，明天再战。

但到了明天对后金军来说这仗也没法打啊，没攻城战具了，在前一天都被明军毁掉了。只能步骑兵一起冲击呗，可面对红衣大炮和明军其他火器，这些当兵的也不傻啊，没了楯车掩护，他们就是活靶子，一遇到射击就后退，再冲再退，如此反复。要说努尔哈赤也是气昏头了，明知没有取胜希望，为了发泄心中怒火硬逼着士兵去冲击，这些损失都是无谓的。

努尔哈赤的三个错误在文中已经讲述了，就不再提。至于袁崇焕，敢于坚持守宁远就是他最大的功劳，在城防战中除了定下据城死守，发扬大炮的作战决心和安定军心，鼓舞士气的精神支持外，他也发挥不了什么作用，当时的他对战争的认识还很嫩稚呢，还好宁远一战给了他学习的机会，获得了宝贵的经验。宁远战中明军对远、中、近程火力的运用，空中、地面、地下全方位的火力打击，加上非制式武器的有效使用，使得在宁远城下集火歼击区内形成多层次、全方位的密集火力网，这才是战术意义上明军在宁远获胜的根本原因。

## 三、反冲击和反击

反冲击就是当敌方突入我方阵地时为恢复防御态势而采取的攻势行动；反击就是当敌方突入我方阵地后转为守势后为恢复防御态势而采取的攻势行动。

一般情况下反冲击可以用八个字来概括："阻尖，固肩，封底，击肋"。非常好理解，见反冲击战斗示意图。

不过，这不是绝对的，比如当敌方突入我方阵地后已抢占两翼有利地形时，再这样去打无异于自己找扁。还是要深刻领会岳飞那句话，"运用之妙，存乎一心"，一定要灵活运用，下面这个战例就是灵活运用反冲击歼灭突入之敌的典范。

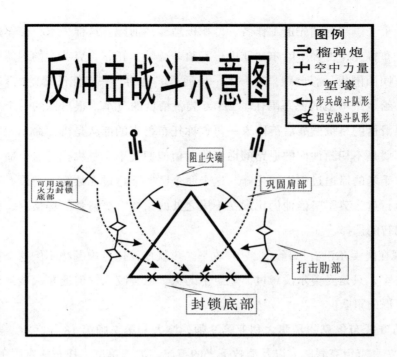

女巫的火炉——第一次托布鲁克围攻战之 4 月 14 日的战斗

第一章第三节就讲到，在"二战"时的北非战场，隆美尔以劣势兵力取得昔兰加尼大捷，并顺手俘虏了英军两个指挥官尼姆和奥康纳中将，兵锋直指托布鲁克。

在之前的战斗中，下面的指挥官不能很好地理解隆美尔的作战意图，总是对其急突猛进的战法抱怨不已。到了后期，这帮家伙脑子开了窍，知道了发动貌似猛烈的进攻以吓唬英军的妙用，于是开始了迅速地穿插和包抄作战。只是这帮家伙和隆美尔的思路总是没能到一个节拍上，隆美尔让他们迅猛地进攻是有条不可言传只能意会的底线的，你再怎么吓唬英国佬都行，但一定要给人家留一条逃跑的路；真要分割了英军前后方的联系，把英军给包围起来，隆美尔的德军是啃不动的。人家兵多炮多坦克多，就凭这几千德军怎么去啃，噢，还有几个师的意大利人。只能摆出包抄分割英军的架势，让英国人逃跑后再抓住战机追击并顺手把一些小的能啃动的单位包围吃掉。

隆美尔手下那帮家伙心眼太实在了，看到英军兵败如山倒后一改早期的抱怨一个个争当起"先进工作者"，积极地猛往前跑。这样一来，德军先头越过了托布鲁克，占领了哈尔法亚山口和哈菲德岭，托布鲁克英军的退路没了，被德军团团围住，想要跑只有海上一条通道。是的，一点都没错，1 万缺少弹药、补给也跟不上的德军围住了 2.5 万装备精良的英军，很滑稽的一个战场态势。更滑稽的是虽然战后英国人一再宣称托布鲁克的部队是得到命令死守的，但德军要是不切断他们的退路的话，我相信他们是不会坚决执行这个命令的，在 800 千米的撤退过程中"死守"这个命令已经下达过无数次了，没有哪次被真的执行过，英军坚信他们比远在千里之外的指挥官更清楚战场情况，保住命才是明智的选择。

现在隆美尔没有选择了，只有攻坚。攻就攻，这点难题吓不倒这个高傲的德国将军，只是隆美尔没想过，逼急了的兔子也会咬人，何况是武装到牙齿又无路可退的军队。

防守托布鲁克的是澳大利亚第 9 师、澳大利第 7 师第 18 步兵旅、英军第 1 和第 7 皇家坦克联队，以及溃败下来的英澳印混编单位。托布鲁克周围 30 千米长的边界线被称为红色地带，这条红色地带被一些带刺的铁丝围绕，里面共有 140 个防御据点，这些用水泥构筑的防御工事后面挖了很多很深的坑，每个坑里都可以装下 20 个士兵。红色地带的两千米以内是被称作蓝色地带的一片地雷区，地雷区内同样用带刺的铁丝网环绕。这些构成了整个托布鲁克的防御体系。可以看到整个英军阵内障碍物并不多，而且前沿没有雷区，其地雷阵是摆在阵内的。（这样的设置收到了奇效，因为本文不会讲之后的战斗，所以在这里简单说下，在 4 月 30 日的进攻中，德军被之前的英军前沿没有雷区这一假象所欺骗，装甲部队深入到蓝色地带，结果吃了大亏，17 辆坦克被炸。）

1941 年 4 月 11 日、12 日，德军对托布鲁克实施了试探性进攻。在"长津湖战役"一节中就讲过，试探性进攻一般都是侦察，用兵力和火力实施，以求获得敌方火力点的详细情况。不过从后面的战事来看，德军的侦察效果并不大，没有搞清楚英军阵内的情况。

4 月 14 日，德军第 5 轻装甲师师长施特莱彻将军指挥部队开始发起第一次进攻。在最前面的工兵分队惊奇地发现，前沿没有地雷，也没多少反坦克障碍物，那还等什么，坦克杀进去。防守的第一道防线的是澳大利亚第 9 师的部队，他们没有射击，甚至连人都没露头。不战而逃？

德军被之前的一系列胜利冲昏了脑袋，指挥官根本就没动脑筋想一想为什么没有遭遇抵抗？乐滋滋地带着部队就长驱直入了，在他看来这个头功是立定了。

当德军坦克深入了近2千米后，后方传来了激烈的枪声，澳大利亚士兵们动手了，他们成功地封住了突入德军的尾部，切断了他们撤退的通路。后续的德军遭到了顽强的抵抗，和突入英军阵地的先头部队失去了联系。

几乎在同时，德军两翼突然涌出来大量的英军，大炮在不到600码的距离对德军猛烈开火，德军坦克指挥官古斯塔夫·庞纳斯的指挥车被反坦克炮弹直接命中，其本人也当场丧命。很快德军就遭到了毁灭性打击，当他们奋力突围脱离战斗后，已经有17辆坦克被炸毁，整个第8装甲营失去了75%的战力。

这次战斗后来被称为"女巫的火炉"，而从这一炼炉里逃生的一名德军军官在日记里写道："我们是幸运的生还者。"

这次战斗中，英军通过预设歼击区域，引诱德军进入后以火力反冲击的方式猛击德军暴露而又薄弱的肋部，从而轻松获胜。而德军指挥官却鲁莽行事，轻率地一头扎进了陷阱，导致本方惨败。

事实上英军的陷阱并不是很难破解，这只是个小花招，德军在此战犯的错误和之前的志愿军59师是一样的，在形成突破后，都没有向两翼发展以扩大突破口，并巩固之，只知道大踏步地往前冲，结果被人家轻松解决。

我们看，当德军进至英军第一道防线时，英军没有抵抗，管他们开不开火，迅速在两翼占领阵地，扩大口子巩固阵地，作为德军第一梯队来说其任务完成了，之后的任务是第二梯队的，第一梯队不要那么积极主动地帮忙干活，然后第二梯队上前去干他们的工作，在已占领的英军防线越过第一梯队投入战斗，向前发展进攻。这样一来，战局会出现两个情况，一是没有开火躲着的澳大利亚兵与占领其阵地的德军发生接触，英军被迫提前实施原计划，虽然德军一梯队还是会遭到突然袭击，但损失可以降到最低限度，英军想要封锁德军底部侧击德军的计划就会流产；二是英军还是不开火，在德军第二梯队进入歼击区域时再发动，这样德军二梯队虽然会遭到突袭，但其后部有一梯队构成的坚强支撑点做保障，其侧翼是能够得到支援的，英军亦无法完成他们的计划。只要正确按照进攻作战的基本程序办，英军的作战部署都会被打乱掉，英军只能获得突然性这一个效果，但是德军前沿指挥官不顾基本的作战原则，贪功冒进以致惨败。法国将军、著名的军事理论家安托万·亨利·约米尼就说过："必须按照兵法原理进行战争。"美国人约翰·柯林斯在他的《大战略》里亦言："历史证明：胜者基本都重视作战原则，而败者（不包括那些纯粹由于人力和物力原因而被击败的）则基本上不重视作战原则。"

反击其实就是进攻作战，所以在这不讲了。

# 四、追击（退却）

当抵挡不住敌方的攻势时，自然只能选择退却，脱离战斗的方法其实和进攻是一样的，交替掩护罢了，只不过一个是往前进，一个是往后退。这个就不讲了。

当敌方进攻受挫，出现溃退时，一般会追击敌军以求取得更大战果。如果敌军并未战败，而是有计划有组织地退出战斗，能否追击呢？答案当然是肯定的。为什么前一种情况要追击，是因为出现了有利的战机。只要敌军在退出战斗的过程中出现了有利于我的战机，自然可以追击。因此这一战斗行动并不是以敌军撤退是否有计划有组织为决定要素的，而是以是否有利于我来决定的。

**张文远逞威逍遥津——合肥之役（第三阶段）**

合肥之役的第二阶段没什么好讲的，就是孙权在合肥城下干瞪眼，愣是拿合肥没办法，在此略过。

之前就讲过，孙权在军事上其实是个菜鸟，在围攻合肥十余天未有成效的情况下，决定撤退。

也许是为了挽回之前失去的面子，孙权把指挥所开设在撤退部队的后方，亲自指挥全军，吕蒙、凌统、甘宁、蒋钦、潘璋等一干人拥簇着他，一大堆麾盖和鼓吹，乍一看甚是威风凛凛。实际上这帮人心里很清楚，他们主公不通兵法，可又是个二愣子，劝不得，只好紧紧跟随他，以防不测。这样一来，这些人的部队其实已经开拔了，可每个部队的主将却不在，都陪着孙权呢，将不随兵走，这是东吴军撤退时的第一个破绽。

另一边，陈武、宋谦、徐盛三人指挥各自的部队担任全军的后队，负责掩护全军撤退的任务。当是时，此三人地位相差无几，比资历，陈武、宋谦差不多，徐盛虽然嫩一点，可此人向来眼高过顶，谁都看不上。这三人弄在最后面，也没个统一的指挥，谁也使唤不动谁。可能孙权觉得自己亲自指挥断后，没必要让他们三人有个统一的指挥。可你又不知兵，能指挥出个花来吗？这是东吴军撤退时的第二个破绽。

孙权看着前军都走光了，于是就招呼掩护的三人，你们也撤吧。陈武老实，他殿后，让宋谦、徐盛两人先走。张辽之所以能成为名将，正是因为他拥有善于把握战机的非凡能力。在东吴军组织撤退时，合肥城中有一双眼睛死死地盯着他们呢，这正是张辽。

张辽揉揉自己的眼睛，看看远方已经不见踪影的东吴大部队，又看看正在依次撤出阵地的陈武、宋谦、徐盛，再看看挥舞马鞭、慷慨激昂、意气风发，一副指点江山派头的孙权，确信自己的眼睛没有出现幻觉。

于是正在撤出掩护阵地的东吴士兵们见到了他们最不愿意见到的一幕——张辽又来了，还带了好多人。上次是出来搞破坏，张辽就带了800人；这次不一样，这次是来砍人的，合肥城的7000人来了一大半，黑压压的一片。要说东吴军在场的人也不少，陈武、宋谦、徐盛每人都有2000人，再加上孙权身边的亲卫队1000多人，总数比起张辽来只多不少。

可张辽选择的时机好啊，这边东吴后卫部队正在组织撤退，那边主力走得飞快，不见了，而指挥所居然还没动，对，没动。当魏军突然杀出时，后卫部队还没反应过来是怎么回事，难道是给我们发路费吗？只一个回合，反应最快指挥部队返身接战的陈武就被魏军骑兵宰杀了。兄弟部队有难，可宋谦、徐盛部没有救援，反而跑了；当然未必是宋谦、徐盛两人胆怯，好歹也是东吴第一流的战将，只是部队开始逃跑了，裹着他们跑他们也没脾气。反正陈武已经掉了脑袋，不救他也不算个啥，可这两支部队一逃，直接后果是把指挥所给卖了，赤裸裸地暴露在魏军的冲击之下。刚才还是1.4比1，东吴兵力占优，转眼间变成了1比2，张辽兵力占优。

这会儿估计孙权是吓糊涂了，居然派人去叫主力部队回来，人影都不见了去哪叫啊，也难怪他，上次就被张辽整了个够呛，现在一看张辽这个煞星又来了，能不吓糊涂吗。还好他糊涂，旁边的人不糊涂，这帮人早知道他们家主公会出个状况什么的，都留在他身边呢。

先是潘璋带了几个人飞马就去拦截宋谦和徐盛的溃兵，都这当口了，远水救不了近火，先把眼前的部队组织起来再说，剁了跑最前头的两人后，溃兵止住了。这思路多清晰啊。凌统等一干人呢，直接带着他们的亲兵投入战斗了，啥都别想了，先把张辽挡住再说。其中的甘宁也是个硬汉，一边张弓射击一边居然还有空回头厉声高呼："军乐队都死光了啊！还不奏乐！"这声断喝其实起到了稳定军心的作用。这时潘璋带着宋谦和徐盛的部队也调头杀了回来，张辽的攻势暂时被遏制住了。眼看着东吴军逐渐在扭转被动局面，孙权又跑出来坏菜了，他，跑了。孙权逃跑也是有理由的，张辽第一波攻势被挡住后，肯定换招，不急于正面硬突，而是指挥骑兵侧翼包抄，不跑就被张辽合围了。

只是他这一跑，极大地影响了东吴军的士气，更是对整个战局产生了巨大影响，凌统、吕蒙、甘宁、蒋钦诸将只能且战且退，护着孙权是重中之重啊，本来尚有可能挺住的东吴军队再也顶不住魏军的攻势了，战局急转直下，再无扳盘的可能。张辽抓住东吴军阵型松动的大好战机，急突，整个东吴军瞬间混乱，只有凌统带着人死死护着孙权跑，其他人都被魏军冲散，暂时失去了联系。当孙权跑到逍遥津的桥边时，洋相又出现了，这么要害的地方居然没东吴部队，桥已经被张辽部给毁掉了。为掩护孙权逃跑，凌统带着300亲兵返身再次冲向魏军，战胜没想过，要的只是时间，在击杀数十魏军后，300亲兵全部战死，凌统身被重创仅以身免。不过凌统部用命换来的宝贵时间使得孙权驱马越过了断桥，终于逃脱了。

《三国志·裴注》引用《献帝春秋》曰：张辽问吴降人："向有紫髯将军，长上短下，便马善射，是谁？"降人答曰："是孙会稽。"辽及乐进相遇，言不早知之，急追自得，举军叹恨。

这就有点搞笑了，张辽第一次出击时都已经杀到孙权麾盖之前了，还要喝孙权下来干架，哪有没见过因此而不认识孙权的道理，可见此段文字是替孙权粉饰之词。

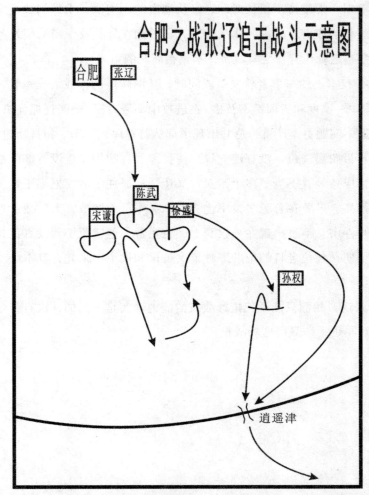

合肥之战张辽追击战斗示意图

孙权要是镇定那么一点点再勇敢那么一点点，不跑，东吴军在暂时挡住张辽第一波攻势后，完全有时间组织部队构成保护方阵，以空心方阵抵挡魏军步骑兵的冲击。潘璋带着宋谦、徐盛的部队及陈武的余部就在旁边厮杀，主力部队亦在赶回途中，东吴军完全有机会凭借其优势兵力扭转战局，只是孙权实在缺乏一个优秀指挥官应有的素质。

纵观整个合肥之役，东吴战败并不是偶然。

首先东吴军师老兵疲，此次合肥之征在战略上就是一个错误。孙权在与刘备谈和后得到重要军情，曹操正在远征汉中，无暇东顾，因而挥师攻打合肥，想拣个便宜。可是他没想过他的部队出征时间已经很长了，先从江苏跑到湖北、湖南，在荆南一带就待了很长时间，又从湖南跑到安徽，士兵们长途跋涉又长期在外已经相当疲劳，况古时作战数万人长时间在外扎营很容易引发各种传染疾病，以疲敝之师伐有备之坚城实在不是很高明的策略。

其次孙权本人的军事素养又很成问题。从两阶段的作战情况来看，孙权对于军队的部署、调度和指挥都不及格。在进攻中部署有误，被张辽抓住机会出击；在组织撤退中问题更是严重，总共出现了部队行军序列脱节、指挥所过于突前、后卫部队盲目脱离岗位、没有建立梯次掩护部署、防御要点没有部队把守、本人面对险情应急处置不当等多个错误，又让张辽抓住了破绽把多于魏军的东吴部队一顿暴揍。导致在合肥之役中优势的东吴军反而惨败，大将战死，孙权本人都差点当俘虏。不过出现在孙权身上倒也正常，他这辈子就没真正打赢过一次，除了早期在各位老将的帮助下胜了次黄祖和擒了个朱光，其本身就没多少军事才能。

至于张辽，我们只能说其把握战机的能力确实是一流的，没有张辽出色的洞察力，魏军也无法赢得这场战役。

# 进攻战斗

　　进攻是赢得战争最直接的手段。美军认为，进攻是战争的决定性行动样式。进攻行动的目的是夺取、保持和利用主动权以决定性地击败敌人。中国古代的孙子亦称："守则不足，攻则有余。"又曰："不可胜者，守也；可胜者，攻也。"本节通过美军最近的一次大规模的城镇地进攻战斗来讲述进攻战斗的一些基本方法。

## 一、第二次费卢杰之战

### （一）作战背景

　　费卢杰市位于伊拉克安巴尔省，在首都巴格达以西约 69 千米处，是连接巴格达、拉马迪和约旦的重要交通枢纽。2003 年时全城总人口约为 35 万，大约 95% 的居民是逊尼派穆斯林。该市东西长 3.5 千米、南北宽 3 千米，幼发拉底河位于城西南方向，河上一南一北横跨两座大桥，北桥的东端与城区相连，西端是费卢杰综合医院；南桥与贯穿全城的一条高速公路（10 号公路）相连；城内有纵横交叉的 2 条公路和横贯市区的铁路，东西主干道将该城分成南北两部分。城东是一片工业区；城北有一个火车站和一条铁路线；市中心是名为纳兹扎区的原费卢杰旧城；全城有超过200座清真寺，因此费卢杰又被称为"清真寺之城"。该市布局杂乱，街道密集狭窄，居民区、商业区和工业区互相混杂，房屋通常由砖块和石灰砌成，每间房子都有多个出入口，且相互之间紧密相连，是进行城市巷战的理想场所。在萨达姆统治时期，该市居民是萨达姆的坚定支持者，不少复兴社会党高官都在费卢杰起家；也因此费卢杰居民在萨达姆时期享有不少特权待遇，城内的基础设施也比很多其他伊拉克城市完善。在费卢杰城外还有专为复兴社会党高官度假而建的宫殿，名为"梦幻大陆"。

在美军推翻萨达姆政权后的最初，该城民众对美军是持支持态度的，但之后美军一连串的滥杀无辜的行为引起民众强烈不满，抵抗运动随之兴起，周边国家的反美势力乘机渗入，与伊拉克境内的反美武装在城内集结，费卢杰逐渐成为反美武装的大本营和伊拉克抵抗运动的一面旗帜。

而美军在此的驻防部队频繁调换使得美军一直没有对费卢杰形成有效控制。

2004年3月24日，美海军陆战队第一远征部队接替了第82空降师负责费卢杰的防务。在之后的10天内，美军遭到数次袭击，造成7名陆战队员死亡。3月31日，一向在费卢杰飞扬跋扈的美国黑水保安公司4名工作人员被反美武装射杀，随后被游街、碎尸，并将尸体悬挂在横跨幼发拉底河的北桥上示众（北桥因此也被称为黑水桥）。此举与1993年摩加迪沙美军被部落武装暴尸一样，引发了美国国内民众强烈不满。美国政府因此得到了一个极好的动武借口，他们认为一旦"平定"了逊尼派占据的费卢杰和镇压了什叶派领袖萨德尔，即可在伊拉克消灭有组织的抵抗。

4月4日晚，4000余名美海军陆战队和2个伊拉克营包围费卢杰开始了"警示行动"。4月5日，美军首先以少量特种部队进城，随后2500名陆战队员在坦克、装甲车辆的支援下入城，激战当即打响。战至4月28日，美军仅控制了25%的地区，而由于美军惨无人道的"兽军行为"——对平民不加识别的攻击造成了约600人的死亡，被费卢杰反美武装漂亮地打出一张宣传牌，通过网络、媒体等广泛报道，美军受到了国际舆论的强烈谴责，加上伊拉克管理委员会、逊尼派政治人士的强烈反对及什叶派军阀萨德尔的麦赫迪军在纳杰夫、萨德尔城等地向美军发起大规模进攻，并公开表示支持费卢杰的武装分子等因素。4月29日，美军在各种压力下撤回费卢杰郊区，把城市移交给当地的前伊拉克退伍士兵和前萨达姆政府官员组成的"费卢杰旅"。然而在此之后零星的冲突从未停止，至第二次费卢杰之战前，美军在此阵亡的人数已超过300人。

9月，由于"费卢杰旅"受到反美武装的严重渗透，该旅完全溃散，大部美式装备落入反美武装手中，费卢杰成了名副其实的"抵抗之都"。10月31日，伊拉克临时政府总理阿拉维宣布："和平解决费卢杰问题的大门正在逐渐关闭。伊拉克武装部队及美军将使用武力收回费卢杰。"

（二）作战准备

1. 美军方面

实际上，美军从未放弃过用武力夺取费卢杰，在第一次费卢杰之战后不久就开始了情报搜集活动以为下次进攻做准备。军事斗争，情报先行，美军对情报工作向来极为重视，为达成美军所追求的"单向透明"，美军使用侦察卫星、侦察机、无人机、电子监听和特种兵抵近侦察和火力侦察，向城中投放60名伊拉克特种兵，利用伊拉克民族矛盾和宗教派系矛盾发展"线人"、收买"伊奸"等多种方法手段，基本掌握了城内地形和反美武装的防御部署。可以看到，美军对情报的重视程度，这是作战行动胜利的最有力保障，孙子曰："不可胜者守也，可胜者攻也。"即是在讲情报工作的重要性，就是指在没有得到敌人军情的情况下不要盲目进攻，在情报的基础上有针对地部署才是取胜之道。

在此基础上美军制定了作战计划，决心在对费卢杰实施封锁的基础上，以城南和城东为佯攻方向，集中绝对优势力量从城西和城北两个方向实施两翼向心攻击，分割包围反美武装，层层推进、逐个围歼，夺取对费卢杰的控制权。曹操曾说："因敌形而立胜。"就是指一定要根据所获的敌人情报来拟定作战方案。

在这个决心定下后，美军开始调集作战力量，共计有海军陆战队第1远征部队、陆军第1骑兵师和陆军第1步兵师1.2万人及伊拉克部队约2500人。其作战部署为：攻击部队编成2个团战斗群；第1团战斗群由海军陆战队第1师第 1 团 3 营、第 5 团 3 营、陆军第 1 骑兵师第 3 旅第 7 骑兵团 2 营编成，主要任务是清剿西半部的敌人；第 7 团战斗群由海军陆战队第 2 师第 8 团 1 营、第 3 陆战师第 3 团 1 营、陆军第 1 步兵师第 2 步兵团 2 营编成，主要任务是清剿东半部的敌人；伊拉克部队混编进 2 个团战斗群；第 1 骑兵师第 2 旅则担任后卫，以阻断反美武装可能的增援和逃脱。可以看到，美军吸取了第一次费卢杰之战失败的教训，集结了绝对优势兵力。其实第一次费卢杰之战美军的兵力也是占优势的，美、伊军约 5000 人，而反美武装才 2000—3000 人，将近 2∶1 的比例，只是美军规定，必须在选定的方向上集中占压倒优势的兵力（3∶1—6∶1），第一次费卢杰之战明显没达到规定要求，所以这次大量增兵，和反美武装的对比基本达到了 3∶1。这也从一个侧面暴露出来了，当美军没能集结压倒性的优势之情况下，其官兵不会打仗，平时演训都是按照这个比例演练的，一旦得到的支援达不到，美军的战斗力就大大下降了。

最后，美军还吸取了上次被反美武装利用平民打出宣传牌的教训，展开了强力的宣传战，呼吁费卢杰的居民暂时离开城市，同时还采取断水、断电、断气等手段，硬软两手逼迫居民离开，使得在开战前大约 75% 的居民离开了城市。这种宣传战以及文化战、思想战、经济战等非硬杀伤战争手段也是美国人非常重视的，其能量其实远比美军表面的硬杀伤力更可怕。

## 2. 反美武装方面

反美武装中的大部分人都有着"如果不能获胜，就要在战斗中成为烈士"的信念，然而正是这条信念决定了费卢杰之战必将以反美武装惨败而告终。在逊尼派武装力量看来，放弃自己的圣城就是对先知的亵渎。而在扎卡维等人眼里，针对美军大兵压境的现状，反美武装最好的战略是撤出费卢杰，可惜那些固执而又狂热的伊拉克人固然有为信念牺牲的精神却不懂得游击战争的真谛。毛泽东所说的"敌进我退，敌驻我扰，敌疲我打，敌退我追"这十六字就是游击战的最佳指导原则，留下来硬拼只是无谓的牺牲，应该保存有生力量，利用美军逼迫居民离城的契机，混在居民中潜出城外，把一座空城留给美军，当美军宣布胜利占领费卢杰时，抓住机会以多个战斗小组同时发动的形式袭击美军单兵或少量部队或在美军后勤保障部队营地制造爆炸事件等，打击美军的嚣张气焰，美军所谓的"占领了费卢杰"的宣布就会成为一个大笑话；或者，暂时避居他地活动，当费卢杰的美军大部队离开后再卷土杀回。正所谓，你可以在地面上占领这个城市，但你永远也不能占领这个城市的地下世界。

费卢杰城内的反美武装分为伊斯兰逊尼派、前政府官员、前军人、"基地"组织、国外雇佣军等多种势力，互相之间并无统属关系，而且互相间又多有矛盾，虽然面对外敌能一致对抗，但还是很难形成统一的指挥。在现代战争中没有统一的指挥就意味着没有凝聚的战斗力，可以说，美军的战斗力是各部队战力相加还能得到加成，1+1>2；反美武装其实是 1+1<2。

"基地"组织的三号人物扎卡维以及加纳比、沙迪德等很多主要头目带了2000多人在美军开始进攻前就混在居民中离开了费卢杰，看来他们并不赞成这样自杀式的防御，而留下的2000多人都决心与城市共存亡。他们在城内构筑了大量的工事和阵地，在交通要道都设置路障、汽车炸弹和简易爆炸装置，几乎所有的建筑物都设置了炸弹和饵雷，狙击手布置在屋顶，城中主干道东西两侧的建筑物窗口都用混凝土和沙包封住，防御工事之间有大量的掩体、壕沟和地道相连接，并且还充分利用了清真寺这一宗教场所，把很多清真寺变成了狙击点、指挥中心和医务站，企图使美军在攻击时投鼠忌器。同时他们在城北库尔德人居住区实施重点防御；另外，他们还进行了针对性很强的实弹演习。

看起来准备工作做得不错，可是这样子的准备有用吗？至少，那些简易的街垒和房屋是挡不住美军的强大火力的；既然要抵抗，至少要实现防御工事完全地下化，地道不能仅仅与工事和掩体相连接，每个房屋都应该有地道相通，充分利用城市的下水通道，把整个城市都用地道连接起来，形成遍布全城蛛网式的地道体系，比如挖地道时不能直直地挖，要设置无数弯道、陷阱、阻绝壁、防火壁、隔离壁和多重的暗门，似乎反美武装没想到这点。按理"基地"组织在这方面是非常有经验的，在阿富汗的地道设置就很有学问，让美军极为头痛，可能他们内部把大部分时间都浪费在了争吵上。

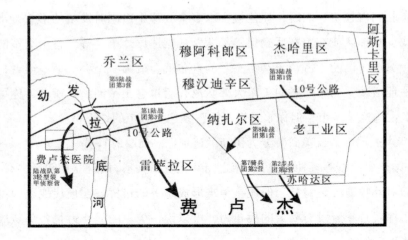

（三）作战过程

### 1.声南击北

11月2日—11月6日，美空军、海军航空兵和炮兵对费卢杰城内的反美武装展开了高强度的空袭和炮击，这些打击行动的重点区域是费卢杰的城南。同时为配合空军行动，4日，美海军陆战队还对城东南部实施了佯攻，摧毁了一些反美武装的据点。5日，美军地面部队及伊拉克"伪军"在费卢杰城南大量集结，制造出要在城南大举进攻的架势。截止到6日，美军的这些攻击行动极大地削弱了反美武装的防御能力，并迫使其暴露了防御部署和很多火力点。同日，伊"伪军"亦在美空军支援下对城南的几个打击目标实施了攻击。

美军的这些行动使得反美武装产生误判，认为城南将是美军的主攻方向，因此他们将主力调到城南准备应对美军的进攻。而在伊"伪军"佯攻的6日，在空军和炮兵火力的强力掩护下，美军开始把原来部署在城南的部队秘密调往城北，并在8日前又多次发动数次佯攻以迷惑反美武装。

这个就是战后美军甚为自得的"声南击北"，对这个问题要有三点认识：

一、美军绝不是单纯依靠其优势的装备、技术来作战，如何欺骗敌方，美国人向来非常重视。必须看到，要是反美武装不向城南调动，美军的主攻方向就会摆在城南，所谓的"声东击西"并不是一定要声了东就必须击西，它可以是虚也可以是实，这个就是兵法里的"正奇"变化之道，看过《射雕英雄传》的朋友都知道，黄蓉在看了黄药师和全真七子交手后才悟到，原来"落英神剑掌"并不是她想的那样一定是"三虚一实、五虚一实"，可以招招都变为实招，就是这个道理。

二、对纵深这个词有了一定理解的人肯定会有疑问，费卢杰南北就3千米，3千米的距离部队调动起来是很快的，就算反美武装上了当，要调回去也不是什么问题。那么必须要知道，美国人让你进了城南后就不会让你回城北去，他会设一条隔离线，用他强大的火力实施战场遮断，同理，如果从城南进攻，就不会让你城北的部队过来支援，这个是所谓的"声南击北"战术的配套工程，这点目前我没看到过有任何的访谈录和文章谈及，这个其实是很基本的东西，所以前面说过的反美武装没有遍布全城的地道体系是他们失败的一个很重要原因，他们没法用美军看不到、拦不了的方式机动。

三、如前所言，这个看似简单的行动包含了"正奇"变化的深刻道理，但也不必就此高看美军，毕竟只是个小伎俩，中国人早就会了。只是必须从此看到，不要盲目地去学美军提出的什么非接触、非线性、非对称、空地一体等光彩炫目的概念，美军真正拿手的战法是欺骗，是玩脑子，只能是在技术上追赶美军，在脑子上玩过美军，才能和他一较长短。

### 2. 分割包围、向心突击

11月7日，为彻底孤立费卢杰反美武装，为主力行动创造条件，美军夺取了费卢杰城西两座大桥的控制权，同时伊"伪军"在美军协助下夺取了城西的费卢杰综合医院。这个医院在第一次费卢杰之战中是反美武装的重要宣传窗口，美军吸取了上次的教训，在总攻之前首先将其控制。至此，费卢杰城东有英军一个营警戒10号公路，城南有美骑兵第1师第2旅，城北是美军主攻部队，反美武装被彻底孤立、包围。同日，美军一个侦察排进入费卢杰实施了抵近侦察，为总攻做最后的准备。

11月8日上午7时起，美军飞机和火炮进行了长达12小时的火力突击。19时，代号为"幻影愤怒"的军事行动全面展开。在战斗打响前，美军切断了费卢杰全城的电力供应，美军装备了先进的夜视器材，已经不再像朝鲜战场时那样害怕夜战了，反而利用自己的技术优势，主动开展夜战，这也是美军为什么 19 时发起总攻的原因。在以后的战斗中，美军也是经常利用夜暗条件积极作战，有便宜可占的事情，美国人比谁都积极。

美军首先从城西北角的乔兰区和东北角的阿斯卡里区发起攻击，目的就是要首先切断 10 公路，阻止反美武装对这条公路的利用。右翼第 1 团战斗群的任务是攻占乔兰区，率先发起攻击的是海军陆战队第 1 师第 5 团 3 营。一开始，这个 3 营就占领了西北角的一座八层楼房，并利用这个制高点设置重火力。

制高点嘛，不管是什么模式的战斗都是要优先占领的，但反美武装的战法不对。反美武装对建筑物的利用主要是在屋顶、屋内设置狙击手，在屋里藏枪手，利用建筑物抗击；在门后或墙上设诡雷，诱骗美军上当炸美军；在墙边挖蜘蛛洞，通过这个洞绕到攻击的美军侧后开火，等等。

美军呢，使用了"蝰蛇"定向式红外单兵交战和反击系统，可以迅速发现敌方狙击手并在 1—10 秒内反击，还使用了远程遥控机器人技术、隔墙探人技术、小型无人机等多种侦察手段。在上次费卢杰之战中发挥了作用的反美武装狙击手这次成了美军的活靶子。

美军还在巷战中使用非接触作战，这个战术在海湾战争、伊拉克战争中就被广泛使用了，该战术是指步兵遭遇了火力较为强大的目标后不进攻，而是后退保持距离，召唤远程火力来摧毁敌方的防御阵地或火力点，这就是所谓的"脱离战术"。在朝鲜战争中的李奇微应该是美军该战术的首先使用者，不过这绝不是美军首创。李奇微前 700 年，有个叫孛儿只斤·铁木真的人就是这么干的，再往前 1000 多年安息打罗马那会还有个名字叫做"帕提亚战术"，实际上大部分的游牧民族都会这招。顺便说一句，这个战术在篮球里叫"跑轰战术"，以前的国王队常用。

美军的这个战术有效解决了反美武装的防御工事，发现火力比较强就让飞机炸、大炮轰，让制高点上的重武器打，打完了步兵再上。说穿了，对付这招也很简单，一是不让美军脱离，用近战缠住美军，不过反美武装是做不到的，当年彭德怀开始也是这么做，后来打完第五次战役才发现车轮子肯定比人腿跑得快。二是，你美军脱离我也脱离，往地道里跑，等你美军炸完了，步兵上来了我再进入阵地打你，其实所有军队对付火力准备都是这么干的，一点都不稀奇，不过反美武装地道体系不行，也使不上。其实两种方法的要点都在于有极好的隐蔽能力。如果有蜘蛛网式的地道加上坚固的地下工事倒能让美军吃上几个亏，同时还得注意必须在100秒内撤出阵地或楼房，美军认为从召唤火力到第一波打击到达，如果在100秒内，目标将受毁灭性打击，200秒内只有50%的概率了，超过200秒，则不到10%，一定要在速度上胜过美军才行。说起来这招是现在美军用得最多的，不过这有个前提，就是完全掌握了制空权和制电磁权。如果无法完全掌握这"两权"，那就要注意，美军是很奸诈的，肯定会采用的一种作战方法就是把你骗出防空力量和战机的可控范围再打你，而不是现在我们经常看到的直接摧毁你的防空力量和压制你的空军。

对付诡雷和简易爆炸装置，美军也有招，直接让坦克把墙撞开或者直接把门炸掉、把墙炸个洞，这样再进入楼房。可见除了那个蜘蛛洞能达到对美军出其不意的攻击效果，有点用外，其他都没什么用。既然蜘蛛洞有用，为什么不用更高级的形式——挖地道呢？

对于这种高的楼房，自己守不住，丢了会被美军利用的，就炸毁它呗。当然，不是战前炸。房子里不光要有诡雷，更应该在楼层的夹壁里安上炸药，用少量的人员引诱美军，不能多，火力一多美军就召唤空军、炮兵了。在美军进屋清剿前就利用地道跑掉，诡雷会被美军先破坏点，没事，这个是起迷惑作用的，安美军的心，等美军进楼了，就遥控起爆，把整个楼和美军一起炸掉。后面的这种类似的高层建筑或有炸药或没炸药，虚虚实实，让美军搞不清楚，一见高楼就草木皆兵。一句话，决不让美军利用城里的制高点。顺便插一句话，所以未来武器有一个发展趋势是肯定的，就是对地下的攻击能力，现在美军很多炸弹就有这个能力，以后会越来越厉害。

不说了，一栋楼就说了那么多，照这么写，费卢杰几万幢建筑物呢，可以另写本书了。反正反美武装没什么新招出来，老的那些招式都被美军摸透了，都有针对性的部署和措施。既然你没招，战斗对美军来说就成了高危险性的实弹对抗演习了。

随着第5团3营的进攻，在城北外围美军第1团战斗群以陆军第1骑兵师第3旅第7团2营打头，海军陆战队第1师第1团3营和伊"伪军"随后对铁路调度站发起了进攻。该站铁轨周围布有大量的地雷和简易爆炸物，在火炮和空中火力的支援下，美军工兵使用"M58 地雷清除线电荷"装置（简称 MCLC）进行了敌前排雷，以开辟前进的通路。该装置有一个火箭牵引器，牵引器后拖带一条长 100 多米的引线，引线上携带有 1750 磅的 C4 炸药。美军工程兵在烟幕弹和压制火力的掩护下，冒着武装分子零星的迫击炮弹，开着 M113 装甲牵引车将装置带进战区后发射火箭，火箭拖带着引线和炸药一起飞向雷场；当其落地后，工程兵便引爆炸药，清除目标区域的地雷和简易爆炸装置；一个 MCLC 便可清理长 100 米、宽 14 米的区域。为了防止有漏网之鱼，美军工兵随后驾驶着 M9 装甲战斗推土机冲入雷场，引爆残余的地雷。经过一晚的紧急排雷，美军于 9 日清晨清理出一条通路，坦克和装甲车得以由此拥入市区。

当美军坦克大量拥入市区后，反美武装的日子就不好过了。本来，按照美军作战条令明确规定陆军不应把坦克投入城市巷战，因为历史上历次城市巷战证明，坦克和装甲车辆在狭小的街区作战，不仅有劲使不上，而且极易遭受来自各个方向的致命打击。然而美军对他们的 M1 系列坦克尾部加装了用螺栓固定的新型装甲；同时，美军还在坦克、"悍马"车、"斯瑞克"轻型装甲车顶部机枪的位置，安装了透明的装甲机枪防弹护盾系统，以保证 M1 系列坦克车长开舱指挥和机枪手以准确的火力消灭敌人。本来反美武装的反坦克火力就比较薄弱，火箭弹、迫击炮弹、炸弹打上去只是挠痒痒，在加强的坦克装甲面前更是一筹莫展、毫无办法。整个作战期间美军只有 2 辆 M1 系列坦克被击伤，损失可谓微乎其微。

于是在战斗中经常可以看到这样的画面，美军坦克直接加大马力冲向反美武装的街垒，只见反美武装人员一片混乱，后面跟进的步兵乘机大量杀伤敌人。话说媒体整天说伊拉克的抵抗力量是游击队，可是这种打阵地战的游击队倒也真是少见，这样打仗哪有赢的可能啊。

战至 11 日，右翼美军基本控制了乔兰区。

左翼，美军第 7 团战斗群的任务是占领东部的阿斯卡里区。相比他们右翼的部队，左翼的进展比较迅速，那是因为第 7 团战斗群碰到比较难打的目标就围而不打，主力迅速向前发展，这样身后就留下了不少反美武装的火力点。这种战术美军在伊拉克战争期间就使用过，目的就是长驱直入，迅速向市中心发展以求与右翼的第 1 团战斗群会合。此时效果比伊战期间直扑巴格达要好，那时因为后方留有伊拉克军队，后方保障部队遭到了很多攻击，有了一些损失；而现在反美武装是被困在据点里动不了的，没有威胁美军的能力。

战至 9 日，美军就基本控制了阿斯卡里区，并且完成了对 10 号公路的封锁，这条公路反过来成为了美军的补给线。

3. 向南进攻，清剿残敌

10 日凌晨，第 7 团战斗群开始向市中心进攻。11 日，两个团战斗群会合，美军完成了对费卢杰北部地区的控制，剩余的反美武装纷纷逃往城南。

这时，美军已经把费卢杰很多区的防务移交给了伊拉克"伪军"，我不得不再次提到地道。如果有遍布全城的地道体系，反美武装此时可以迅速向城北渗透，在美军身后开辟"第二战场"，完全有可能以一个突然袭击把北部各区的伊拉克"伪军"打个晕头转向，美军必会大受震动。不过没有，这种空想不提也罢。

11 日起，美军对费卢杰南部地区发动最后的攻击，这时的反美武装终于学聪明了，越来越多的人选择躲在房子里，等到美军进屋清剿再袭击美军，而不是像之前那样露着个脑袋和美军打阵地战。美军搞不清房屋里的状况只能进屋清剿，这样就有了袭击美军的机会，美军总不能把所有房屋都炸了吧。只是游击、游击，是得动起来打的，这样虽然能造成美军更多的伤亡，可自己也跑不了，只是自杀式的攻击罢了；还有的人弄来伊拉克军装，冒充伊拉克"伪军"靠近美军后再突然袭击，因为以前那种诈降的战术不好使，美军不管三七二十一见到人只要感觉有危险就先给一枪再说，仅靠诈降无法靠近美军，冒充伊"伪军"后得到的袭击机会是大大增加了，可自己还是跑不了，也只是自杀式攻击。这些新的办法加大了美军的伤亡，可是无法从根本上改变局势，不过确实给美军的战斗行动带来了困难，战后有证据显示，美军大量使用了白磷弹，甚至还有芥子气、神经毒气和其他燃烧化学物质。也就是说，美军对于很多感到头疼的目标，为了减少自身的人员伤亡，使用了联合国公约禁用的武器。

然而反美武装终于找不到真正有效的手段，这是没有办法的，装备和技术悬殊，刚开始就讲了，只有化整为零离开费卢杰才是上策。13日晚，最后一个清真寺里的人终于选择了投降。16日，美军宣布完全占领了费卢杰，但零星的战斗还在进行，美军依然在付出人员伤亡的代价。直到12月23日，美军以3人阵亡的代价消灭了最后一股反美武装，这是第二次费卢杰之战的最后一战。截止到12月23日，美军总计阵亡82人，伤500多人，伊拉克"伪军"亡8人，伤43人；反美武装方面亡1200人，另有1000多人被俘。

## （四）仅仅是一个小小的小结

最终第二次费卢杰之战以美军完胜而告终，不过这不代表美军就是天下无敌的，他们在作战中暴露出来的问题还是很多，值得我们研究。

1. 军事评论家和分析家认为，第二次费卢杰之战标志着城市巷战开始进入非接触作战阶段。这里面有三点是必须要指出的，现在流行的观点认为，这样的空地一体、全方位突击的全纵深非线性作战是信息化条件下联合作战的特点之一。实际上，自有战争起，冷兵器战争、火药武器战争、机械化战争中，这样的全方位突击就一直存在，和信息化这三个字没有什么必然联系。之前讲过纵深这个概念，厚纵深的出现有一个原因就是要避免敌方对自己的全纵深打击，不要仅仅以为向后延伸的地域就是纵深，向上一直到太空，向下一直到地下、水下，以及我们看不见的光学、电磁等空间都在纵深之内。这是要讲的第一个，从理论上讲这种一体战的观念不是现在才有的，是战争存在起就有的。

第二个呢，美军的这种作战模式并不是联合作战的高级形式，它的层次很分明，先取得"制信息权"，再把握"制空权"，在破坏了敌方对战场情报获取的能力后再出动飞机，在空中力量基本摧毁或压制敌方后，地面部队才动的，实际上还没有完全达成作战体系内各种力量的无缝衔接，其几个力量运用之间是有间隙的，在白起那节就讲过有间隙就可以利用。打个比方说，在面对俄军时，美军就不能像现在这样使用"脱离战术"，地面部队发现俄军后先退，呼叫远程火力来打，不行，会反过来被俄军揍。真正的高级形式的联合作战其各个力量是同时打击敌方，哪怕是强敌对抗，分出胜负也是在一个瞬间，这已经是一体战的一个发展方向，说穿了也没什么，就是协同的精准度要达到完全融合。

第三个呢，城市巷战和游击战的理论必须进一步发展。从数字统计可以看到，在与反美武装主力作战的11月8日到11月15日，美军的阵亡人数才38人；而之后的清剿残敌、小规模冲突的一个月内，美军阵亡44人，反而比大规模作战高。这个是必须要研究的，在正面对抗处于下风时，在美军还无法找到对付游击战的有效手段时，怎么使用精干、快速、小巧的作战力量与美军周旋。

这些都是从理论层面说的。

2. 美军高技术装备在战场上的应用向来是引领时代潮流的，凡事有利则有弊。美军现在对技术的依赖非常大，可以说离开了技术很多美军部队就不会打仗了。现在，实际上美军最重视的是"制信息权"，达成战场的"单向透明"，这样打仗很舒服，是每个指挥官都梦想的。19世纪美国人马汉提出了"海权论"，出版有《海权对历史的影响》，1921年意大利的杜黑又出版了《制空权》，明确提出了空权论，这两者的提出都引领了军事的发展，占领了当时的制高点。现在虽然还没有一本论述"制信息权"而成为经典名著的，但各国都认识到"制信息权"是现代战争中新的制高点。

所谓"制信息权"其实强调的是对战场的控制，作为一个作战体系来说，有所谓的"木桶理论"，那么美军最短的板在哪？就是对战场的控制，最强也是最短。美军指挥官现在已经依赖这样的技术来指挥控制，当出现战场屏蔽，他们的应对能力到底有多强？我认为，除了个别的天才，更多的人将不会打仗。这叫功能退化，当某个器官长期不使用后，慢慢地就自然退化了。当"单向透明"消失，"战场迷雾"重新出现，很多美军指挥官将很不适应，他们已经失去了在这种情况下指挥控制的能力。想赢美军，这方面的能力一定要强于美军，把美军拖入到他们不适应的条件下作战。

那么，怎么拖他们进去？作为一个作战体系来说，有所谓的"结构破坏理论"。一个体系间会存在无数个节点，破坏其一个，就能影响其整个作战体系能力的发挥，甚至瘫痪其体系。就如一辆宝马，发动机是其最贵的零部件了，可卸掉一个轮胎，这辆宝马一样开不了。怎么拖美军进入"战场迷雾"，就是在某个局部形成对其指挥控制的破坏，以求对该部美军形成局部优势，进而把整个体系吃掉。这就要求必须有极好的隐蔽自己的能力和对美军局部信息权破坏控制的能力以及精通兵法能够拨开"战场迷雾"分析把握战局的能力。

这个是从指挥层面说。

3. 从士兵的角度说。

在第二次费卢杰之战中，美空军还是一如既往的犀利，其协同水平是世界第一的，这是美军的骄傲，在这就不讲了。这里只讲地面部队。美军动用了他最精锐的地面部队，海军陆战队和陆军两个王牌师骑 1 师、机步 1 师的部队。这两个兵种平时的训练要求不一样，在实战中的表现也不一样。第一个，美军在地面作战中还是层层推进的线性作战模式，地面部队全纵深作战的手段无外乎空降、机降，这和我解放军在战争时期拿手的穿插战法是一个道理，这也说明了全纵深作战并不是信息化的产物，向来如此而已。第二个，美海军陆战队士兵的整体素质是强于陆军的，本身选拔的标准就不同，在作战中陆战队的小分队配合作战能力还是比较强的，敢于也经常使用班排单位的兵力与反美武装作战；陆军的表现要差一点，更依赖于身后的支援火力，常常出现一堆士兵挤在一起，往前一起进，往后一起跑。这说明什么？说明他们懦弱、训练水平低下、战术意识薄弱。在自然界只有弱小者才会挤在一起，凭借群体的力量来抵御外敌，捕食者都是单个行动或小队行动。第三个，那么陆战队是不是就很强？还是拿刚才的数字，清剿阶段，美军阵亡了 44 人，对手是乌合之众，依然造成了美军如此大的伤亡，可见其单兵作战能力并没有想象中的那么厉害。更加需要指出的是，美军总共阵亡的 82 人中，陆战队员为 72 人，可知在最后阶段作战中乌合之众一样有能力和美军单兵、班抗衡。这就是在美军作战准备中就讲过的那句话，离开了强大的火力优势，美军并不可怕。

至于什么封控不严，致使反美武装头目和大量武装人员逃脱等就不说了。

看完了目前世界排名第一的美军，我们顺便也看下排名第二的俄军。

# 二、俄格之战

俄罗斯在两次车臣战争中的表现让世人大跌眼镜，特别是第一次，从此之后北约对俄罗斯小觑之心大起，乘老毛子生病之际对俄步步紧逼，组合拳一套接一套，大有"乘你病要你命"的架势。俄格之战就是恢复元气后的俄罗斯对北约势力的一次强势反击。

自苏联解体，格鲁吉亚独立后，其南奥塞梯自治州、阿布哈兹共和国亦跟着宣布独立，从它们的角度来说也无可厚非，你格鲁吉亚能独立，我们也一样能独立。难道尼姑的脑袋只能你摸，我就摸不得吗？对格鲁吉亚来说，这是分裂国家的严重行为，自然不能答应。多年来，几方武力冲突不断，但南奥塞梯和阿布哈兹背后有俄罗斯撑腰，一直都处于事实上的独立状态。格鲁吉亚一直想解决南奥塞梯和阿布哈兹问题，无奈实力不济。在进入 21 世纪后格鲁吉亚加快了倒向北约的步伐，迫切希望加入北约和欧盟，以借助外力对抗俄罗斯。只是北约也精明得很，始终不接受其请求，每次都以其国内局势动荡啊，还有领土问题没解决啊等冠冕堂皇的借口来驳回。肯定驳回啊，在那个时候北约在背后捣鼓，用各种手段来支持格鲁吉亚对抗俄罗斯才是正经的，让你格鲁吉亚成为正式成员国就不符合其利益了，你成了我的小伙计我就得明着为你出头，从幕后走到台前，这就不行了。

对于北约的态度，其实格鲁吉亚方面是没怎么搞清楚的，它们以为北约为其提供援助，帮助其训练军队，这样那样的支持和许诺，都表明北约是站在它们背后的有力支柱。狐狸敢嚣张那是因为背后有老虎，格鲁吉亚就认为它背后的老虎会帮忙。加上它们的萨卡什维利是个标准的西方狗腿子，只看西方主子的眼色行事，在得到西方主子的一些口头承诺后，不顾动用武力是完全不符合格鲁吉亚这么个弹丸小国、军事弱国的根本利益的事实，悍然决定用武力解决南奥塞梯和阿布哈兹问题。

格军的企图和部署是：在南奥塞梯方向，在空军支援下，以第 1 步兵旅和第 3、第 4 两个步兵旅的部分兵力，以茨欣瓦利为主要突击方向，之后向西北和东北发展进攻，占领南奥塞梯全境；同时以特种作战旅部分兵力进至扎瓦地区，切断罗格斯隧道，阻止俄军进入。在阿布哈兹方向，以第 2、第 5 步兵旅和第 3 步兵旅部分兵力，以加利至苏呼米为主要突击方向；在科尔多河谷上游至苏呼米方向使用部分兵力切断克鲁霍尔斯基通道至苏呼米通道，阻止俄军进入；使用部分兵力在海军配合下对苏呼米实施登陆作战。在夺取苏呼米后，进而夺取阿布哈兹全境。

2008 年 8 月 7 日午夜格鲁吉亚对南奥塞梯突然发起攻击，而 8 月 8 日正是北京奥运会开幕之际，2007年10月31日中国在联合国提出了《奥林匹克休战协议》，世界上有186个国家签署了这个协议，格鲁吉亚也是其中之一。很明显格鲁吉亚选在这个时候开战是为了达成进攻的突然性，趁着世界舆论的焦点以及各国政要都在北京，趁人不注意打个速战速决，在舆论和俄罗斯反应过来前解决战斗（梅德韦杰夫在休假，普京正在北京）。只不过这是以政治上的被动和失分换来的，首先"奥林匹克休战"这是个有着长期传统的"神圣休战"，历史上在这期间动武的国家无一例外都受到了舆论的谴责；二来俄罗斯以此为契机，展开舆论和宣传攻势，大量报道格鲁吉亚违反维和协定、杀害无辜平民的做法；并强调俄军是在格鲁吉亚入侵、俄维和部队重大伤亡的前提下才被迫采取军事行动的，占领了道义上的制高点，使得以美国为首的"北约"无法偏袒格鲁吉亚，美国助理国务卿福瑞德和欧盟调查委员会被迫承认格鲁吉亚侵犯南奥塞梯是个错误，格鲁吉亚负有首要责任，悲摧的萨卡什维利就这么被西方主子给抛弃了。不得不说的是在开战前3小时，格鲁吉亚还和南奥塞梯方面达成了休战协议，这个欺骗手段在军事上是成功的，有效地迷惑了南奥塞梯当局，帮助格军达成了作战的突然性，可在政治上又是一大败笔，撕毁笔墨未干的协议必将遭到国际舆论的一致谴责，也会给对方以口实。

其实俄罗斯早有准备，在战争爆发前俄军就制定了"强制和平行动"的作战预案。7月13日至8月1日，俄军在北高加索黑海至里海地区进行了"高加索—2008"联合演习。而且演习一结束，参加演习的俄军部队就开始了"强制和平行动"的作战准备。在格鲁吉亚刚开始对南奥塞梯发起进攻后不久，俄军就展开了对格鲁吉亚军队的反击。种种迹象表明，俄罗斯的情报系统继承了苏联时期的敏锐和高效，在战前已经获得了格鲁吉亚方面的相关情报，俄军的准备工作相当充分。

然而对于俄军的备战工作，格鲁吉亚并不完全知晓，格鲁吉亚还一厢情愿地认为俄罗斯不会出兵；美国虽然有几颗侦察卫星以及高空无人侦察机等天天盯着北高加索一带，亦没发现俄军的集结调动。这些充分说明俄军的隐蔽、伪装能力已达到一个相当高的水平，这个是现代战争军队生存的最有力保证，其隐蔽伪装的相关措施是值得中国军队学习、借鉴的。

俄军的部署和决心：

地面作战力量：南奥塞梯集团由北高加索军区第 58 集团军第 19 近卫摩步师 135 团、503 团和 141 独立坦克营及驻车臣的第 42 近卫摩步师部分兵力等编成，由第 58 集团军司令赫鲁廖夫中将指挥；阿布哈兹集团由北高加索军区第 58 集团军第 131 独立摩步旅和第 7 空降师等编成，由总参谋部战斗训练局局长沙马诺夫中将指挥。

空中作战力量：由空军第 4 空防集团军航空兵部队编成。

海上作战力量：由黑海舰队"莫斯科"号导弹巡洋舰、"机灵"号护卫舰等编成。

俄军决心夺取南奥塞梯及阿布哈兹地区，歼灭这两个地区的格军并摧毁格鲁吉亚的军事潜力。

8 月 7 日，格鲁吉亚空军及炮兵部队对南奥塞梯境内目标实施了火力突击。8 日 2 时，其第 1 步兵旅在第 3 步兵旅 1 个营、第 4 步兵旅 2 个营的配合下向茨欣瓦利发起进攻。其特种旅部分兵力进至罗格斯隧道，设置了雷障并组织设伏，准备阻击俄军从罗格斯隧道进入。这里有一个问题，既然要阻止俄军进入南奥塞梯，那索性炸毁罗格斯隧道，仅凭特战部队就想完全控制罗格斯隧道，一是把俄军看得太低，二是把自己看得太高，实在是有点螳臂挡车的味道。

南奥塞梯地方武装（仅有装备轻武器的大约 3000 人）和俄军维和部队虽然坚决抵挡，但在优势格军尤其是格空军面前无力招架、伤亡惨重，俄军一辆步战车和一辆战斗侦察车被炸毁，剩余维和部队被包围于茨欣瓦利南郊。这让人说什么好呢，这么弱小的一支军队居然敢率先攻击俄军，实在是有点找死的味道，这恰恰给了俄罗斯军事进入南奥塞梯最好的借口。12 时格军占领茨欣瓦利，14 时格鲁吉亚方面再次投入 2 个营以保持进攻锐势。

8 日凌晨，俄军就开始了反击，首先到达战场的是俄空军，其实在俄空军出动前，俄军地面部队已经开始行动，其空军的反应慢了很多。俄罗斯的空军在这次"五日战争"中暴露了很多问题，反应慢就是其中之一，导致俄军维和部队在战争爆发后 14 个小时内没有得到空中支援，在格鲁吉亚空军的火力下被动挨打，造成较大的伤亡。

第二个还是反应慢，同时还有个空地协调问题，第 4 空防集团军没有在第一时间给第 58 集团军派出火力引导组，没有火力引导组怎么去建立空地协同？

这在美军几乎是不可想象的。因此第 58 集团军的 2 个先遣营在开进途中没有得到空中支援，被迫和设伏的格特种旅硬拼地面火力，造成了一些可以避免的损失。如果空军及时到位，夺取制空权，格特种旅是无法与俄空中火力抗衡的，只能撤出阻击阵地让俄军顺利通行。

第三个，是对制空权控制不到位。这场战争中面对仅仅 10 架左右苏—25 战机的格鲁吉亚空军，俄第 4 空防集团军损失惨重，共有 6 架飞机被击落，包括 3 架强击机（1 架苏—25SM、2 架苏—25BM）、2 架苏—24M 轰炸机和 1 架图—22MZ 远程超音速轰炸机。其中 3 架（2 架苏—25BM 和 1 架苏—24M）是因俄防空武器的失误而击落的。另外有 4 架苏—25 损坏严重。（俄国防部只承认损失了 4 架飞机，格鲁吉亚方面则坚称击毁了 21 架俄军飞机。）这里有两点，一还是空地协同不到位，如果是 1 架，可能是失误，短短几天 3 架飞机被误击，这就是训练水平问题了，说明平时的空地联合训练不够，陆军防空兵对于协同的规定、信记号不熟悉，临阵操刀问题就出来了；二是俄空军对格鲁吉亚方面电子压制不到位，现代战争取得制空权的关键其实在于制电磁权，而电子压制不到位的原因是没有完全搞清楚格鲁吉亚防空阵地的部署以及其防空力量的强弱，情报没到位。当然也可能是电子压制不成功，格鲁吉亚抗电子干扰能力强于俄罗斯的预计。尤其是图—22 战略轰炸机被击落，说明俄罗斯方面确实没搞清格鲁吉亚方面的防空导弹到底有些什么。俄罗斯的空军和美军比起来差距还是比较明显的。

虽然俄空军表现一般，但相比格军弱小的空中力量优势还是相当明显的，在俄空军打击下，格军战机基本全部被毁，地面目标也遭到严重打击。

空军差了点，陆军表现就受到影响了，虽然俄军保持了较快的进展，8 日下午俄军先头部队就抵达茨欣瓦利郊区，在向市区前进途中，因为没有空军的支援，再次遭到格军特种部队伏击，南奥塞梯集团总指挥赫鲁廖夫中将负伤被送去了医院，135 团政治副团长阵亡。虽然没有空中支援是一方面原因，但把责任全部推到空军头上去就不对了。试想，如果设伏的格军兵力火力达到一定规模，俄军岂不是要吃大亏，先头的 135 团加强营很可能会失去战斗力，影响俄军后期作战。从地面部队本身来讲被伏击的原因是推进太快，先头部队孤立突出，给了格军战机。当然俄军迅速推进是有它的政治考虑的，就是想速战速决，最快速度最短时间结束战争，不给外部干涉势力介入的机会。

俄罗斯方面战略构想没有问题，战术实施有问题。表现在两点：一是侦察搜索不够，没有发现格军部署。这既有58集团军自身的侦察部队的原因，也有没善加利用南奥塞梯地方武装，没有建立与它们之间的有效沟通联系，信息共享不及时的原因。作为本地人，他们的情报来得比俄军快。二是轻敌。在尚未完全控制茨欣瓦利郊区的情况下，总指挥就急急忙忙带着作战参谋们来到最前沿了，与他同行的还有新闻记者。这个就有点把打仗当儿戏了，很有点当年的麦克阿瑟的味道，实在是太不把格军当人看了，这种赤裸裸的藐视任何人都不会容忍，结果格军特种部队就给了他一个教训。

当9日凌晨俄军主力抵达后，135团立即从东、西、北三个方向向茨欣瓦利的格军展开强攻，迫使格军撤出了茨欣瓦利，同时76空降师一部兵力在茨欣瓦利附近地域空降夺取了附近制高点及瓦利阿尼车站，切断了格军预备队前进的通道，断绝了茨欣瓦利格军的退路。503团在135团后超越503团对格军发起进攻；当晚，格军在俄军强势攻击下全面溃退，俄军进至茨欣瓦利南郊。这里可以看到135团是一梯队，负责突破格军前沿，并解救被围维和部队；503团是二梯队，负责向格军纵深发展进攻；76空降师负责穿插，夺取格军纵深后方要点，对格军实施分割。3个部队完成任务都十分出色，仅一天时间就击破当面兵力相当之强敌，表现出了俄陆军强劲的作战能力。要知道这是在先头部队遭到伏击，指挥官受伤离开战场，初战不利的情况下完成的；而且当面之敌格军是按美军标准组建、装备，由美军军事顾问指导训练的，是美陆军的一个山寨版，萨卡什维利敢于动武，这支"美式"军队也是其资本之一，其第1旅和第4旅更是格军中最精锐的部队。两次车臣之战后的俄罗斯陆军不可小觑，要让美军来打，这样的兵力美军绝对是不会如此大胆进攻的，其陆军肯定是等着空军和陆航部队把对方打个七七八八后再突击去收拾残敌，也许自己的损失会比俄军小，但速度肯定没俄军快，两支军队的这个不同点会在本节结束时再讲一下。

10日，格军集中3个机步营的兵力，组织对俄军进行反击，企图夺回茨欣瓦利。这个反击行动是在下午，而这时俄军后续部队已经进入南奥塞梯，计有"东方"、"西方"特种营2个车臣连、空降76师一部、空降98旅一部、第

45 独立侦察团特种分队、第 42 近卫摩步师一个团、693 团一部等，已经形成了对南奥塞梯格军的兵力优势，并清剿了茨欣瓦利的格军残部。面对如此强大的敌人，格军的反击只是困兽之斗，毫无悬念地失败了，大部分部队直接就投降了，可见此时的格军已经失去斗志，这次反击只是勉强之举。剩余格军向哥里撤退，然而俄军的作战计划相当完备，早已明确了追击部队，格军在撤退一开始就遭到了俄军追击，瞬间溃不成军，残余格军基本全部被歼，俄军进至哥里，呈完全分割格鲁吉亚全国之势。

俄军的强大不必再提，这里只讲一个问题，按美军的作战思想，在对方集结兵力准备反击的时候，应在其兵力尚在集结中就发起空中和地面远程火力突击，打乱其作战部署，然后趁其混乱实施地面突击，一举击破之。格军反击是在下午，能见度好，俄军又握有制空权，按理应该能事先发现格军兵力调动集结的种种迹象才对。这个问题说明俄军可能存在三种情况，一、地面部队的侦察能力不够；二、地面部队侦察不够没关系，正常。可空中力量、包括空间力量应该能有所察觉才对啊，在战事中没有体现出来。那就说明还是前面提过的老问题——空地协同有问题，也许没有建立好沟通联络，也许空军根本没派无人机、侦察机去侦察。如果确实是这样子，和美军作战是要吃大亏的，哪怕你陆军训练水平强于美军，但你的战场情报获知的能力、联合作战的能力、协同的能力不及美军。要知道美军最强的就是信息系统，情报获知快，传输快，指挥控制快，总能先你一步，先手处处在别人那，这仗就没法打了。三、空军不给力，那还有陆航部队，一样可以派出侦察直升机啊。问题又出来了，1998 年俄罗斯军队改革时把陆航部队划给空军了，可能它们当时认为会飞的都应该归空军管，这样一来陆航和陆军就完全不搭界了，本来陆军可以自己干的事就得和空军沟通、联络、协同，变成了跨军种，关系协调起来就复杂多了，对作战效能的影响就变大。而且空军飞歼击机、轰炸机的对飞直升机的不是很看得上，裁军时大量裁减了陆航部队的人，这些熟悉空地协同的专业骨干离开部队大大影响了俄空军和陆军之间的协同配合。

在阿布哈兹方向，俄军的行动速度比南奥塞梯方向更快，格军还没完全展开作战部署就遭到了俄军进攻。这边的格鲁吉亚人倒也老实，挨了打后立马乖乖地往家里逃，立即就全线撤退。这下阿布哈兹的地方武装就威风了，在俄军的掩护下大举进攻；9 日其一部推进至格阿边境，另一部进入科尔多河谷上游，并于 12 日在俄军第 7 空降师配合下包围格鲁吉亚特种旅大部，完全夺取了科尔多河谷。俄军自己在格鲁吉亚境内急突猛进，反正格军在这个方向已经基本没有抵抗了。11 日，格境内的祖格季季、谢纳基、波季港相继被占，而正在当日，格鲁吉亚的 2000 名维和人员才由美国人送回国，回不回来其实都一样，大势已去，让他们上战场也只有投降的份。

在这个方向的海上，俄军黑海舰队的特混编队于 9 日抵达格鲁吉亚海域，对格鲁吉亚实施全面海上封锁。10 日，俄军对 4 艘格导弹艇开火并击沉 1 艘，这对外部干涉势力起到了极大的威慑作用，北约海军只敢在远处游弋而不敢靠近。

其实这个时候俄军的战略目标已经基本达成，就算想灭了格鲁吉亚也只是举手之劳，只是俄罗斯的战略就是以战迫和，格鲁吉亚的萨卡什维利只得向其西方主子求援。12 日，法国总统萨科奇和梅德韦杰夫达成了和平协议，格方当然表示接受。随后，梅德韦杰夫宣布"强制和平行动"结束，俄军共阵亡 74 人，伤 173 人，失踪 19 人；格军死亡和失踪 170 人，受伤 1800 人，另有 7000 余人被俘，几乎所有的重装备和军事设施都损失殆尽，相当长时间内失去了战争能力。

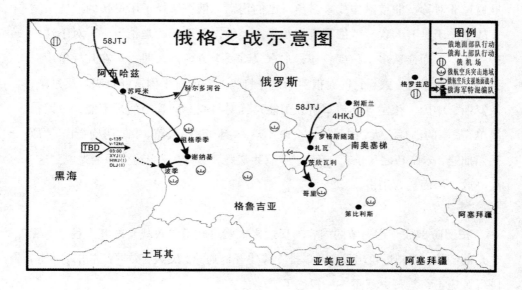

　　最后讲一个小问题和一个大问题。

　　小问题就是关于俄军的 T—72 坦克。在本次战争中俄军参战部队中还是有大量的老式 T—72 坦克，看起来这种武器装备已经过时了，在使用俄制武器的国家和美国的交战历史中，T—72 坦克被打得落花流水惨不忍睹。然而在俄格之战中 T—72 坦克却发挥了巨大的威力，一方面的原因是因为俄罗斯的军事实力远强于那些和美国作战的国家；更重要的一方面是我们得明白，只要一种武器系统能很好地结合在整个作战体系中作战时，其威力自然能得到最大限度地发挥，而当其被对手从其作战体系中剥离时，再先进的兵器也是无力与敌方整个作战体系抗衡的。

　　大问题就是前面提到过的美军和俄军采用两种不同作战方式的问题，这两种不同的方式所带来的一个后果就是结束战争的时间。俄格之战打了 5 天，科索沃战争打了 78 天，海湾战争打了 43 天，至于拖了很久的伊拉克战争、阿富汗战争因为中后期的作战对象、作战形式有所不同就不拿出来比较了。在科索沃战争和海湾战争中，美军其实和俄军在俄格之战中一样，完全具有在最短时间内结束战争的能力，反过来在俄格之战中俄军和美军一样也具有通过非接触打击摧毁格鲁吉亚军事能力后再进行地面战斗的能力。然而美军选择了尽可能地通过非对称、非接触作战来避免自己的伤亡，俄军选择了用最快的速度来结束战争。于是有人说："俄军玩的是暴力美学，美军玩的是精致。"对于这两种方式，后面会从多个角度叙述，本章只讲一个方面。按照美军在其战争中向我们展示的作战方式，它能对俄罗斯这样打吗？它能对中国这样打吗？反过来，俄罗斯、中国、德国等其他军事强国能这样对打吗？回答当然是不能，原因很简单，战争的消耗太大，国民经济会吃不消。《孙子·作战篇》中就明确指出："故兵闻拙速，未睹巧之久也。"又说："故兵贵胜，不贵久。"这个问题先说到这，放一放，后面会详细讲。

　　按照防御战斗这一节的内容，反过来推就可知道进攻战斗的基本程序，无非是前哨战，占领进攻出发阵地，排除障碍开辟通路，突破，突贯，抗击反冲击，围歼，追击，等等，就不一一叙述了。

# 08

CHAPTER

第八章　奇正

# 什么是奇正

其实在之前已经讲了大量的虚实、奇正之道，但要把奇正讲清楚还是得单列一章。

奇正，短短两字道尽用兵之法，古今名将莫不对此津津乐道。孙子曰："凡战者，以正合，以奇胜。"（《孙子·势篇第五》）尉缭曰："善御敌者，正兵先合，而后扼之，此必胜之术。"（《尉缭子·兵令上第二十三》）诸葛亮曰："兵以奇正为始。"（《便宜十六策·治军第九》）然何谓奇何谓正，奇正之变又是何？所言纷纷，各不相同，莫衷一是。

有专家认为："这种对正兵奇兵区分其实也不是他们的首创，来自于曹操的《魏武帝注孙子》：'正者当敌，奇兵从傍击不备也。'后人以此就认为从正面攻击的就是正兵，侧击的就是奇兵。如果一个军事发烧友说出这样的话来倒也无可厚非，只是从军事专业人士嘴里出来就让人啼笑皆非了。曹操还说：'先出合战为正，后出为奇。'那么按他们这么理解不就是先战的是正兵，后战的是奇兵了吗。其实曹操那句话'正者当敌，奇兵从傍击不备也'，要义只在两个字——'不备'。"这段话里存在两个问题，一是把奇正当作是一种战术，应该说奇正是一个更大的范畴，包含了所有的战术。孙子就直言："战势不过奇正，奇正之变，不可胜穷也。"（《孙子·势篇第五》）二是机械、呆板地区分正兵、奇兵，这就叫教条，看起来有些概括说得蛮有理，其实没有抓住核心本质。试问，当敌方占据两翼有利地形时，再去迂回侧击还能叫奇兵吗？兵法要是只这样按表面字义去理解，危矣。

下面再看看李靖是怎么说的："臣按曹公注《孙子》曰：'先出合战为正，后出为奇。'此与傍击之说异焉。臣愚谓大众所合为正，将所自出为奇，乌有先后旁击之拘哉？"（《李卫公问对》）

这段话要是按字面意思来理解，那就是："主力正面当敌的部队为正兵，将领根据战场形势抓住战机出击的部队为奇兵。"这么解释奇正之兵看起来比曹操的说法清晰一些，但要是就这么理解，那也完蛋了。并不是曹操和李靖说的不对，而是后人不会读兵法，兵法这东西要的是举一能反三，活学活用，只会教条、机械地去读永远也读不明白。下面我就曹操和李靖对奇正之兵的论述阐述如下，试图把两位大军事家的思路讲清楚：

一、正兵。这个没有问题，正面当敌嘛。我只简单说两层，一是使用常规战法的就是正兵；二是按照常规程序组织战斗的就叫正兵。什么叫按照常规程序组织战斗，前面讲得很清楚了，什么先火力突击、什么先打警戒阵地、什么组织破障、什么突破前沿、什么纵深突贯，等等，这些就叫按照常规程序组织战斗。这是正兵。

二、奇兵。曹操讲得很清楚了，"不备"，敌人对你的攻击行动没有防备、预先没有判断、事先没有情报显示，说白了敌人想不到的、看不到的就是奇兵。那和李靖说的有什么关系呢？其实很好理解啊，敌方"不备"，对我方来说是什么？是薄弱环节，有可乘之机呗，不就是抓住战机而出击吗。战机是怎么来的？一是捕捉到的，二是制造出的。其实就是说奇正和虚实是结合在一起的。

大概可以这么表述：

1. 知敌人虚实，可以用奇正。

2. 用奇正，去制造敌人虚实。

这两句很好理解：奇正，战术也。战术，作战的方法手段。知道了敌人的薄弱环节才能正确选择所使用的战术，不知道敌人的薄弱环节就用各种战术手段去制造敌人的薄弱环节再行攻击，这就是奇正。现在可以知道奇正变化就是利用各种手段隐蔽、伪装、掩盖自己的薄弱环节或作战意图等，以及去迷惑、欺骗、引诱等手段调动敌方以制造有利于自己的可战之机。

还有一点是要说明的，曹操还说："以五敌一，则三术为正，二术为奇。以二敌一，则一术为正，一术为奇。"这可不是正兵和奇兵的区分，只是简略描述了对于正兵、奇兵兵力分配部署的一种方法而已。就好像我之前讲，以每个士兵的行军间距为1米，行军队列为一列，每1000人为一个梯队，梯队和梯队间距为0.5千米来计算，可知1万人的部队行军序列长度为14.5千米。要是就这么机械地去理解10000人的行军队列可就完蛋了，那以两列纵队行军队列不就是9500米吗，以四列纵队行军不就是7000米吗，不动脑子地、固执地以为10000人的行军队列一定得是14.5千米的人就得晕了。兵法的关键在于理解运用而不是死记硬背，书上怎么说就怎么去操作那是永远也摸不着兵法的真谛的。所以在这先明确，曹操所讲的部署中所有的部队都可以是正兵，所有的部队也都可以是奇兵，人家只是在教你一种方法，其余的都要靠你去悟，怎么悟、怎么举一反三、怎么具体运用就是指挥官的问题了。

下面几节就来讲这个正兵变换为奇兵、奇兵变换为正兵的一些简要方法。

第二节
# 奇正之变

## 一、军阵中的奇正之变

究竟奇正变化这一理论首先总结于军阵还是来自于围猎或人们对整个战争过程的思考，很难考证。这个不重要，反正本文并不准备做这方面的考证。之前简单讲过了队列和军阵的关系，下面以"五阵"（俗称的五行阵）和"武侯八阵"为例讲奇正变化的最基本形式，也是最具体的形式——在军阵中的变化。

首先介绍下"五阵"的由来，中国的军阵都是在一张图的基础上发展的，那就是"九宫图"。把图中九个方格分别标注为1、2、3、4、5、6、7、8、9，则2、4、6、8方格为古人所言"四正"，1、3、5、7方格为古人所说"四隅"，中央9方格即为大将所将之兵。这就是黄帝的《握机文》所说的九军阵。如果以2、4、6、8、9或1、3、5、7、9布阵，其余4个空格为闲地，就是"五阵"。古人把它说成"五行阵"，对应金木水火土，2就是玄武、4就是青龙、6就是朱雀、8就是白虎、9就是轩辕。

那么怎么变？上述的"五阵"结构只是其圆阵和方阵，把五军按2、8和9之间、4和9之间、5和7五个方格来布阵就是锐阵，倒过来就是曲阵，横或竖一字排开就是直阵。这五个阵是最基本的，见五阵基本阵型示意图。还可以前二后三、前三后二、前一中一后三，等等。

　　构成"五行阵"的五军里面亦由五个小方阵构成，当小方阵按方、圆、直、曲、锐五个基本变阵变化时，"五行阵"就有了25个变化。如果"五行阵"

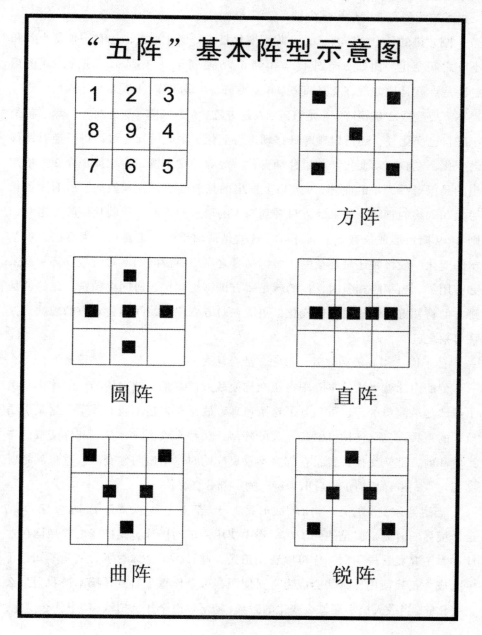

本身再变化时就有了125个基本变化，如果把其他变阵再加进去，变化也就更多。在每个小阵中的部队又都是由前卫、中军和后卫构成，当这三部分的兵力进行阵间队形变化时，整个"五行阵"的变化就又增加了。当"五行阵"进行阵内兵种整合将各个小阵中的相同兵种集结在一起时，变化又增加了。可以说实在是很难数清到底能变化出多少种。

刚才讲的各个小阵自己进行阵型变化是一种变化形式，还有一种是小阵和小阵之间变化。比如2换到4、4换到6、6换到8、8换到9、9换到2。讲得更清楚点就是比如现在2是直阵、4是方阵、6是圆阵、8是曲阵、9是锐阵，现在需要变成2是锐阵、4是直阵、6是方阵、8是圆阵、9是曲阵，除了各个小阵自己变化外，还可以顺时针移动进行变化。由此可知还可以进行逆时针移动变化，左右移动变化，前后移动变化，等等。举个例子，比如现在2方格摆出的是以弩兵为主的曲阵，9方格上摆出的是前面数列为长戟兵，后面配备长弓兵和剑兵的直阵。如果敌方只看到当先的弩兵曲阵而以重骑兵锐阵突击时，则2、9换位形成长戟抗骑兵守阵。这就是最简单的奇正变化。当然这么点基本的变化一般将领还是都会的，对付乌合之众绝对没问题，对付敌方将领就未必够用了。当军阵相争时，比的就是哪方训练更到位，协同更精密，比的就是哪方的将领更能看破对方的变化，更能在对方变化的瞬间抓住对方的破绽、抓住可乘之机。

孙子说："故善动敌者，形之，敌必从之。"（《孙子·势篇第五》）有一部分的内涵就是指的军阵中奇正变化使敌方被欺骗、被引诱的。刚才举的例子虽然是最简单的，也可包含了这个道理。故意向你显示我的阵型，这是引诱敌人的正兵；当你使用针对我正兵的阵型、兵种来攻击时，真正和你交战的奇兵就和前方部队交换位置，在你来不及反应的时候出击与你交战。这也就是曹操那句"先出合战为正，后出为奇"的一部分含义。

当达到孙子说的另一句话"故形兵之极，至于无形"（《孙子·虚实第六》）这个境界的时候，就是达到了在军阵中使用奇正的极致。我把我的阵型摆在这让你看个究竟看得明白，你可以看到正兵、奇兵，可是你看了后就是不知道哪些会成为正兵使用，哪些会成为奇兵使用，可是你看了后就是搞不懂我会怎么去变化它。当敌人搞不懂怎么变化的时候，随便你出个什么招数，搞个什么变化，他都无法知道到底哪是实哪是虚、哪是奇哪是正，就无法做到有效应对，也就只能任你摆布了。

"五阵"就简单讲这么多，再看"武侯八阵"。事实上，"五阵"摇身一变就是"八阵"了，或中央9方格的部队分散为四部，占据四个角的1、3、5、7方格或者2、4、6、8方格的部队各分为两部结合9方格分拆的部队合为四部，占据1、3、5、7方格，这样八部分别占据1、2、3、4、5、6、7、8方格，9方格为大将指挥之地，这就是"八阵"的基本阵型了。其变化的方法和"五阵"并无二致，只是更多更复杂而已，所以就不浪费篇幅了。

试问，是不是还可以变成"六十四阵"甚至"百阵"呢？理论上可行，实际不可行。小阵越多，指挥就越难，协同就越复杂，在现代信息化条件下都是很复杂的事，在古代以旗鼓指挥战阵的情况下去指挥几十个甚至几百个小阵是无法想象的。比如北宋的"御制阵法"弄了无数的小方阵，在战场上根本就没法用，要想训练都不现实，怎么去实战啊。

## 二、军阵中奇正之变的训练法

古代兵法里对于怎么训练的描述大同小异，基本都是《吴子·治兵》里的那几句话："一人学战，教成十人；十人学战，教成百人；百人学战，教成千人；千人学战，教成万人；万人学战，教成三军。以近待远，以逸待劳，以饱待饥。圆而方之，坐而起之，行而止之，左而右之，前而后之，分而合之，结而解之。每变皆习，乃授其兵，是为将事。"《六韬·犬韬·教战》《将苑·习练》《尉缭子·兵教上》《长短经·兵权·教战》等也基本如此。这些兵书都有个问题，就是没讲细节，只有《李卫公问对》里稍稍提及，这部分就以《李卫公问对》里李靖的阐述为基础简单讲述如下。

要实现军阵中奇正的变化必须具备以下几点：协同、指挥、步伐和距离。

1.距离，是指基础方阵内部各队之间的间距及各基础方阵之间的间距。此为奇正变化的基础，亦是整个军阵的基础。第五章就讲过像马其顿方阵这样的密集冲击型方阵是无法实现阵型变化的，无他，纯粹以人的加成冲击力取胜是没有变化的余地的。

古人的训练法是"画地法"，就是先在地上画一"九宫格"，比如每边300步的话，每格就是100步乘以100步的面积，横向每5步一人，纵向每4步一人，这样一个格容兵500人，以"五阵"排列，就是2500人。容纳多少人不重要，再多点人这么大面积也放得下。主要看左右间隔为什么是5步，前后距离为什么是4步？《司马法·定爵第三》上说："凡战，行惟疏，战惟密。"很清楚地解答了这个问题，布阵时疏散是为了便于变化，到了作战时紧凑是为了集结力量。那么训练时当然首先要从疏散队形开始，而怎么变化靠的就是步伐。先说明下，这里的一步是"六尺为一步"的步，大约合1.2米。

2. 步伐，弄出空间来就是为了走步子的。《六韬·龙韬·奇兵》中说："不能分移，不可以语奇。"所谓分移，往小里说就是集合离散，往大里说就是部队的机动能力。前面的5步、4步就是为了分移而设置的。当然这只是一种间距，再大点也可以，全看布阵训练的具体要求，涉及阵法、兵力配置、兵器配置，等等。

在军阵里实现分移的基础就是前面讲过的队列，当每一个横列和纵列都能做到整齐划一后就可以开始第一步训练——集合离散：就是500人从左右间隔5步、前后距离4步的疏散队形，变成左右间隔1步、前后距离1步的紧密队形。在这个基础上自然能变成间距为其他步数的队形，就不一一赘述了。然后再进行第一列和第二列交换位置，第一纵和第二纵交换位置等训练。所有这些基础的队形变化练纯熟后，就可以进行阵型变化了。

3. 指挥，步伐的移动靠的是指挥，指挥的方式在古时基本是旗鼓及以号角、金锣等，每一军或基础方阵的指挥官根据中央方阵旗帜的变化及鼓点的变化发出口令指挥他的士兵。而旗鼓的指挥含义都是事先规定明确的，比如李靖说："凡三队合，则旗相倚而不交；五队合，则两旗交；十队合，则五旗交。"就是指各队之间从离散到集合的指挥旗帜规定。

4. 协同，整个阵型能否运转良好就要靠各个单位相互之间的协同配合了。协同不好，别说几万人，就是几千几百人的部队走着走着也会走乱掉，反而导致自己的阵型混乱。怎么进行协同除了曹操在他的《教战令》里简单提及外，其他兵书里很难看到。根据古时作战的特点，可以推断出当时的协同方法一般都是按协调线协同，也就是设置调整点、调整线进行协同。所谓设置调整点、线就是用明显的标志来规定部队行进的方向、速度、行止等。在训练的时候是在地上画线以及基础方阵中的标帜来进行调整，作战时在地上画线就不现实了，主要靠标帜来调整，完全依靠平时的纯熟训练以标帜为参照物进行。

平时训练时按照各调整线的规定，各个基础方阵以及基础方阵的各队甚至各伍就知道自己走到哪条线该转向，该变速，该停止等待其他人行动，该使用什么兵器，等等，这一切都是围绕标帜进行。基础方阵内这么协同，几个基础方阵之间亦是如此，这样才能保证各个部队运动时不会出现拥挤、堵塞和混乱。

要说明的三个问题

1. 所谓"四正四隅"。一般说"四正"为正兵，"四隅"为奇兵，这仅仅只是指在进行训练时按照这样的部署去训练战法，结果后世不知兵者就以为"四隅"一定是奇兵、"四正"一定是正兵。训练时这样区分只是为了方便整个部队学习各种战法，作战时在一般情况下当然会按照平时训练去部署兵力，练为战嘛，但只是一般常规而已，所谓常规就都是正兵。如果不明白所谓的兵力部署、任务区分是可以变化的，而拘泥于所谓的"四正四隅"，这样的人是绝对不能去打仗的，被别人一个变化就骗倒了。

2. 理论上讲，军阵的阵法能够变化到极致基本是不会打败仗了，然而很多人很熟悉军阵变化却打不好仗，问题就在于思想被军阵给限制了，以为这就是兵法，沉醉于阵法之中。其实思想再放开点，把整个的战场、整个的作战体系都看成是军阵，那效果完全不同。比如《六韬》那句"不能分移，不可以语奇"，最开始就是指军阵内部的部队调动。眼界开阔点，这句话亦是在指整个作战体系内去机动灵活地调动部队，才能创造出有利于我的战场态势。一句话，思想千万不能被禁锢，一定要有全局观。将领都是从学习、熟悉、运用军阵的变化而成长起来的，要真正成为大将就一定要记住岳飞那句话："先阵后战，兵法之常。运用之妙，存乎一心。"

比如前文提到过的庞涓，此人能横行一时，必是个精于阵法的人。（要问我怎么知道庞涓精于阵法，道理很简单，从史籍记载之中就知道他依仗其所率领的武卒部队之精锐善战，然而武卒的善战不在于其单兵战力有多强。现在人们都用荀子的话来研究武卒，殊不知荀子根本不知兵。军队单兵战力在战争中的作用只是个基础，更重要的是整个部队协同配合所能发挥出的战斗力，而这种战斗力的发挥在当时主要靠指挥官运用阵法的能力，所以很容易知道庞涓精于阵法。）然而正是因为他局限于阵法，局限于这个九宫格，不知道九宫格只是阵法的基础，阵法的变化完全可以跳出这个格子进入更高的境界，所以才会被孙膑欺骗，以至于战败自刎。后面即将要讲的小故事才是真正的天才是怎么运用阵法取胜的经典。

　　3. 千万不要以为军阵中的奇正变化在现代战争没有用了。之前早就讲过：军阵，就是军队的作战部署及其战斗队形。古人其实早就说清楚了："行则为阵，止则为营。"（《军志》）我们现在过于去研究西方人那套了，却把自己老祖宗的看家本领给丢了，实在是不可取，这方面的研究其实应该多一点才好。

## 四、只是一个小故事

　　下面试着用军阵奇正变化的道理来复原一代天才——项羽的最后第二战。

　　话说项羽在垓下突围时仅八百余骑跟从，因为长途跋涉、马力等原因渡过淮河时只有百余骑能跟上。到了阴陵（故城在今安徽定远西北）走错了路，终于被汉将灌婴指挥的追兵在东城（故城在今安徽定远东南）追上。在此，项羽将演绎他人生最后一段辉煌。要是只看《樊郦滕灌列传》没看《项羽本纪》，那这灌婴真是威风，"追项籍至东城，破之。所将卒五人共斩项籍"。实际上灌婴的追兵有 5000 人，而项羽只剩最后二十八骑，不仅如此项羽还指挥这二十八骑击破灌婴的追兵、斩杀其手下都尉、再次溃围而出，在世界军事史上留下他最后的遗产。

　　东城一战实际上可谓传奇，是中国古代运用奇正变化的典范，在战史研究中理应占有一席之地。也许是我孤陋寡闻的原因，暂时还没看过相关的研究文章，下面这一段文字就是我试图运用奇正变化的理论来推演其战斗经过。

　　当项羽被追兵追及之时，作为久经沙场之将不用多考虑，如果继续跑，几十人肯定跑不过几千人，先占据有利地形再说。所谓有利地形对于骑兵来说就是一视界良好的制高点，《江表传》说项羽占领的高地为当地九头山，一日九战，故名；又名四溃山，见于《汉书》："于是引其骑因四溃山而为圜陈外向。"（现今其山海拔高 81 米，占地面积约 0.5 平方千米。据《中国古今地名大辞典》载："四溃山，安徽和县北 70 里接江苏省江浦县，项羽 28 骑，依山为阵，大破汉兵，今石上有马迹。"）

至于占领制高点的意义那是非常容易理解的，除了地利的原因外，更是能够破坏汉军主将灌婴对部队的指挥控制，削弱汉军各部之间的协同能力。高地不仅使对方需要仰攻便于防守，更是阻碍了汉军各部之间的联系，相互之间的视线、视角都会受到山体阻挡，这样灌婴在选择指挥位置时首先会遇到难题，无论他选择在哪指挥都会有相当数量的部队是无法看到指挥旗帜的，只能依靠金鼓来指挥，而声音在战场上是很容易被干扰的。

另一方面，对项羽合围的汉军各部只能看到自己左右翼的情况，而因为山体隔绝对角线，另一面友军的情况他们是搞不清楚的，这样一来对汉军各部间结合部，尤其是指挥官灌婴看不到的地方，对于这些结合部的保护只能凭借汉军各部间自觉、自发的行动来自主协同，这个难度就高到极点了，是每个带兵的将领梦寐以求的境界，显然灌婴所部不可能具备这样的能力，否则的话哪里还能有人是他的对手，灌婴他也早就成为战神了。如果项羽是在开阔的平原上遭到汉军追及并包围，那哪怕他有通天之能也是无法冲出包围圈的，所以对九头山这一高地的占领，在阵法意义上讲是有决定性的意义的，包围项羽的汉军必是成八阵形状，然而本该灌婴待着的中央方阵却被项羽占据，占据此中枢位置就可以凭借此点调动对手为自己扯出间隙而加以利用。

正当项羽观察汉军阵势之时，汉军追兵已经包围了他和他的二十八骑壮士，围达数重。看起来项羽纵有天大本领也插翅难飞，可谓英雄到了末路之时。其实不然，当英雄的人总是能创造奇迹的。

项羽对他的二十八骑壮士是这样说的："吾起兵至今八岁矣，身七十余战，所当者破，所击者服，未尝败北，遂霸有天下。然今卒困于此，此天之亡我，非战之罪也。今日固决死，愿为诸君快战，必三胜之，为诸君溃围，斩将，刈旗，令诸君知天亡我，非战之罪也。"

这话是不是吹牛立马就能见分晓。先看项羽的部署，是这样的：二十八骑

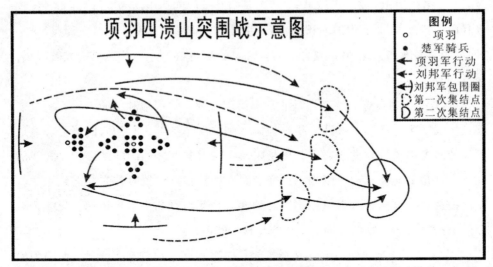

分四面四向正对着包围他们的汉军，每个方向可不是二十八骑的四分之一七骑，看这个样子应该是圆阵，四长（骑兵以五骑为一长，十骑为一吏，百骑为一率，二百骑为一将。《六韬·犬韬·均兵》）据四正位置，也就是说每个面是五骑；而五阵中暗藏八阵，项羽带领八骑按九军八阵方位占据中央方阵。最后项羽规定以九头山东由北至南三处为集结地点一，再东数里为集结地点二。

　　山下汉军观看项羽的阵势都以为项羽以圆阵自守，将在此地做最后殊死一搏。然而项羽用兵非常人能知之。正当汉军针对项羽阵势进行部署之时，项羽立即抓住战机，在对手部署调动尚未完全愈合之际，突然发动圆阵，让四个方向各长骑兵向四面冲下，而自己带领八骑成锐阵，在正西白虎方位突然越过该方向的一长骑兵，大声呐喊着直取汉军，在那个年代本身就没人敢于正面硬接项羽之锋锐，再加上项羽从高地向下冲击，正所谓居高临下，势如破竹。一汉将当场被宰杀，其余汉军人马皆披靡。随即项羽调转马头反为东向，这个方向的汉军为保持包围圈完整正尾随项羽向西冲击的步伐而来，领头的是郎中骑杨喜，此人在项羽自杀后抢夺项羽一块遗体，因此被封为赤泉侯，不过实在是个龌龊小人，打仗时逃得比谁都快，抢战利品时亦抢得比谁都快，这叫"两头冒尖"。他也实在是没想到刚还往西冲杀的项羽转眼又朝他而来，眼见着项羽须发俱张怒叱而来，杨喜魂飞魄散，调转马头就跑，竟有数里之远，当官的都跑了当兵的没有不跟着的道理，一个缺口就此出现。在项羽身后的四长骑兵在从一个圆阵分散为四长各自冲击后，再进行穿插，两长结合为一吏，即一阵分为四伍，四伍再结为两吏，再加上项羽所带领的一吏（缺一骑）返身都向山东方向疾驰。

此时项羽的二十八骑分为三吏各在三处，经过刚才的冲杀，被冲乱了汉军谁也搞不清项羽本人到底在哪个位置，于是灌婴中军挥动旗帜指挥汉军也分为三，对三处的楚军再次进行包围。这正是项羽将部队分为三处的妙用，三处楚军趁汉军再次集结调动的时机再次突击，项羽又宰杀汉军一都尉，一举杀出包围圈，再次聚集为一阵。整个战斗过程宰杀汉军百余人，而楚军仅亡两骑。

最后再次看看项羽是怎么做的。先结圆阵迷惑汉军，当汉军以为他欲守时，突然以中央方阵成锐阵突击；再以"声西击东"之战法，突破汉军包围。然而此时跑还是跑不掉的，虽然突围但汉军阵型未乱，马上就能组织追击，所以将部队分散为三处引诱汉军分兵包围，然后利用自己人少变阵灵活、汉军人多集结调动运转起来没自己快这个时间差，在汉军分兵调动之际再次突击，再次溃围而出。这次突围后汉军想追就得重新集结，然后才能调动兵力追击，不然就是马撞马、人挤人了，这和第一次溃围而出不一样，时间就此被争取到了，可以直接开跑了。

这个就是项羽最后的辉煌之战，以二十八骑突破数千汉军的重围，我个人认为研究奇正之变，首先就要从这战开始，不然不能得奇正之妙旨。

之前讲过的徐晃破关羽、项羽破章邯、隆美尔昔兰尼加大捷都是奇正变化的经典战例，就不再一一叙述了。

# 出奇制胜

出奇者，出其不意、攻其不备也。凡战，或以更强大的战力在某个方向击破敌方，此为绝对优势；或调动敌方在某个方向获得更强大的战力去击破敌方，此为相对优势。一般作战所选定的攻击点通常为敌关键节点，即牵一发而动全身之处，这就是攻敌要害。然而敌方对于这种要害的防御必然是极为严密的。既然要攻击的点守备极为严密，似乎和"避实击虚"这个道理相违背，其实不然。出奇的目的就是为了在自己选定的攻击点、突破口制造这种相对优势，也就是说使用各种战术手段去迷惑、欺骗、引诱、逼迫敌军以制造敌军薄弱环节，以求达到出不意、攻不备的效果。前面说很多将领熟悉各种阵型的变化，却不一定能打胜仗，就是因为过于拘泥于阵型，而忘记了整个战场无处不可用正、无处不可用奇的道理。

下面这三个战例的前两个就是在被动局面下通过在一些细节问题上欺骗迷惑敌方以寻求达成战场态势平衡的典范。

## 一、南北朝陈周湘州之战

南北朝陈文帝天嘉元年（公元 560 年），陈朝以太尉侯瑱为都督领湘、巴、郢、江、吴等五州诸军事，镇溢城。其时，湘州（今湖南长沙）实际上是掌握在北周手中，既然湘州是自己管辖范围自然要拿下，不然这都督五州诸军事岂不是有名无实，于是侯瑱进逼湘州，切断了湘州与外部的联系。湘州告急，北周朝廷于是命令贺若敦（其子即为隋朝名将贺若弼）率领步骑六千从陆路救援，独孤盛沿江率水军从水路并进作为贺若敦部的策应。

《北史·贺若敦列传》称："敦连战破瑱，乘胜遂次湘州。"《周书·贺若敦列传》亦称："瑱等以敦孤军深入，规欲取之。敦每设奇伏，连战破瑱，乘胜径进，遂次湘州。"看起来是贺若敦一路打胜仗打到湘州边上去的，实际上结合当时的战场态势可以看出两部史书都为自己所立传的人物增添了溢美之词。

实际情况应该是这样的：陈朝太尉侯瑱确实如《周书》所言，图谋歼灭贺若敦这支孤军，因此只以小部队阻击，连战佯北引诱贺若敦南下。自己率主力截击贺若敦部策应军团——独孤盛所率水军。侯瑱针对这次北周援军的作战意图是很明显的了：引诱贺若敦轻军深入，成孤立突出态势，再击其策应部队于长江之上，彻底切断贺若敦部退路，回过头来再聚歼被孤立包围的贺若敦部。

现在计划第一步已成功，贺部进至湘州已远离长江。为保证关门成功，九月十三日，陈朝又派出仪同三司徐度带兵增援侯瑱以形成对周军独孤盛部的绝对优势。十月十五日，凭借优势兵力以及南朝一直以来对北朝的水军优势，侯瑱在杨叶洲（今湖北鄂城县江段）击败独孤盛，独孤盛部弃舟上岸修筑堡垒以自保。计划的第二步也顺利完成。顺带说一句，在这个方向，十二月二十二日，北周的巴陵城（今湖南岳阳）主尉迟宪投降。翌日，眼见难以支撑的独孤盛带着残兵败将撤退了，贺若敦彻底失去了后援。

在局面一片大好的情况下，陈朝再次派出以司空侯安都率领的援军，与侯瑱部会合，准备执行计划的第三步——聚歼周军贺若敦部。

到了这个时候贺若敦才意识到自己轻敌冒进是犯了天大的错误，现在已后路被断，粮饷眼看不济，军中无粮则不战自溃矣。在这个危急关头，作为北周能征惯战之将的贺若敦还是表现出了他的军事素质。天大地大吃饭最大，先解决粮饷问题再说，贺若敦把部队分成数部，打粮的、保护的、警戒的、守营的，等等。当然，这打粮部队肯定不是去买，只一个字——抢。可是这个"抢"字很容易就暴露他军中缺粮的事实，这可是露形于敌，兵家大忌也。要想活下去，自己的虚实是绝对不能让陈军知道的，要是陈军知道他缺粮，那必死无疑。可现在都出去抢了，想不暴露也不是那么好办的，咋办呢？

无他，骗。贺若敦用了三手，第一手叫伪装，在营中弄了很多土堆，在表面一层铺上米，然后让大兵们排着队拎着米袋子假装发粮食。既然伪装了那得让陈军方面知道啊。

那再用第二手，用间。故意把附近的村民弄来，假装问他们一些当地的情况，让他们看见营内的"米山"和发放的情况。南人自然帮着本朝的陈军，一回去就把看到的情况进行了报告。这样一来在陈军眼中就制造了己方粮食充足的假象。

可是光这两手是不够的，陈军积极采取攻势怎么办？就算陈军不直接攻营垒，专门盯着打粮部队打那也吃不消啊。必须想个办法来保护这些打粮部队，这可是当前贺若敦的生命线。很简单，示强于敌，采取积极的攻势，迫使陈军采取守势。但他就六千人，强攻硬打绝不是办法，得出奇制胜。

贺若敦观察形势，发现当地水网密布，村民们利用水网用船给陈军送粮食、鸡鸭以供应陈军，于是他拿这件事做起了文章。贺若敦派出部队，伪装成当地给陈军送粮的人员给陈军送去，当陈军士卒争先恐后上船争抢粮饷时，船中伏兵尽出，把陈军士卒尽数俘虏。另外针对自己军中有骑兵带着马匹叛逃到陈军去这件事，专门弄了匹马来训练。先牵着马上船，当马将登船时让船上的人出来拿着鞭子抽马，几次下来，马看见了船就躲，死活也不肯再上。训练已成，就可以开干了。先派人联络陈军方面说要归附，请他们来迎接，然后就让人骑着这匹训练过的马去，在岸边事先设置伏兵，当陈军接应的部队前来牵马时，马自然不愿上船，趁此机会伏兵尽出突袭陈军来接应的部队（南方少马，对于前来归顺的骑兵向来很欢迎，主要是欢迎战马，贺若敦正是利用这点设置了圈套）。反正贺若敦就是不好好玩，尽出些诸如此类歪门邪道的主意，搞得陈军方面苦不堪言。这样一来陈军部队整天提防着贺若敦出鬼点子要诈，自顾不暇，哪有什么精力去打贺若敦的主意，索性分兵占据各个要道，准备把贺若敦拖垮得了。这样一来正中贺若敦下怀，攻守之势就逆转了，本该进攻的陈军反而开始防守，更重要的是贺军的虚实陈军始终搞不清楚，本来可以从投降的北周士卒那获得点情报，可是贺若敦老是要诈，陈军也不敢完全相信这些降人。

于是贺若敦也开始加固工事、建屋筑舍，这又是虚晃一招，表示我现在的动作是针对你们陈军当前的部署进行的，摆出一副要在此长期相持的架势。

军队在这打仗，势必影响当地的经济生活，古今同理，两支军队在湘州、罗州一带相持了好几个月，当地的农业生产算是彻底完蛋了。正好第二年三月陈军主将侯瑱病死了，后继的侯安都也拿这个贺若敦着实没办法，攻吧，人家营垒修筑得很严实，难；困吧，他在这当起了山大王到处收保护费，看样子活得很是滋润；更烦的是他还动不动就来骚扰你一下，搞得包围别人的反而像是被别人包围的，整天提心吊胆，这日子可真不是人过的。

那咋办？军事行不通当然是政治谈判呗，请贺若敦走人。于是世界军事史上的奇观出现了。

侯安都："我借给你船，你回家去吧。"

贺若敦："我过得挺好的，不走。"

侯安都："你在我们家住很久了，我们养不起你，现在给你船让你走为什么还留着？"

贺若敦："湘州本来就是我们的地盘，现在被你们占去了那可不行，一定要和你们决出胜负才能罢休。"

侯安都："大哥，你还是走吧，我们受不了你了。"

贺若敦："我怕你们要诈阴我，把船留在江边，然后你们退军百里，我才走。"

侯安都无语，倍感冤枉，明明是你贺老先生整天使阴招，现在居然一副正人君子的模样，也罢也罢，送走瘟神要紧。于是贺若敦带着部队坐着陈军的船只大摇大摆离开了江南，就差陈兵敲锣打鼓放鞭炮欢送了，如此"礼送出境"可以说是空前矣。

贺若敦虽然轻敌冒进，以致身陷绝境，但是能出奇制敌，始终守住战场平衡之局，最终全军而还，亦不失为善战之将。


虞诩增灶


东汉汉安帝元初二年（公元115年），汉王朝的西北边境又出了乱子，羌族武装分子再一次叛变，并集结兵力攻打汉朝的武都郡（治所在今甘肃成县西）。虞诩因为五年前曾对凉州羌人叛乱的情况有过精辟建议而知名于朝廷，后任地方官时又平定了朝歌的流民叛变，因此汉廷认为虞诩精于将略能够胜任西北方向的军事，故任命他为武都太守，责成他讨伐羌族武装。

接到任命后虞诩带着不足千人的部队就出发了，另一方面，得到汉廷要向武都派出援兵消息的羌人集结了数千部队部署在陈仓至崤谷一线，准备在此阻击虞诩。虞诩倒也老实，听说羌人重兵集结后索性停下来驻军不走了，本来就是啊，才这么点人怎么走啊。

既然兵力不足，那就申请援助呗，虞诩一边屯军一边扬言要上表请求支援。这时候羌人兄弟们还在陈仓、崤谷那等着准备拦路打劫，可左等右等虞诩就是不来，一打听原来是在等援军。那总不能干耗着啊，粮食一天比一天少，吃饭问题总得解决，于是乎羌人开始在周围四处打劫，也是，总不能为了你虞诩一人而降低我们的生活水平啊。

羌人一动，虞诩也开始动了，趁着羌族部队分散的良机一路狂奔，每天行军将近两百里，机不可失，再不跑就没机会了。这个就是当年赵奢在于之战迷惑秦军的办法。不过虽然耍了个花招调开了羌人的部队，可还是不够的，别人会追上来，虞诩的部队就千人不到，怎么样也不是人家数千之众的对手。不急，虞诩还有一招，增灶。每天让士卒增一个灶，隔天再递增，让羌人看了灶台后误以为虞诩得到了武都郡兵的增援，兵力变强了，使得羌人不敢轻易攻击他。当年孙膑凭减灶之计引诱庞涓来追，那增灶有什么妙用？简单，反过来呗，减灶是为了引诱别人来打我，增灶自然是欺骗别人不要来打我。弱则示强，强则示弱，这些都是兵法的基本道理。看起来这个故事就是在讲弱小的军队用示强于敌的办法来欺骗对手，如果认为虞诩成功的关键就在于增灶，那也不要学什么兵法了，不过军事工作您可千万别去干，会把您害死的。

自古以来解读这个战例都是把增灶作为虞诩出的奇招来讲的，看起来似乎只要一增灶羌人就必然上当似的。这是因为写史的都是书生啊，书生懂啥子兵法，只看到增灶这一点是用来迷惑羌人。没错，这么简单的东西随便弄个人来也看得出，要是这么简单人人都可以指挥军队去打仗了。后世没有悟性的人去学兵法就只知道死学死用，原来增灶是为了吓唬敌人，那我也这么干去吓唬敌人好了。

那么虞诩增灶能够成功欺骗羌人的关键在哪呢？

先看下，为什么说光凭增灶是骗不了人的？

羌人主要是什么兵种？这还用说，骑兵呗。骑兵跑得快还是步兵跑得快？一般情况下是骑兵。那就简单了，人家骑兵每天跟着你，你有没有得到增援人家看得很清楚，光凭你多造几个灶台哪能骗得了别人。

这下虞诩成功的关键点我们就很明白了。就是前面讲的，狂奔，每天行军将近两百里。狂奔为了啥？就是不让羌人一下子就赶上我，不能让他们搞清楚我部队的虚实，我的行军队列是不能让他们看见的，只能让他们看到灶台。

前面已经专门讲过行军速度，现在来简单计算一下。虞诩利用羌人兵力分散的机会向武都疾行，等到羌人集结完部队追赶已经晚了一到两天了，一天就是 70 千米，两天就是 140 千米。就以一天来计算，以羌族骑兵每天奔跑 100 千米来算好了，第一天赶上了 30 千米路，看到虞诩有 2000 个灶台。2000 个，不算多，羌人吃了一惊还不至于忌惮。第二天再追，又赶上 30 千米路，看到虞诩有 4000 个灶台了，这下就得掂量掂量了。已经急行军追了两天了，人困马乏，马的耐力本来就不及人，况且羌人所骑乘之河曲马以短途冲刺见长，耐力相对更差一些。对于骑兵部队来说最重要的就是马力，对方现在有 4000 人，必是得到了武都方向来接应的部队的增援，在这种情况下追上去打很可能要吃亏。而虞诩要的就是对手掂量掂量，一掂量就中了疑兵之计，时间又被争取到了，虞诩得以顺利到达武都。

事实上不管减灶还是增灶，前提都是一样的，不能让对手追上，追上了自己的虚实就暴露了，那这种疑兵之计就不管用了。《后汉书·虞傅盖臧列传》里说得很清楚：或问曰："孙膑减灶而君增之。兵法日行不过三十里，以戒不虞，而今日且二百里。何也？"诩曰："虏众多，吾兵少。徐行则易为所及，速进则彼所不测。虏见吾灶日增，必谓郡兵来迎。众多行速，必惮追我。孙膑见弱，吾今示强，势有不同故也。"

结果那些书生只知道这句"孙膑见弱，吾今示强，势有不同故也。"却不知道关键在于这句"徐行则易为所及，速进则彼所不测。"

虞诩先使用昔日赵奢的办法分散羌人的兵力，后使用疑兵之计迷惑羌人使得羌人不敢进攻他实际弱小的军队，就凭这两点已经可以算是深得出奇的精要了，所以他日后与敌人作战时若是使用各种各样的制胜办法就一点也不奇怪了。

我们现在看书，以为出奇制胜好像都是很简单的事，这个故事一方面在讲述如何在不利情况下如何使用"奇"来维持战场平衡，另一方面在讲出奇制胜不是想象中的那么简单，需要其他很多的条件去配合。

下面通过一个出奇失败的战例来具体解剖到底该怎么出奇。

奇姜斗智

这个战例是一直以来被广泛引用的，只是一般对它的解读就是简单地说姜维不会用"声东击西"，到底姜维问题出在哪，说得很少。在这里，对于战役经过就直接引用《三国志·王毌丘诸葛邓锺传》的记载：

"嘉平元年，与征西将军郭淮拒蜀偏将军姜维。维退，淮因西击羌。艾曰：'贼去未远，或能复还，宜分诸军以备不虞。'于是留艾屯白水北。三日，维遣廖化自白水南向艾结营。艾谓诸将曰：'维今卒还，吾军人少，法当来渡而不作桥。此维使化持吾，令不得还。维必自东袭取洮城。'洮城在水北，去艾屯六十里。艾即夜潜军径到，维果来渡，而艾先至据城，得以不败。"

下面主要来分析下为什么邓艾能看破姜维的奇兵，也就是说姜维的问题出在哪呢？

关键词在于两个，一是廖化。谚云："蜀中无大将，廖化作先锋。"小小蜀国据一州之地和强魏对抗，然而缺乏人才一直是蜀汉的软肋，姜维安排廖化作为牵制部队也是无奈之举。要是自己去牵制邓艾，让廖化去攻取洮城，姜维也不放心，相较之下还是自己去攻打洮城比较有把握点。而这个廖化确实也不善于用兵，到了白水边就被邓艾看破虚实，来的是廖化而不是蜀军主力，姜维不在。主力没来，用别军牵制我，那用意就很明显了，定是另有所图。作战中军形泄露是最要命的，这样就无法掩盖其作战意图，进攻的突然性就没了。要说廖化完全可以打着姜维的旗号向白水进军，以迷惑邓艾，从记载看廖化没有，而廖化没这样做不能怪他，他本身就没这个脑子，问题在主将姜维没这样安排。

二是结营。要说没能有效伪装自己而被邓艾看破虚实还不是最要紧的，还有招数挽救。就是对邓艾实施牵制进攻，拖住邓艾让他脱不了身。事实上要实施"声东击西"之计，这种牵制进攻是相当关键。一是拖住对手主力；二是掩盖自己的真实意图，掩护自己的"击西"部队；三是随时变牵制进攻为主攻，这个是说当"声东击西"不成时，要随机应变果断地把主攻方向改到原来的佯攻方向。结果呢，廖化跑到白水边，老老实实屯起兵、布置起军营来了。你在那结营干吗？和邓艾相持吗？邓艾自己都说了："吾军人少，法当来渡而不做桥。"这意图太明显了，别说邓艾，估计他儿子邓忠都能看破。被人家看破了还能有什么好果子吃，在白水边原驻扎点弄点疑兵骗骗你廖化，邓艾自己带着主力就跑洮城去了，想骗邓艾没成，反过来被邓艾耍了。这个问题也不能怪廖化，人家是执行命令，命令怎么说他就怎么做。问题还在姜维，估计姜维怕廖化不是邓艾对手，所以关照廖化不要主动进攻，把邓艾吸引住就行。可这哪行啊，至少要在那个方向用强势的进攻迷惑邓艾，或者说就算你邓艾看破了但我对你猛攻缠住你，让你不得脱身。这样运用别军"声东"才能争取到主力"击西"的宝贵时间呀。

正因为姜维在"声东击西"时配套措施没搞好，所以导致奇袭计划落空。这也说明凡是运用奇兵作战的，必有蛛丝马迹可以查寻，而这些蛛丝马迹是不会脱离作战的基本规律的范围之内的，要想使用好奇兵或识别对手使用奇兵必须牢牢把住作战基本的规律。

而是否能真正把握住这些规律只在于一个字——活。正如前面讲的，在军阵中设置奇兵、正兵主要是为了训练，这种训练是为了训练士卒，这种战法学会了、那种战法学会了、一百种战法学会了才能去打仗啊，可以知道《吴子》《将苑》《六韬》等里说的"教战"都是指训练部队的方法，但教授大将不能仅仅用这样的办法来练，道理很简单可以教会你一百种出奇的办法，也可以教会你一百种判断对手是否在出奇的办法，但要是对方用了你没学过的第一百零一种办法怎么办？难道就不会应对了吗？所以教授大将一定要教会他站在全局的角度去思考的能力，这样才能闻一知百，才能活学活用。然而真正能成为大将的人毕竟是少数，这就是为什么自古以来带兵打仗的人可以用百万、千万来计算，而成为名将的就那么多的原因。

# 09
## CHAPTER
## 第九章　联合作战

　　联合作战是个新名词，也就是这些年才出来的，以前我们中国学前苏联时叫合同战术，后来学美国了又改口叫协同，再后来老美改了名称我们也跟着改叫联合作战。名字怎么改并不重要，说白了就是各个军兵种之间的配合行动而已，看起来新鲜，实际上这种作战模式是由来已久的。早在战争成规模化后，联合作战就一直是作战模式中最主要的形式，更早的话甚至可以追溯到人类的狩猎活动。

　　所谓联合作战，其关键之处不过两个字——协同，而协同其实不过就是指各军兵种之间的互相配合。再往小的方面说，还可以是同一兵种中各个士兵之间的互相配合，而各个士兵之间的配合完全可以说是一切联合作战的基础。

不管是什么模式下的联合作战，信息化也好、机械化也好、智能化也好，讲究的都只是两个字"精准"。指挥要精准、打击要精准、协同要精准，等等。而什么信息化、机械化、智能化只是科技发展到了一定的程度能够在这个程度上支持更精更准而已。

到底什么是精准？那肯定并不仅仅只是打得准，投得准，更重要的是协同、指挥、控制等多方面的精准。而精准两字空谈是不可能达成的，只有通过不懈地艰苦训练才行。下面从一个最简单的步兵训练课目来说明什么叫精准，什么叫配合？此课目是我自己设计，目前还不见于军队的训练课目之中。

课目：步兵班进攻单支步枪火力的战斗

战术背景：步兵班执行武装押运过程中突遭敌小股兵力袭击，停车后判明敌方仅为一人，武器为台军 T—91 突击步枪，距离约 100 米，利用土包掩护。

我方火力：95 式突击步枪 8 支，班用机枪 1 挺（副射手一人）；步枪子弹各一弹匣，机枪子弹一弹匣、无弹鼓。步枪分别编号 1—8 号，机枪为 9 号，副射手 10 号，1 号为班长，8 号为副班长，每人携带手榴弹 4 枚。

要求：3 分钟内消灭敌人，结束战斗，我方无人员伤亡。

讲解：既然要求我方无人员伤亡，那根本解决之道就是不让敌人开火，即完全压制其火力，再进一步讲就是我方火力要做到持续不间断。如何做到这点，全在于全班战士密切无间的配合。试讲述一种训练方法如下：

在判明敌武器类型及大致方向后，在班长命令下 8 支步枪同时对敌火力方向击发 2 个短点射（每个短点射以 3 发计算，时间以 1 秒计算）；这是第一个过程，用时 2 秒，消耗子弹 48 发。

与此同时机枪手架设机枪在步枪停止射击后随即开火，连发，30 发子弹射击完毕大约用时 3 秒。步枪手在机枪开火后分三个战斗小组，1 到 3 号为第一组，

4 到 6 号为第二组，7 号 8 号为第三组，1、4、8 号为组长；第一组向左迁回，第二组向右迁回，分别从左右两个方向切断敌退路，第三组从正面做接敌运动，各组交替掩护。

具体运动实施如下：

第三组在机枪火力持续之时（3 秒）向前跃进 15 米，利用地形地貌卧倒出枪，待机枪停止射击后两支步枪随即依次各打一个短点射（1 秒）。第一组在机枪火力及第三组步枪火力持续之时向左前方 45 度方向跃进 18 米后寻找有利地形地貌卧倒出枪，跟随第三组两支步枪依次打出一个短点射（2 秒）；第二组在机枪及第一、第三组步枪火力持续之时向右前方 45 度方向跃进 20 米，跟随第一组三支步枪依次打出一个短点射（2 秒），在第一、二、三组步枪依次开火时（5 秒），机枪手在副射手配合下完成换弹匣、子弹上膛、瞄准三个动作，在第二组步枪射击后随即开火，还是连发；第一、二、三组步枪手重复之前的进程。这是第二个过程第一阶段，用 8 秒，消耗子弹 54 发。

如此循环跃进 5 次后，第三组向前跃进 75 米，第一组向左前 45 度方向跃进 90 米，第二组向右前 45 度方向跃进 100 米，即第二个过程五个阶段合计用时 40 秒，消耗子弹 270 发。

在此时，第一、二组所处敌左右翼位置已能对敌退路实施有效射击，完成了对敌退路的切断，在机枪火力再次射击时，第一、二组步枪在各自的位置同时以短点射的形式对敌进行压制射击，每支枪各 3 个短点射，用时 3 秒；此时第三组距敌 25 米，在机枪及第一、二组步枪最后一次压制射击前，第二组步枪第五次短点射同时，各投掷手榴弹一枚，随即在手榴弹爆炸及步、机枪火力掩护下向敌冲击，实施最后清剿；这是最后一个过程，用时 3 秒，消耗子弹 102 发，手榴弹 2 枚。

全过程共计用时 48 秒，消耗子弹 420 发，手榴弹 2 枚。

在初始训练时可以采取设置调整线，明确规定射击地域、跃进地域、冲击地域的方法来进行，待战斗班能熟练掌握后就可以把线撤掉进行训练，再下一步可以采取增加敌人兵力、火力的方法来提高训练难度，激发受训人员的主观能动性，自己去想办法解决新面临的问题，这样循序渐进整个步兵班战术训练自然而然就融合于其中。

　　而且这样训练的目的不仅仅是教会受训人员如何去组织战斗，如何去做各种战术动作，更是通过对时间、距离的精准要求，通过对射击时间、弹药使用量的把握、跃进的时机、跃进的距离、掩护的时机，甚至更换弹匣时间这样具体而又细小环节方面的精确要求，让受训人员深刻认识到如何在战斗中互相配合、协同作战，从而真正能学会和掌握战斗的技巧；从而也避免了以往的训练中受训人员只会按照班长的命令机械地去完成固定的单兵战术动作，而不会互相配合、不懂得如何去互相配合这样的问题。这样具体而又细小环节的训练才能真正在战术训练中做到精准，而不仅仅是打得准、投得准这样相对简单的精准。而协同，正是要从这样的训练中才能真正练会，练好，练精。

# 步弓协同：界桥之战

　　步弓协同是古代战争中应用最广泛、最常见的协同方式。这种近战兵器和远程投射武器相配合的协同早在人类早期的狩猎活动中就已经广泛运用了，后来用到战争中更是得心应手。本节主要就是讲步弓协同在对抗骑兵时的应用，一般来说步兵对抗骑兵通常采用防守反击战术，即结成圆阵以战车、障碍物或持长兵器的重步兵在前列抵挡骑兵突击，弓弩手在后射杀。这样的战例可以说是举不胜举，比如汉朝卫青用武刚车结阵的漠北之战，李陵被迫投降匈奴之战都是这样的典型战例。然而下面这个战例却和那些防御性作战不同，可以说是进攻性的，那就是界桥之战，袁绍手下大将麹义在此击破公孙瓒的"白马义从"。

　　公孙瓒为什么会对冀州下手，表面原因是其从弟公孙越受袁术委派跟着孙坚攻打袁绍部将周昂时被流矢射杀，根本原因还是为了抢地盘。袁绍用阴谋诡计从韩馥那骗取了冀州，这么大块地盘换了谁都会垂涎三尺，你袁绍抢得我公孙瓒为什么抢不得？面对公孙瓒的攻势，袁绍自然不会将冀州拱手相让，肯定挥师北上迎击，因而两军在界桥南 20 里处发生激战。

　　公孙瓒的部署是这样的：3 万步卒结为方阵居中，左右两翼各是 5000 骑兵，而他的骑兵部队是以其精锐"白马义从"为骨干。"白马义从"虽然是骑兵，但骑射是其主要的战斗方法，这和公孙瓒常年与北方的少数民族打交道有关。因为常年和胡人作战，公孙瓒吸收了不少胡人的作战特点。这样就很明显了，公孙瓒布下的军阵是曲阵，也就是俗称的"雁行阵"，而其手下号称"白马义从"的精锐部队最主要的战法就是利用其骑兵部队的灵活机动对敌实施交叉射击，也就是古人说的"左射右，右射左"。既然如此，可以推算出公孙瓒军阵的正面和纵深，其中央步兵方阵应该是九军八阵或者直接就是一大方阵，正面在180人到200人左右，人和人之间间隔为一到两步，也就是说中央方阵的正面是200米到400米，纵深在150人到160人左右，前后的距离应该长一点在3到4步，即中央方阵纵深为450米到600米。为什么是这样子？后面会讲。

而其两翼骑兵因为要发挥"雁行阵"的威力，正面肯定比较长而纵深较浅，估计也就3到5列，每列1000余骑，每骑相隔3到4步。

可以看到公孙瓒的战术是这样的，两翼骑兵的作用好说，就是利用高度的机动性射击对手，而这种射击如前所述是交叉火力，射的就是中央步兵方阵前的敌军，所以中央方阵的正面不能过于超出其射手的射程。而中央方阵的作用有两个：一是吸住对方，也就是说挡住对手的突击，不让其形成突破。所以结阵时要密集，未战时可能间隔会是两步，到作战时间隔很可能就会变得很小，道理很简单，要利用人的密集阵型形成合力抵抗对手的冲击。吸住对手的目的就是为了让骑射手们能够尽可能地射击对手，通过密集的箭雨对敌军形成极大的杀伤。二是破阵。一般情况下敌对方也不会是傻子，不会任由你公孙瓒让你的"白马义从"这样射我，我得分兵去攻击或驱赶公孙瓒的骑射手。所谓破阵就是指这个时候，也就是当对手分兵攻击驱赶其两翼骑兵时，利用对手兵力向两翼分散中央抗压能力下降的时机，让中央方阵实施中央突贯以求形成对敌军的分割，而两翼骑兵也会利用其高机动性对被分割的敌方部队实施合围。这样，对于公孙瓒军阵的一些细节问题也可以知道了，其中央方阵前列的步兵必是其最强的精锐之士，在稍后位置亦有一精锐部队组成的强力预备队，不然无力阻击对手亦无力突击对手。

在三国时期，公孙瓒的战术是相当有特点，不同于一般军阵，而是和马其顿的亚历山大的战术有相似之处，都是利用密集步兵方阵吸引对手或突破对手，而使用骑兵进行歼敌行动，只是一个用重骑兵突击，一个是用弓骑兵射击。公孙瓒也正是凭着这一手在北方地区横行，一时之间可谓威名显赫，所以在界桥之战前袁绍一直姿态很低、百般示好，甚至把自己原先的渤海太守的印绶都给了公孙瓒的从弟公孙范以讨好公孙氏，想避免和公孙瓒作战，并不是没有原因的。

然而公孙瓒的军阵貌似强劲，缺陷也很明显，就是骑兵强而步卒弱，步卒缺乏良好的训练，对两翼骑兵的依赖太强，其两翼灵动而中央迟缓，就好像鹰击长空全凭两翼，然一旦落地则为走兽所食。

对于这样的军阵，一般就是两个应对方法，一是针对其软肋，全力攻击其步兵方阵，形成中央突破后让其两翼骑兵不得不撤退。这样打势必要付出极大代价，取胜的机会就是寄希望于公孙瓒相对薄弱的步卒不堪一击，而且必须在战斗一开始就投入全力以求速战速决，但是风险是极其巨大的，不能成功就肯定是完败，世上就再无袁绍这号人物了，如果不是有十足把握或到了背水一战的地步一般不会如此冒险。二是先破其骑兵，剩下的步卒则不足畏。要先破骑兵，也有两种方法：一是用自己强大的骑兵部队压制对方骑兵，利用其中央方阵失去骑兵保护的战机实施突击。可是当时的袁绍还没有这样强力的骑兵部队，这招行不通。二就是用步卒去破骑兵了，打这种弓骑兵，步卒还是有一战并战而胜之的机会的，就是用大楯、强弩对付骑兵弓弩，也就是说用装甲战车对付跑轰战术。

针对公孙瓒的部署，袁绍也出招了。他让部将麴义带领 800 精锐步卒以及强弩千张为先登，自己率领数万步卒结阵在后。看来袁绍的作战意图就是先以少量精锐部队做先锋，力求在公孙瓒阵前建立一个支撑点，主力部队凭借这个支撑点为依托投入战斗攻击公孙瓒军，战事不利的话也可以凭借这个支撑点掩护主力部队脱离战斗。

显然，袁绍并没有战胜公孙瓒的把握，麴义的攻击行动只是一次试探进攻，胜固然可喜，败也无碍大局，先看看公孙瓒怎么应对，再决定接下来的行动。正是因为没有把握，袁绍的这次出击还是有点问题的，就是麴义所部过于突出，侧翼缺乏掩护、策应的部队，如果公孙瓒采用步骑协同战术，以部分步兵正面迎击麴义，部分骑兵包抄麴义部两翼，那在这样的夹击之下麴义会相当难受。看起来袁绍的大部队就在后面可以迅速提供支援，可要是就这样直接去支援麴义作战的话正好进入公孙瓒喜欢的模式，公孙瓒也掌握着强大的预备队，可顺势前进，这样一来，袁绍密集的步卒方阵就会按公孙瓒所希望的那样成为活靶子。

　　事实上袁绍至少应该安排三个麹义这样的小方阵出击，强弩在方阵之中，外围以大楯掩护；三个方阵成"品"字形，互相之间保持在强弩的射程之内，保持相互之间有效的掩护；两翼的方阵以强弩兵为重点配置，中央方阵以重步兵在前面数列、适当配置部分强弩，以缓慢的步速依次前进，一点一点往前挪，袁绍指挥的主力也跟随这样的步伐依次交替前进，保护先登部队的后方。这样在面对公孙瓒的步骑协同时，一不怕他中央步兵吸住麹义，有重步兵在前面顶着呢，二不怕其骑兵包抄，两翼有大量的强弩配置，射程、精度、防御都强于公孙瓒的骑射手。这个就是用堡垒战法去对付公孙的步骑协同。

　　当然，袁绍没有这么做，也许是没想到，也许是知道自己部队的训练水平达不到这样的协同程度，这个就不是我能知道的了。但袁绍对于能否击败公孙瓒并没有把握这点却是相当明显的，只是后来战事的变化实在是出乎袁绍和公孙瓒两个人意料。原因在于两个人，公孙瓒本人和麹义。

　　首先，公孙瓒的应对出了问题，他看得很清楚，迎面而来的麹义部手持大楯，而其中很可能隐藏着强弩，一看就知道是想用步射的射程、射速、精度优势来压制他的骑射。公孙瓒和北方的胡人征战了半辈子，当然知道此时如果选择对射他的骑射手会吃亏。然而公孙瓒也没有如前所述用步骑协同来压制麹义，而是命令他的骑兵去冲散践踏麹义部，也许是因为他感觉麹义部人少，经不起大队骑兵的冲击，而且在骑兵冲击的时间里不过够麹义的弩手射出一箭而已，他准备让他的骑兵不与麹义部对射而直接冲击他的阵型来最大限度地化解步弓手的优势。但是，这也同时意味着公孙瓒放弃了他步骑协同作战的优势，试图用单一兵种来解决战斗。公孙瓒这种阵型、这种战术的优势本身就在于利用步兵与对方的缠斗来最大限度地发扬骑射手的火力，单独的骑兵或步兵投入战斗而没有另一兵种的支援，战斗效能都会大大下降。公孙瓒让骑兵单独冲击正是袁绍的部将麹义所希望的，麹义此人长期在凉州和羌人打交道，对于骑兵的作战方式、作战特点以及马的习性可以说是烂熟于心。面对着前方来势汹汹的公孙瓒骑兵，麹义不慌不忙，从容指挥士兵们卧倒在地，前排用大楯遮挡掩护，当公孙瓒的骑兵冲到还有几十步距离时，麹义突然一声令下撤去大楯，千余强弩同时发射。从坐卧在地上上弦这一点来看，麴义部的千张强弩很可能是腰张弩，至不济也是蹶张弩，几十步的距离，这样的强弩，威力可谓绝伦。

就这一下，胜负已分，公孙瓒的骑兵瞬间被千余弩箭射得人仰马翻，冲击的势头大挫。麴义趁此良机率领800精兵扔掉大楯手持短刃急突，步兵想要在肉搏中击败骑兵就是要进行近距离的缠斗，骑兵只有跑起来才具有足够的威力，在近距离缠斗的情况下是很难击败训练有素的步兵的。而对公孙瓒的骑兵来说，按理他们应该在更远的距离遭到麴义部弩箭的阻击，当冲到几十步距离时谁都会认为对手想凭借大楯抵抗他们的冲击，没想到的是强弩突然在大楯后出现，更没想到的是跟随着强弩的是对手的反冲击。麴义正是凭借其步弓间极其精准的协同达成了他反冲击的突然性，别看麴义的协同动作就那么两下，看起来很简单，但任何一个环节没能衔接好都会带来极坏的后果。比如其步兵在持大楯遮蔽弩手时任何一个人在面对千军万马冲击这样的大场面时突然心理奔溃都会直接破坏麴义的阵型，造成给对方骑兵足够利用的空隙；如果撤去大楯时强弩不能及时发射，就无法遏制对方骑兵冲击的势头；如果强弩发射后800步兵不能及时发起冲击突入对方行列与对方骑兵缠斗，就会在瞬间丧失战机，把争取来的主动权拱手让给对方。

但是麴义的协同相当完美，各个步骤紧密地结合在一起，在这样双重打击下公孙瓒骑兵大败，而受惊的马匹四散乱跑直接把整个队列给冲乱了，甚至把身后的步卒方阵也给冲散了。所谓兵败如山倒，公孙瓒及其手下将领无法制止溃兵，这是没有办法的事，其步卒缺乏训练自然无法在战场上有效控制，一溃就是二十余里。麴义追到界桥，与公孙瓒殿后部队再战，再破之，直接冲进公孙瓒军营垒，甚至把他的牙门都给拆了。

眼见公孙瓒军大败，袁绍开始得意忘形了，这个人能力自然是有，但是和公孙瓒一样也有其毛病，眼高手低，尤其凭借自己的出身轻视别人的毛病特别重，在战场上这叫轻敌，是为将者极大的忌讳。洋洋得意的袁绍自然不会再注意警戒这样的小事，身边带着百余人就开始在战场上闲晃起来，结果突然遭遇公孙瓒军散兵两千余骑，把他围了个水泄不通，幸亏麴义及时杀到驱散公孙瓒军救了他一条小命。然而袁绍另有一个毛病，量窄不能容人，后来因为麴义居功自傲就把他给杀了，也算是自毁长城。但界桥一战是当时中国北方争霸战的分水岭，从此公孙瓒转攻为守，在战略上一直处于防守态势，再也无力与袁绍争雄。公孙瓒为什么战败？最根本的原因就在于公孙瓒虽然已经拥有了一支合成军队并有了相配套的战术，然而骨子里却还是有重骑兵轻步兵的思想，导致在作战中舍弃了自己步骑协同联合作战的优势，想依靠骑兵单一兵种取胜，却遭到了对手步弓精确协同的致命一击，以致惨败。古往今来有无数战例证明了诸军兵种联合作战的战斗力加成远远强于单一兵种的战斗力，很多会战一方的失利原因就在于把自己的各兵种分开使用或被对手强制、诱骗而分开使用，界桥之战只是其中的一例。

# 步骑协同：喀罗尼亚会战

最早的战斗主要是由步兵来进行的，后来人们逐渐发现乘马战斗虽然有难以驾驭马匹、使用武器不便、战斗力不及重装步兵等缺点，但机动性、灵活性大大增加。速度作为战争中的天然性决定因素向来为军事人员所重视，自然而然骑兵越来越受到军队的重视，其应用范围也随之广泛起来。

据考证，现在最早的骑兵出现于两河流域的亚述人，根据他们遗留下来的浮雕，亚述人已经在骑兵中区分出突击使用的重骑兵、侧翼游动的轻骑兵以及提供密集火力的骑射手。而继承亚述帝国产业的波斯人似乎并没有继承亚述人的优良传统，其骑兵部队主要还是以投射为主，基本以标枪、短剑、弓箭为装备，失去了重要的突击力量——重骑兵，这样一来波斯骑兵部队的威力相比亚述骑兵就大打折扣，这是因为失去了作战手段多样性的缘故。而且波斯人的步骑兵都喜好对敌手实施投射性的进攻，使得波斯人的步骑协同缺少了重要的突击力量，无论是骑兵还是步兵。

而在波斯的对面，海的另一边的希腊由于缺乏牧场，再加上地形崎岖、训练费用昂贵等原因，骑兵一直没能规模化，也无法形成高质量的产出，只能作为重装步兵的辅助，在战场上执行一些侦察、掩护、搜索、追击等任务，不要说重骑兵，就连轻骑兵数量都很少，当然也有一些例外，比如塞萨利、皮奥夏、维埃厄，尤其是塞萨利，骑兵一直是其陆军的主体。尤其是在马拉松之战和普拉蒂亚之战中击败波斯轻骑兵后，希腊人更是不认为骑兵能在战争中发挥决定作用，而更为专注地发展他们的重步兵方阵战术。这样使得在古希腊，没有能够形成体系的步骑协同战术。然而在希腊北方的马其顿王国，一切都和希腊本土不一样，他们的国土更适合养马，并和他们的南邻塞萨利人一样，有着使用骑兵的传统。

在腓力二世继任为马其顿的国王后，他对他的军队实施了改革，组建了一支完全不同于希腊人的合成军队，他的军队合理地配置了轻、重骑兵和轻、重步兵，这样就具备了诸军兵种联合作战的基础，在这个基础上发展出了马其顿的步骑协同战术，而这一战术也随着其子亚历山大的征服活动广为世人所知。其军阵在之前就已有叙述，我们知道主要是以马其顿重步兵方阵构成中央，骑兵在其两翼，右翼偏前而左翼偏后，并加强配置右翼；在作战中主要使用骑兵引导步兵冲击或步兵支援骑兵作战的协同方式，并根据战况灵活地采用步兵中央突破、骑兵两翼包抄或一翼包围等战法。

虽然如之前所述，马其顿的军阵还在使用比较原始而低级的集团对冲的模式作战，这种低级的军阵在纯理论角度是完全无法对抗同时期奇正变幻莫测的古中国军阵的（其完败于层次尚远不及古中国军阵的罗马军团就是一个明证），但其高度完善的步骑协同之诸兵种联合作战模式在得到严格训练的情况下，特别是在有一个出色的军事天才指挥的情况下，比如腓力、亚历山大、皮洛士，还是有和战国时七雄的军队相抗衡的能力的。特别是其步骑协同体系，在之后两千多年的人类征战史中始终没有跳出其划定的范围，至多在其基础上进一步完善而已。

正因为如此，虽然马其顿战术体系在战术思想上并不领先于世界，而且还存在极大的缺陷，但对付战术思想更为低下的近东和中东地区的民族还是足够了，更何况他们还有着世界史上罕为一见的军事天才。

马其顿的腓力二世是个有着远大抱负的人，或者说是个有野心的人，他一直希望能成为全希腊城邦联盟的主宰，并发起对波斯人的征服之战。要达成他的抱负，首先要做的就是击败希腊的几个强大城邦，征服希腊全境，使之在他的指挥棒下统一运转。

腓力的一生都在为实现他的理想而努力着，终于，公元前338年8月2日，马其顿联军和希腊联军在喀罗尼亚附近遭遇，展开了决定希腊未来命运的最后决战。

马其顿联军方面兵力大约是32000人，其中30000人是步兵，骑兵只有2000，摆出的是经腓力之手在希腊重步兵方阵基础上改良后的马其顿重步兵方阵。腓力指挥右翼，这是马其顿王的传统位置，其子亚历山大指挥左翼，骑兵分作两部分别配属在左右翼。

希腊联军方面的兵力似乎已经不可考，但从其部署大概可知。其部署为雅典的军队在左翼，其军阵列跨到堤里翁山麓，指挥官为卡瑞斯和吕西克列斯；其他小城邦的军队部署在中央，横跨了靠近喀罗尼亚道路的两侧；底比斯的军队在右翼，紧邻着凯菲索斯河并靠近阿克提翁山的支脉突出部，指挥官为特阿根尼。整个希腊联军军阵大概有4千米长的正面，这样就可大概知道其兵力在3万人到3万2千人左右，与马其顿人相当。

从形势上看希腊联军占据了较为有利的地形，其侧翼都得到了地利的保护，而马其顿军的形势较为不利，但是希腊联军方面有一个最大的问题，即其是由各个城邦的军队联合在一起构成，这样就带来另一个问题：他们缺乏统一的指挥，这点无法和腓力统一指挥下的马其顿军相比较。在现在的军事理论中，统一的指挥是联合作战的一个重要原则，而在两千多年前的《六韬·文韬·兵道》中早已明确指出："凡兵之道莫过乎一。"可见古人早就认识到这一问题。而缺乏统一的指挥随之带来下一个问题，就是希腊联军各部分之间无法形成有效地协同。对马其顿的腓力来说，这是他最大的机会。

既然已经发现了希腊联军的问题，自然就要从这方面入手，腓力决定先拿雅典人开刀。雅典人占据在堤里翁山麓，居高临下，如果在古典时代，面对对手占据这样的地形通常是拒绝作战的，因为仰攻会对一方不利而违背了光明磊落的战斗精神。于是腓力指挥马其顿军向希腊联军缓缓前进，在相距一段距离后停止，并且指挥右翼向后退却，似乎专门给雅典人留出了一块交战的空间，这时马其顿军的阵线就成了斜线式布置。

看起来雅典人很受古典精神的影响，既然马其顿人不愿意仰攻，那索性下去和他们交战。于是雅典人离开了高地，向马其顿人前进，而由于希腊联军没有统一指挥的原因，其他城邦的军队没有对雅典人的行动做出相应的反应。这样腓力的右翼一个简单的后退动作就达成了两个目的，使雅典人离开了有利地形；使雅典人与希腊联军其他部队脱节。虽然在后人看来这样的佯动实在不值一提，但在当时的西方意味着古典式的光明磊落失去了市场。

在雅典人的紧逼下，马其顿的右翼继续后退，直到他们退到一处高地，这样他们反过来获得了地利，而且凭借此点马其顿方阵还可以依靠他们的长矛比希腊人长这个优势，只用前几列士兵就抵抗住雅典人的攻势，而后排的士兵能得到充分的休息。想必此时进攻受阻的雅典人肯定会在方阵中高声咒骂奸诈的马其顿人。

现在因为雅典人的行动，他们和其他联军之间出现了一个巨大的空隙，并且他们的侧翼已经暴露。似乎底比斯人并不担心这点，他们深知重步兵方阵的行动速度，就算马其顿的左翼想要利用这个缺口，他们拥有与马其顿人相同的行进速度也能保证及时补上这个缺口，所以底比斯的指挥官继续命令部队监视着马其顿人的左翼，以便采取行动。

但是底比斯人万万没有想到，此时马其顿人的突击速度已经是他们所不能预料的了，马其顿人和两河的亚述前辈一样也已拥有了可以进行突击作战的重骑兵部队，骑兵的速度是迟钝的重步兵方阵远不能及的。在雅典人前进的同时，腓力已经偷偷地把他的骑兵集中到了亚历山大所在的左翼，他要在这个方向给希腊联军致命一击。

当雅典人受阻之时，马其顿军左翼的亚历山大完成了骑兵的集结，而雅典人因为地形不利，长时间的战斗使他们的士兵体能下降，开始感觉疲惫，这正是骑兵突击的最好时机。在中国，后来有个叫李存勖的人在柏乡之战中也是利用后梁军队体能下降之机而投入他的骑兵的。

正当雅典人进退两难之际，亚历山大出手了，他果断而又坚决地带领骑兵冲入这个缺口，在骑兵的引导下方阵的重步兵也迅速跟进。这个雷霆般的速度完全出乎底比斯人的意料，在他们反应过来之前已经有大量的马其顿部队横在他们和雅典人之间，希腊联军的左翼被分割了。被分割的雅典人和底比斯人虽然依然在英勇顽强地战斗，但大势已去、无力回天，在马其顿人的攻势下先后崩溃，中央的小城邦联军在两支希腊最强大的力量都战败的情况下自然无力抵挡马其顿人左右的夹击，希腊联军大败，腓力取得了征服希腊全境决定性的胜利。顺便说一句，这是亚历山大人生中的第一次战斗，但 18 岁的他已经表现出了敏锐的捕捉战机的能力。

这次会战，尽管希腊联军失败的根本原因在于它们没有形成统一的指挥导致最后被马其顿人各个击破，而马其顿人完全遵循了联合作战的一些基本的指导原则，即指挥的统一、行动的统一、兵力的集一。但腓力的骑兵引导步兵冲击的步骑协同方式亦是决定性的，它使得马其顿人能够迅速突破并对希腊联军形成分割包围。虽然从整个协同行动上看还略显嫩稚，但是却为日后亚历山大称霸近、中东地区打下了一个很好的战术基础，并且也向后人展示了步骑协同战术的威力，从此西方的军事战术思想进入了一个新的时期。

# 步炮协同：德军渗透战术

火药武器、尤其是火炮的大规模运用使得战场的空间更加广阔，这些用化学能来进行杀伤打击的武器威力远远超过之前几千年来所使用的冷兵器，这样一来战争又进入了一个新的阶段。美国著名军事历史学家阿彻·琼斯在他的《西方战争艺术》中认为人类的战争有四种武器系统，其实无需如此复杂，正如我在第七章中叙述的一样，战争的本质无非是一个作战体系对另一个作战体系的能量的打击，那么在此基础上只需要两个系统，近距离的突击力量和远距离的突击力量。

而作战就是如何去运用这两种打击力量的问题。到了第一次世界大战，交战双方经过激烈地厮杀后发现，谁也无法轻易战胜谁，哪怕自己拥有数以万计的火炮和以百万计算的士兵。既然无法在进攻中取胜，那就只能在相持中寻找机会，于是似乎在一夜之间，各种各样的工事包括地雷、掩体、堑壕、铁丝网、机枪阵地、堡垒和火炮阵地等星罗密布在整个战场上。对于士兵来说敌人的各种火力和障碍物都是他们前进道路上难以逾越的高墙，每前进一步都得付出血的代价。然而交战事实一次又一次地证明，哪怕牺牲了千万士兵的生命，似乎对战局也无法产生什么决定性影响。于是战争一下子又回到了起点，交战双方得重新思考如何去突破并且利用这些突破。

为了能够达成突破，首先被使用的办法就是用更强大的力量去摧毁对方，这是最直接的办法，同时也是最省脑子的，不用花太多的脑细胞，只要在进攻中集结足够的力量就行，这是最常规的，也是西方人最喜欢的。这么做首先必须和现有的作战力量、作战手段相匹配，而在"一战"期间，各国最强大的力量就是火炮了。那么交战双方似乎找到了办法，在作战准备阶段集结绝对优势的火炮使劲地轰，一直轰到对方的阵地上什么都看不到为止，实际效果看起来也不错，别说地面上的，就连地下数米的掩体都被轰垮了。

可是后来大家发现，这样没有解决问题，你轰垮了人家第一道防线人家后面还有第二道第三道，甚至五六七八道防线，在你炮兵长时间轰击以及步兵占领了第一道防线，炮兵跟着往前挪的那点时间里，对方也集结起了大量的火力和兵力，于是也来一遍你刚才的过程，使劲地轰，再把你轰回去。于是开始重复，在那拉锯，大家都付出了数以万计的生命，可收效甚微。估计西方人打殖民地战争打习惯了，习惯于用钢枪火炮去对付弓箭长矛的当地人，以为用力量的优势能赢得一切。可第一次世界大战的交战方都是世界军事强国，你有的我也有，你有那么多我也有那么多，实力相当，用蛮力解决不了问题。这样下去只有看谁先把自己的血流干，谁就输掉了战争。

而且，就算在局部形成了优势，对付这样的笨招也很容易找到应对办法。比如什么"反斜面"啦，就是把阵地设置在山的反斜面而不是通常的正斜面，使你的火炮射击精度大大下降；什么"弹性防御"啦，就是改变以往在每一道防线都配置较强力量的做法，只在前沿放少量警戒兵力，大部队配置在后面等着你轰完步兵上前后再揍你。诸如此类，不一而足。这些玩意在现代军队身上的印记依然清晰可见，比如美军的阵地防御中的战斗地域就区分为纵深战斗地域、掩护（警戒）地域、主要战斗地域以及后方战斗地域。

反正就一句话，你有张良计，我有过桥梯。时间长了，各国都明白过来，这样死拼蛮打绝不是办法，必须提高技术含量。武器装备还是那么多，之前的战法看起来声势惊人，但实际效果不好，得找出更合理、更有效地发挥出它们的威力的方法才行。

于是各国都试图寻找出最合理的将兵力、火力完美结合的办法。然而头脑的简单、保守、愚蠢束缚了英国人和法国人，他们只会机械地执行拿破仑时代就有的"炮兵征服，步兵占领"原则，步兵只知道跟随着炮兵的火力前进，这种从火炮出现起就开始使用的按计划协同方式在面对敌方同样强大火力时无法有效地利用炮兵火力突击的效果。看起来"火力引导兵力"的原则似乎失效了，其实这并不是作战原则落后于时代，而是他们狭隘的思维导致他们不会运用。

终于思想更活跃的德国人在炮兵射击开始诸元精密法的基础上创造出了"渗透战术"，因为由德国将军胡蒂尔在东线的里加战役中首先运用，因此又被称为"胡蒂尔战术"。

所谓"渗透战术"，其核心是利用小的作战单位，利用对方防御的间隙和接合部，渗透到对方的防御体系当中，打击重要目标，切断交通线，割裂防御部署之间的关系，为正面的攻击创造条件。这句话虽然很短，而且是纯粹的书面报告语言，但是也可以看到这个战术的两个基本要素，渗透和间隙，然而正是这两个要素使得很多人错误地理解了该战术精义。下面就围绕这两个要素简单讲述：

渗透，这个看起来很简单，很多人就只是简单地理解为使用小部队就可以渗透了，其实完全不是那么回事。无论是对于营连排班还是军师旅团，在进行这样的攻坚战斗时所面临的敌火威胁是一样的，不会说你的作战单位小了受到的威胁就小，就能够顺利地形成突破。所谓使用小部队，是指提高分队的作战能力，使得营连排这样的分队具备大部队一样的作战要素，换句话说就是使用小型合成分队。而"小"这个字，只是为了降低部队作战中的伤亡，当小的作战单位能执行以往大单位才能执行的任务时，那么完成任务的代价自然就降下来了。

而所谓的渗透其实就是把以往的进攻战斗缩小化，在以往进攻战斗中寻求在局部形成突破的基础上再次局部化，打开一个个小的突破口；再通过这些突破口利用敌方防御体系中的薄弱环节来实施一个个战术迂回，把敌方坚固支撑点一个个分割包围，一个个孤立起来，再集中优势兵力、火力把孤立的坚固支撑点一个个定点清除；最后把这些小突破口连接起来形成一个大突破口，通过这样不断的战术动作来谋求战役全局胜利。这就是我在本书一开始讲的，你要吃蛋糕，一口吞不下或者一口吞下代价太大会吃撑了，那就把蛋糕分成小块，一口一口地吃。

这样的小型合成分队是如何去形成小的突破的呢？如果做不到这点，一切无从谈起。一般描述时都说是要避实击虚，要利用敌方防御体系的薄弱环节，也就是利用里面的间隙和结合部。这话看起来没错，可我要说：根本就没有间隙。一种战术的形成，其基础是不能建立在敌方会给你突破的机会上的。如果把"渗透战术"能够成功渗透的基础建立在敌方防御体系中的间隙能被你成功利用的基础上的话，那最后的结果必然是无法执行，而且也不必费什么心思去搞这样的战术。

所以，"渗透战术"里所说的利用间隙，这个间隙是小型合成分队自己去创造的，而不是敌人给你的。怎么创造？用炮。改变以往的"兵力跟着火力走"的做法，让"火力跟着兵力走"。

正如前面所说，实施突击的小型合成分队虽然具备了执行以往大部队才能执行任务的能力，但由于自身的规模小，本身的力量不够强。自己的力量不强没有关系，只要队伍里有炮兵火力引导员就行。前进时跟着炮兵弹幕走，前进受阻了，来，召唤配属给他们的火炮打就行了，打掉目标，继续前进。这样就改变了原来的步炮协同只按计划协同的方式，增加了召唤炮兵火力的协同，把"兵力跟着火力走"和"火力跟着兵力走"有机地结合在一起，这样一来，步兵能够更好地为炮兵指引目标，炮兵也改变了以往的一线配置的模式，采取疏散式伴随保障的配置，随时支援所配合的突击分队行动，作战的效能就大大提高了。

从某种意义上讲，很多时候所谓的突击分队并不是在执行突击任务，他们虽然往前进了，但并没有执行单纯的兵力突击，而是更多地在充当火力引导分队的角色，指引配属给他们的炮兵分队实施火力突击，自己利用炮兵火力突击的效果再进行兵力突击。这个就是该战术创造薄弱环节的基本方法，在一个个小的局部，利用步炮间的良好协同，炮兵为步兵清除前进的障碍，步兵为炮兵指引打击的目标，随着突击分队的深入发展，炮兵火力随之延伸。而正是因为突击分队具有小巧精悍的特点，所以能采用极为疏散的战斗队形利用弹坑、地形遮蔽物等交替掩护前进，大大降低敌方火力对他们的杀伤能力。

可以看到，所谓的"渗透战术"并不仅仅是突击分队的兵力渗透，更多地是突击分队引导炮兵火力进行渗透，用火力来实施突破、分割、包围、歼灭，步兵实施最后清剿。突击分队的存在很大意义上为了最大限度地提高火力打击的精准度和杀伤效果，既充分地发挥了炮兵火力又避免了步兵的重大伤亡，最大限度地发扬步炮协同作战的威力。应该说，德国人找出了有效地将兵力、火力有机结合的方法，而这种作战思想、德军提供的范本正是现代军队战术的基础。

德军在"一战"后期正是凭着这一战术取得了很多战术胜利，但由于德军后勤补给跟不上、当时步兵缺乏快速的机动能力等问题，还是无法有效利用这些战术胜利来迅速实施纵深突贯以赢得战争。如果当时的德军重视坦克的发展，拥有和英法相当规模的坦克部队，步炮协同再结合装甲部队大纵深突击的威力，形成步坦炮协同也许能赢得"一战"。

# 步坦协同：闪击战

"闪击战"已经被太多太多的人研究过了，但我要讲的东西总是和别人有点不一样的。现在通常对"闪击战"的描述如下：

"闪击战——由古德里安创建的战争模式，也叫闪电战，是第二次世界大战期间德军首先并且经常使用的一种战术，是以装甲部队为决定性力量，制空权为前提，不顾侧翼暴露的危险，向敌人后方做快速、大胆地袭击。它充分利用飞机、坦克的快捷优势，以突然袭击的方式制敌取胜。它往往是先利用飞机猛烈轰炸敌方重要的战略设施——通信中心，并把敌人的飞机炸毁在机场，取得制空权，并使敌人的指挥系统瘫痪。然后使用大规模坦克集群快速冲锋，彻底摧毁敌军由空军轰炸而混乱的阵地。闪电战就是将奇袭、快袭集中在一起，像闪电一样打击敌人。可以使敌人在突如其来的威胁之下丧失士气，从而在第一次巨大的打击之下就会立即崩溃。"

如同前面那一节对"渗透战术"的讲解一样，这样的表述是不能让人真正明白什么是"闪击战"的，必须从其本质说起，方能让人理解透彻。要说清楚"闪击战"得从两个方面同时展开。

针对"一战"时堑壕战的防御特点及发展出来的纵深配置防御体系，相较德国人的渗透战术，英国人和法国人也一样在寻找解决方案，只是他们的步炮协同没有德国人那么出色，因此在这方面没有找出比德国人更好的办法。对于这些喜欢使用蛮力的西方人来说，找个最直接的办法向来是他们的首选，就是开发出一种能解决问题的新式武器。西方人这么想似乎是他们的传统思维，他们就是认定只要新式的武器一出，就能凭此赢得战争。针对当时堑壕战的特点，这种武器就要求自身有极好的防御能力，能够对付在当时对步兵来说最可怕的机枪火力；同时能帮助炮兵清除炮兵火力所没有完全摧毁的敌方障碍，而且自己也得有强大的攻击能力。其实很简单，当时西方人认为，面对敌人强大的火力，防护能力脆弱的步兵失去了突击能力，应该用防御力更好、进攻能力更强的机器来进行突击。

坦克就是在这种情况下应运而生的，当时英国和法国都在研制自己的坦克，不过首先投入战场的却是英国人的马克—I型。该坦克由英国威廉·福斯特公司研制，在索姆河战役中首次亮相，共有18辆坦克最终投入战斗，并取得了一些让人可喜的成绩。随后在第二年的康布雷战役中，在约翰·弗雷德里克·查尔斯·富勒这个后来成为著名军事理论作家的上校的坚持下，坦克第一次大规模地运用在一个战役之中，使英国陆军赢得了他们在"一战"中为数不多的胜利中的一次。事实上，当时的英法两国除了富勒等少数人之外，更多人没有把坦克看成是一种突击力量，而是当作一种支援步兵战斗的武器，其实是把坦克当成能够跟随步兵前进的火炮来使用的，本质上还是步炮协同。因此在战后的英国，富勒的集中坦克力量组成强大纵队对敌纵深实施打击的思想没有被他保守的同胞们重视，然而这却给了战败的德国人一个新的思路，产生了一个新的解决方案。

战败后，德国人在反思战争失败的原因，从整个"一战"来讲，德军军事思想分别从"施里芬计划"破产、凡尔登战役未能胜利及"渗透战术"未能帮助德军赢得战争三个阶段进行了反思。

"施里芬计划"的根子来源于拿破仑的军事思想，这个19世纪欧洲军事集大成者的战术向来被这样来概括，就是"大炮轰，骑兵冲，步兵跟上巩固阵地"。实际上，光从这十几个字是讲不清楚拿破仑的那套的，简单地说拿破仑的战术是建立在集中使用炮兵的基础上，集中炮兵强大的火力砸开敌方防御体系一个点，或者说一个局部，在这个崩溃的局部上利用骑兵快速的机动能力迅速突入，或大范围地穿插，或大范围地迂回，总之一句话，以最快的速度和最短的时间利用在此形成的突破口形成对敌方的分割包围，最后由步兵解决被分割包围之敌。这个就是拿破仑的基本套路，可以看出来，里面包含三个最基本的要素，一是形成突破的力量，二是快速利用突破的能力，三是歼灭被围之敌的能力。

　　"施里芬计划"就是对拿破仑军事思想的一个运用，在普法战争中普鲁士军队成功了，可在"一战"中，同样的套路却失败了。于是德国人开始总结，发现问题出在"一战"中法军的防御强度增加了，德军无法对法军的纵深形成突贯以分割包围法军，那就谈不上歼灭法军有生力量。接着继续找，又发现法军防御强度虽然增加了，但自己的力量还是很强，能够击破法军的防御形成突破，根子还在自己的力量虽然能击破法军，但缺乏快速利用突破的能力，法军来得及重新构筑防御体系来抵抗他们的攻势，也就是说对敌实施分割包围的能力不足，既然能力不足，于是"施里芬计划"就变成了相持，这就意味着计划的破产。但这个原因是找到了，但问题却解决不了，因为到了"一战"期间，骑兵再也无法像100年前一样发挥威力了，步兵有足够的实力击碎骑兵的冲击。

　　所以，德军在凡尔登开始了新的思路，既然进攻的力量还是能在一个点上打开法军防御体系，那就始终围绕这个点，运用强大的炮兵火力持续杀伤法军，最后使法军的血流干，以此来赢得战争。然而凡尔登的思路又失败了，德军发现问题还是和以前一样，虽然炮兵的火力足够强大，但这样的火力打击需要用时间来换效果，同样依然需要步兵去完成最后的占领，而法军和在"施里芬计划"期间一样能够利用德军攻击的时间也在这个方向集结起强大的力量对德军实施反击，德军的士兵同样会在这遭到法军炮兵火力的重大杀伤，这样两股同样强大的力量，碰撞的结果就是德军的血也会在凡尔登流干。

　　于是，德军认为，凡尔登的失败原因在于不合理地使用火力和兵力，虽然火力杀伤的效果是明显的，可法军对自己火力杀伤的效果也一样是明显的。那么要赢得战争就必须使自己的损耗远远小于法军才行。于是"渗透战术"就出现了，可是德军发现自己虽然拥有了兵力和火力合理结合使用的优势，并能用这个优势赢下一些战斗，可局部的胜利无法转化为全局的胜利，原因还是快速利用局部突破的能力不够，无法用"渗透"出来的局部突破口形成全局突破并对法军实施分割包围。

　　所以在战后，德国人开始了最后的反思。我认为，德军是这么认为的。

　　德军认为：战争发展到 20 世纪这个阶段，进攻的力量之强大足以压倒防御的强度，并突破之。但是进攻力量会随着突破的深入而减弱，这是因为战争损耗和后勤补给的原因，理论上讲只要后勤补给始终超过战争的损耗，那进攻的锐势就能一直保持，可实际上这是很难达到的；而且亦会随着突破的深入遭到敌方的加大强度的阻碍，使得进攻的锐势会随着敌方抵抗而逐渐减弱，直至停止攻势，一句话，不可能永远保持进攻的锐势。要想赢得战争，就必须在进攻的锐势消失之前，突贯敌方纵深，使敌方来不及重新组织力量，构筑新的防御体系增强它的防御，在敌方力量来不及做出有效应对时分割包围歼灭敌方的有生力量。这就是说要使得进攻所需的时间和进攻要突贯的空间对等。其实还是回到了拿破仑的老路上来，经过四年的战争，付出了百万人的生命后，德军终于痛苦地发现"施里芬计划"本质上没有问题，只是自己缺乏执行计划的手段。

　　但是坦克的出现让德国人找到了最终的解决方案，相比英法对坦克作用认识相对不足，德军则充分认识到这个铁家伙就是让他们重新拥有快速利用突破能力的平台。通常我们说，是德国人的思维更有活力，而英法过于保守。事实上，是德国人在反思后重新抓住了战争的本质，而英法同样经历了四年的战争付出了百万生命的代价后却还对战争本质一知半解。正是在对战争本质思想深刻理解的基础上，德军重新找回了执行其思想的有效方法。1941 年，德军再次执行翻版后的"施里芬计划"，利用坦克集群强大的突击力量一举穿透了法国的防线，迅速实现了他们的目标。以上这些就是"闪击战"的根本原理。

# 战斗的本质

按理还应该继续叙述空地一体战、水陆联合作战、海空联合作战、海陆空联合作战等相应的战例，这一章才能叫作完整的联合作战，但本书不打算这么做了，因为不管是什么模式的协同作战，骨子里都是一样的，就是寻求互相间的配合来最大限度地发挥各军兵种、各个武器平台的作战功效，而前面的四节已经足以把这些东西的相互关系说清楚了。而且我个人认为，联合作战只是个名词，这个词虽然出现于现代，事实上从战争出现，人和人之间开始战斗，战斗的性质就是联合的，这种联合可以是一个人和一个人之间的联合，也可以是一支军队和另一支军队之间的联合，甚至是一个国家和多个国家之间的联合；从武器的角度说，可以是两种相同兵器之间的联合，也可以是两种以上不同兵器之间的联合，乃至于各个军兵种之间的联合。

事实上很明显，所有的单一军兵种战术以及各类联合作战的协同，都是建立在与其相应的武器装备基础之上的，与其说这些是战术，倒不如说这些是技能，一种掌握武器装备使用方法的技能，一种最大限度发挥武器装备作战效能的技能。那么可以这么认为，现在所说的联合作战的战术，就是一种基于武器的战术，它和武器装备的更新发展有着紧密的联系，随着武器装备发展的成熟而进步，某些特定的战术亦会随着某种武器装备退出历史舞台而消失。

如果把矛盾理论放在作战理论研究的最顶层（当然，这只是我个人观点），

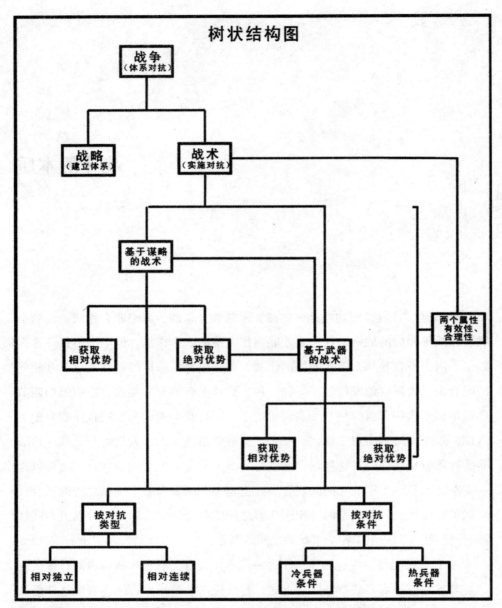

把基于武器的战术体系放在较下层，我尝试画出了一个树状结构图来说明一些个人的观点。

在第七章第一节的基础上，我把战斗（战争）的内在本质描述为：一个（多个）作战体系对另一个（多个）作战体系的能量输出，以打败、击垮、摧毁、消灭另一个（多个）作战体系。

最简单地说，战争或战斗的本质就是体系的对抗。这个体系可以是一个人、一件兵器，也可以是一个军队、多件兵器，甚至可以是一个国家，当然最常见的是军队；而打击方式是一种能量的输出，可能是动能、势能，也可能是机械能、化学能，甚至是核能、电磁能以及我们尚未知的能量输出；最终的目的就是击败，摧毁与之对抗的敌对体系。

在这个认知基础上，可以把战争分为战略和战术两个层次，我个人并不认同战役这个划分，战役只是由一系列互相间影响的战斗组合而成，实质上并没有脱离以上对战斗本质的描述。

战略可以说是为了建立一个体系，从全局角度争取主动权，创造有利形势；战术可以说是为了实施战略思想而进行对抗的方法和手段。对于战略的问题暂时不予谈论，在战术体系中，我个人把其分为基于谋略的战术和基于武器的战术。基于谋略的战术建立在头脑的基础上，是为了执行战略思想，在某个局部再次实施体系布局的方法、手段，某种意义上讲它是战略的延伸，是战术的开始；基于武器的战术建立在力量的基础上，是实施打击、实现体系对抗的方法、手段。打个比方，把基于头脑的战术比作人的大脑，把基于力量的战术比作人的肢干，可以认为基于谋略的战术对基于力量的战术有指导作用，反过来基于力量的战术又影响基于谋略的战术，如果再把战略比作整个人，那两个战术体系最终都是为了人这个整个体系而服务。

这两个战术体系有一个共通点，就是都是在谋求相对的优势和绝对的优势。不同在于，基于谋略的战术在谋求相对优势时，是在己方体系处于劣势或双方处于均势时，更多的采用各种方法来调动、牵制、诱惑敌方体系来形成对己方有利的态势，这些手段的运用更多的在于智慧的发挥，对武器系统的依赖较少；而基于力量的战术在谋求相对优势时是在双方技术装备性能接近，不存在代差，也不存在数量悬殊的情况下，更多的采用各种能最大限度发挥其武器系统的方法、手段，从而形成在武器运用上的相对优势，这首先是建立在武器系统之上。

在谋求绝对优势的时候，基于谋略的战术和基于武器的战术又有共通之处，基于谋略的战术在己方有优势的情况下，运用各种手段将这种优势最大化、全局化；基于力量的战术也是在己方有优势的情况下保持这种优势直至对抗结束。

在对战斗本质描述的基础上，同样也是在这两个战术体系的基础上，可以延伸出对战争（战斗）类型的划分。比如按实施对抗的时空关系，可以区分出相对独立的战斗和相对连续的战斗（战役）；按对抗的能量输出条件，可以区分为冷兵器条件下的战斗、火药武器条件的战斗、机械化条件的战斗、信息化条件的战斗，甚至未知能量条件的战斗；按参与对抗的力量，可以区分为单一兵种的战斗、多兵种协同战斗，乃至于整个体系的联合作战。无论怎么划分，始终没有脱离对其本质的描述，其方法、手段的运用始终在这两个战术体系之中。

另外还要指出一点，我个人认为战术有两个基本属性，即合理性和有效性，通过从人类战争史的观察，我个人得出结论，战术所追求的就是更合理、更有效的方法、手段，这两点始终贯穿于两个战术体系之中。

这个树状结构图只是我个人的观点，不能代表一个成熟理论。而这个系列的书籍就是研究和探索这个结构图的奥秘，力争最终的成型。在下一本《奇正》中，我将尝试对树状结构图其中的某个组成部分进行进一步的探索研究。

# 后 记

　　本书在撰写过程中得到陆永辉、倪斌等首长的指导和帮助；尤其要感谢老首长顾中对全书进行了认真、全面、专业的评审，提出了很多宝贵意见，并推荐给了多位专家学者审阅；其中更要感谢的是南京陆军指挥学院战役、战术教研室梁沂主任，不仅仅因为梁主任提出了很多宝贵的意见，最重要的是在与梁主任的一番长谈后，我好比在黑暗的大海中航行的船只，在迷茫中看到了灯塔，明确了方向。这对我将来的学习有极大的指导意义。另外闵文桂绘制了第一章第一节三角攻防示意图，第一章第二节徐晃援樊之战示意图，第一章第三节战斧行动示意图，第二章第四节巨鹿之战示意图；吴树峰、姜永涛、樊涛等对图片绘制亦提出了很多宝贵意见，在此一并表示衷心感谢。

　　本书仅仅是一本通俗性的军事学入门手册，仅为作者个人观点。由于军事理论思想及实践尚在不断探索完善之中，许多问题有待进一步深入研究，再加上作者本人认识水平的局限性，书中有的观点还需要进一步检验，欢迎广大读者批评指正。

# 参考文献

[1]（德）克劳塞维茨.战争论.北京：解放军出版社，2005.

[2]（美）阿彻·琼斯.西方战争艺术.北京：中国青年出版社，2001.

[3]（美）布雷德利.朝鲜：我们第一次战败.北京：中国军事出版社，2009.

[4]（美）弗郎西斯·罗素.图文第二次世界大战战史.北京：中国社会科学出版社/海南出版社，2004.

[5]辛德勇.历史的空间和空间的历史：中国历史地理与地理学史研究.北京：北京师范大学出版社，2005.

[6]（英）富勒.李磊，琚宏.译.亚历山大的将道.南宁，广西人民出版社，2006.

[7]王树增，远东朝鲜战争，北京，解放军文艺出版社，2005.

[8]（美）杜普伊，战略之父汉尼拔的军事生涯，梦远书城
http：//www.my285.com/zj/wgmr/zlzf/000.htm.

[9]吴九龙主编.孙子校释.北京：军事科学出版社，1991.

[10]邵杰主编.联合作战导论.北京：解放军出版社，2010.

[11]杜文龙主编.联合作战基本力量运用和协同.北京：解放军出版社，2010.

[12]程晋明主编.联合作战战例解析.北京：解放军出版社，2010.

[13] 国防大学《战史简编》编写组.中国人民志愿军战史.北京：解放军出版社，1986.

[14] 李成祥主编.战术学基础.北京：解放军出版社，1987.

[15] 张俊勇主编.陆军步兵分队军官指挥训练基础知识.北京：解放军出版社，2004.

[16] 司马迁.史记.北京：中华书局，1982.

[17] 班固.汉书.北京：中华书局，1982.

[18] 范晔.后汉书，北京：中华书局，1982.

[19] 陈寿.三国志，北京：中华书局，1982.

[20] 陈书.北京：中华书局，1974.

[21] 刘昫.旧唐书.北京，中华书局，1975.

[22] 欧阳修，宋邢，等.新唐书.北京：中华书局，1975.

[23] 司马光.资治通鉴.北京：中华书局，1982.

[24] 总参军训和兵种部.陆军合成军队师旅团阵地进攻战斗（内部资料），2009.

[25] 总参军训和兵种部.陆军合成军队师旅团阵地防御战斗（内部资料），2009.

[26]（美）马丁·罗斯.突出重围：陆战1师长津湖.

豆丁网 http：//www.docin.com/p-185313244.html.

[27] 李解民.尉缭子译注.石家庄：河北人民出版社，1995.

[28] 尉缭.六韬·三略·尉缭子.北京：华龄出版社，2002.

[29] 孙膑.孙膑兵法.北京：北京燕山出版社，2008.

[30] 张天夫.诸葛亮将苑注释.西安：陕西人民出版社，1987.

[31] 李群英译注.中华兵法宝典丛书：李卫公问对.乌鲁木齐：新疆青少年出版社，2009.

[32] 靳生禾，谢鸿喜.长平之战：中国古代最大战役之研究.太原：山西人民出版社，1998.

[33] 王直.王直回议录.泉州：海风出版社，2000.

**图书在版编目（CIP）数据**

这才是战争/王正兴著. -武汉：武汉大学出版社，2013.6（2022.9重印）
ISBN 978-7-307-10569-0

Ⅰ.这…　Ⅱ.王…　Ⅲ.战争史-世界-通俗读物　Ⅳ.E19-49

中国版本图书馆CIP数据核字(2013)第044316号

责任编辑：董昊佳　　责任校对：戈福生　　版式设计：吕　伟

出版发行：**武汉大学出版社**　　（430072　武昌　珞珈山）

（电子邮箱：cbs22@whu.edu.cn 网址：www.wdp.com.cn）

印刷：北京一鑫印务有限责任公司

开本：787×1092　1/16　　印张：18.5　　字数：280千字

版次：2013年6月第1版　　2022年9月第3次印刷

ISBN 978-7-307-10569-0　　定价：59.80元